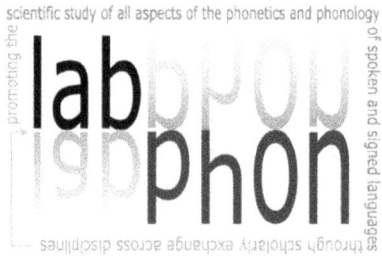

Studies in Laboratory Phonology

Chief Editor: Martine Grice

Editors: Doris Mücke, Taehong Cho

In this series:

1. Cangemi, Francesco. Prosodic detail in Neapolitan Italian.

2. Drager, Katie. Linguistic variation, identity construction, and cognition.

3. Roettger, Timo B. Tonal placement in Tashlhiyt: How an intonation system accommodates to adverse phonological environments.

4. Mücke, Doris. Dynamische Modellierung von Artikulation und prosodischer Struktur: Eine Einführung in die Artikulatorische Phonologie.

5. Bergmann, Pia. Morphologisch komplexe Wörter im Deutschen: Prosodische Struktur und phonetische Realisierung.

ISSN: 2363-5576

Dynamische Modellierung von Artikulation und prosodischer Struktur

Eine Einführung in die Artikulatorische Phonologie

Doris Mücke

language science press

Doris Mücke. 2018. *Dynamische Modellierung von Artikulation und prosodischer Struktur: Eine Einführung in die Artikulatorische Phonologie* (Studies in Laboratory Phonology 4). Berlin: Language Science Press.

This title can be downloaded at:
http://langsci-press.org/catalog/book/154
© 2018, Doris Mücke
Published under the Creative Commons Attribution 4.0 Licence (CC BY 4.0):
http://creativecommons.org/licenses/by/4.0/
ISBN: 978-3-96110-068-2 (Digital)
    978-3-96110-069-9 (Hardcover)

ISSN: 2363-5576
DOI:10.5281/zenodo.1188764
Source code available from www.github.com/langsci/154
Collaborative reading: paperhive.org/documents/remote?type=langsci&id=154

Cover and concept of design: Ulrike Harbort
Typesetting: Doris Mücke, Bastian Auris, Sebastian Nordhoff
Proofreading: Andreas Hölzl, Ludger Paschen, Jean Nitzke, Umesh Patil, Tamara Schmidt, Felix Hoberg
Fonts: Linux Libertine, Arimo, DejaVu Sans Mono
Typesetting software: XƎLᴬTEX

Language Science Press
Unter den Linden 6
10099 Berlin, Germany
langsci-press.org

Storage and cataloguing done by FU Berlin

Freie Universität Berlin

Für Sigourney, Marlies und Stoffel

Inhaltsverzeichnis

Vorwort

Die Artikulatorische Phonologie wurde als Alternative zu segmentalen Ansätzen entwickelt. So nimmt die segmentale Phonologie an, dass nur distinkte Information gespeichert wird, die dann mit Hilfe von Regeln und Rechenprinzipien von der kategorialen Welt der Symbole in die kontinuierliche Welt der physikalischen Repräsentation übersetzt wird (Ohala 1990; Gafos & Beňuš 2006: 2; Mücke & Grice 2016). In segmentalen Ansätzen wird mittels einer Schnittstelle versucht, von der abstrakten symbolischen Repräsentation zum konkreten artikulatorischen und/oder akustischen Output eines Sprechers zu gelangen, d.h. es werden zwei unterschiedliche formalen Sprachen der Mathematik verwendet, von der jeweils eine der Phonologie und die andere der Phonetik zugeordnet wird. Dies führt jedoch zu Mehrdeutigkeiten in der Theoriebildung, vor allem was die Granularität der phonologischen Beschreibung angeht (Trubetzkoy 1939; Saussure 1916; Rischel 1990; Pierrehumbert 1990; Keating 1990: 321).

Die Artikulatorische Phonologie hingegen nimmt an, dass auch kontinuierliche Information wie beispielsweise sprecher- oder situationsbezogen Variationen als Teil des Sprachsystems gespeichert werden. Natürliche Variabilität wird hier als Teil des linguistischen Systems betrachtet, das konkret Aufschluss über zugrundeliegende Strukturen gibt. Im Modell der Artikulatorischen Phonologie wird Sprache als dynamisches System betrachtet und somit phonetische und phonologische Information integriert (u.a. Browman & Goldstein 1986, Browman & Goldstein 1988, Browman & Goldstein 1991, Fowler 1977; Fowler u. a. 1980; Saltzman 1986, Browman & Goldstein 1986; Saltzman & Kelso 1987; Kugler & Turvey 1987; Saltzman & Munhall 1989; Kelso 1995; Gafos & Beňuš 2006).

Die Grundeinheiten der Artikulatorischen Phonologie sind nicht Segmente oder Merkmale einer Sprache, sondern artikulatorische Gesten. Diese legen linguistische relevante Konstriktionen wie beispielsweise ein Vollverschluss der Zungenspitze an den Alveolen sowie eine glottale Öffnungsgeste für Stimmlosigkeit bei der Produktion von /t/ für ein definiertes Zeitintervall fest. Die Einbeziehung der zeitlichen Domäne ermöglicht im Gegensatz zu segmentalen Ansätzen die Abbildung natürlicher Variabilität. Sie kann beispielsweise im Falle von /t/ der Grad der Aspiration direkt aus der zeitlichen Anordnung der glottalen und oralen Geste abgeleitet werden: Ist die glottale Geste länger als die Zungenspitzengeste aktiviert, so entsteht auf akustischer Oberfläche Aspiration. Artikulatorische Gesten enkodieren darüber hinaus den kontextuellen Einfluss (Koartikulation in Form von Synergien zwischen Organgruppen) und können direkt den Einfluss höhere linguistischer Strukturen wie der prosodischen Hierarchie abbilden (Shaw u. a. 2011, Mücke u. a. 2017). So fällt der Grad der Aspiration von Plosiven in Sprachen wie dem Deutschen in prosodisch starken Positionen stärker aus als in schwachen Positionen, um diesen Äußerungteil neben der tonalen Markierung durch einen Tonakzent auch artikulatorisch Prominenz zu verleihen. Es handelt sich dabei um ein komplexes Wechselspiel zwischen Artikulation und Prosodie, ein neues Forschungsfeld, dem man am besten mit einer quantitativen Modellierung in Form von dynamischen Systemen gerecht wird.

Das vorliegende Buch stellt eine Einführung in die Artikulatorische Phonologie dar. Es richtet sich an Leser und Leserinnen, die phonetische Grundkenntnisse besitzen und sich mit der Artikulatorischen Phonologie beschäftigen möchten. Darüber hinaus werden neben einer Einführung in das Model auch neuere Arbeiten und aktuelle Weiterentwicklungen aufgezeigt, insbesondere die Implementierung prosodischer Aspekte in die Artikulatorische Phonologie betreffend. Somit eignet sich das Buch auch für Leser und Leserinnen, die bereits mit der Artikulatorischen Phonologie in Kontakt gekommen sind, aber ihr Wissen vertiefen möchten. Zur Veranschaulichung des Models werden Beispiele aus verschiedenen Sprachen gegeben, darunter Deutsch, Katalanisch, Italienisch, Polnisch, Mandarin und Tashlhiyt Berber.

Die ersten vier Kapitel vermitteln Grundlagen der Artikulatorischen Phonologie und der prosodischen Analyse. Es werden Artikulatorische Gesten auf der Basis des dynamischen Modells der Task Dynamics definiert (Kapitel 1). Anhand von Gestenpartituren werden verschiedene Bildungsformen für lexikalische Kontraste in der Artikulatorischen Phonologie exemplifiziert, sowie die grundlegenden Ordnungsprinzipien für die gestische Organisation vorgestellt, um Prozesse wie Reduktion, Assimilation und Tilgung quantitativ abbilden zu können (Kapitel 2). Des Weiteren werden gesturale Strukturen als Modell der Selbstorganisation vorgestellt. Mit Hilfe eines multiplen Netzwerks zeitlicher Triggern – dem Modell der nichtlinearen paarweise gekoppelten Oszillatoren – formieren sich Gesten als dynamisches System zu prosodischen Einheiten wie der Silbe (Kapitel 3). Es folgt eine Einführung in die Modellierungsparameter, die in experimentellen Studien im Rahmen der Artikulatorischen Phonologie verwendet werden (Kapitel 4). Diese werden anhand eines Beispiels eines Vergleichs von Artikulationsmustern mit ein- und ausgeschalteter Tiefenhirnstimulation in der klinischen

Linguistik veranschaulicht. Es schließt sich eine Einführung in die prosodische Analyse mit Schwerpunkt auf der Markierung von Prominenz in der phonetischen Substanz an (Kapitel 5).

Es folgen zwei Anwendungsbereiche, die Artikulation und prosodische Struktur miteinander verbinden. Hier ist einmal die artikulatorische und tonale Markierung von Prominenz zu nennen (Kapitel 6). Zum anderen wird im Bereich der tonalen Alignierungsforschung aufgezeigt, wie Tonakzente mit artikulatorischen Gesten koordiniert sind (Kapitel 7).Das Buch schließt mit einer englischen Zusammenfassung (Kapitel 9) und einer kritischen Diskussion des Models der Artikulatorischen Phonologie und dessen Verankerung in Forschung und Lehre (Kapitel 8).

Funding Acknowledgements:
Diese Arbeit wurde unterstützt und gefördert von der Deutschen Forschungsgemeinschaft (DFG) im Rahmen des Sonderforschungsbereichs (SFB) 1252 „Prominenz in Sprache" (Projekt A04 „Dynamische Modellierung prosodischer Prominenz") an der Universität zu Köln.

1 Einführung in die gesturale Analyse

Gesprochene Sprache besteht aus überlappenden Bewegungseinheiten der artikulierenden Organe wie Zunge, Mundlippen, Kiefer und Glottis. Es ist anhand des Sprachsignals nicht möglich zu sagen, wo ein Laut endet und ein neuer anfängt. Vielmehr sind Segmente kontextabhängig und kodieren multiple Gesten, die miteinander zeitlich und räumlich koordiniert sind. Dieses Phänomen wird als Koartikulation bezeichnet (Menzerath & de Lacerda 1933; Mattingly 1981; Farnetani & Recasens 1999). Während sich Koartikulation artikulatorisch durch die Überlappung von verschiedenen konsonantischen und/oder vokalischen Bewegungseinheiten – den artikulatorischen Gesten – ausdrückt, zeigt sie sich akustisch durch die Beeinflussung der konsonantischen Transitionen durch die Umgebungsvokale (Öhmann 1966).

Wie stark die Laute bei der Artikulation ineinander verzahnt sind, wird bei der direkten Beobachtung der Artikulation im kinematischen Signal deutlich. Die Abbildung 1.1 veranschaulicht dieses Phänomen anhand der Zielsilbe /li/. Es handelt

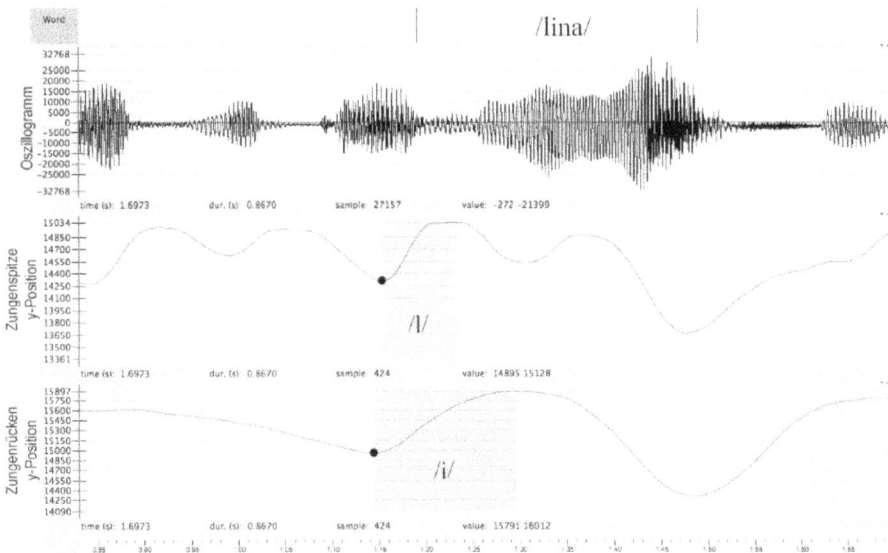

Abbildung 1.1: Oszillogramm (oben) und vertikale Positionskurven für Zungenspitze (Mitte) und Zungenrücken (unten) in der Zielsilbe /li/ in dem Zielwort <Lina>.

sich um die betonte Silbe in <Lina> in der Äußerung <Er geht mit der **LI**na viel lieber>. Die Abbildung zeigt von oben nach unten das akustische Signal in Form eines Oszillogramms sowie die Positionskurven für die Bewegungen der Zungenspitze und des Zungenrückens. Es handelt sich jeweils um vertikale Positionskurven, die mit dem Öffnungsgrad des Vokaltraktes assoziiert sind, d. h. niedrige Werte stellen hier eine offene, und hohe Werte eine geschlossene Stellung der Artikulatoren dar. Die Bewegungsintervalle für Start und Ende der konsonantischen Bewegung sind grau schattiert: die Zungenspitze wird für den alveolaren Verschluss in /l/ angehoben, und der Zungenrücken wird für die Öffnung des Vokals /i/ angehoben. Beide Bewegungsintervalle starten im kinematischen Signal gleichzeitig; den Bewegungsstartpunkt bildet der vorangehende Vokal (das tiefe Schwa in <der>). Allerdings wird die Bewegungsaufgabe des Zungenrückens für /i/ langsamer als die der Zungenspitze für /l/ ausgeführt. Somit wird das Ziel für den Vokal deutlich später erreicht. Obwohl sich die beiden Bewegungseinheiten vollständig überlappen, entsteht aufgrund der unterschiedlichen Ausführungsgeschwindigkeiten von Konsonanten und Vokalen auf der akustischen Oberfläche der Eindruck von einer Abfolge von Segmenten.

Die Gleichzeitigkeit von Konsonanten und Vokalen in CV-Silben wird in den traditionellen Analysen nicht berücksichtigt (Mücke & Grice 2016). Diese verwenden meist sprachliche Grundeinheiten wie Merkmale oder Segmente, und betrachten die kontextbedingte Variation häufig als einen rein phonetischen Effekt, der sich phonologisch über ein Set von Regeln und Algorithmen vorhersagen lässt. Neuere, dynamische Theorien hingegen betrachten Variation als Teil des linguistischen Systems, das konkret Aufschluss über zugrundeliegende Strukturen gibt. Hier wird keine künstliche Schnittstelle zwischen Phonetik und Phonologie angenommen, sondern die Repräsentationsebenen sind vollständig integriert. Dabei werden als Grundeinheiten artikulatorische Gesten angenommen, die miteinander überlappen können. Die Diskrepanz in der Definition sprachlicher Primitiva lässt sich am besten verstehen, wenn man das Problem wissenschaftstheoretisch betrachtet.

In der traditionellen Phonologie wurde davon ausgegangen, dass mentale Repräsentationen beim Menschen diskreter Natur sein müssten. Sie verwenden als sprachliche Primitiva deshalb Einheiten wie Segmente oder Merkmale, die an symbolischen Repräsentationen orientiert sind. Diese Einheiten stehen jeweils für die kategoriale Zuordnung eines bestimmten Wertes. So ist ein Vokal entweder nasaliert [+ nasal] oder nicht [- nasal]. Einen Zwischenwert gibt es nicht. So gelten beispielsweise [balkɔ] und [balkɔŋ] als alternative Aussprachen für <Balkon>. Dass in der letzteren Variante etwas Nasalierung feststellbar ist, kann mit diesem Set diskreter Einheiten nicht ausgedrückt werden.

Später erkannte man, dass mentale Repräsentationen beim Menschen auch kontinuierlicher Natur sein können. Dies ging mit der Entwicklung dynamischer Systeme einher. Dynamische Systeme verwenden keine Schnittstelle zwischen symbolorientierten, diskreten Repräsentationen und deren Abbildung in der physikalischen, kontinuierlichen Welt. Vielmehr formulieren sie die physikalischen Vorgänge als Gesetzmäßigkeiten und beschreiben die Entwicklung von Objekten innerhalb eines Systems. Solche Systeme können in der Biologie Räuber-Beute-Verhältnisse und in der Linguistik das Zusammenspiel sprachlicher Primitiva wie artikulatorischen Gesten sein. In diesen Ansätzen wird die Variation als Teil der Systementwicklung gesehen, die grundlegende Eigenschaften der in ihnen verankerten Objekte reflektiert.

Auch wenn die Definition von sprachlichen Primitiva in dynamischen Systemen (Gesten) sich grundsätzlich von denen in traditionellen phonologischen Theorien unterscheiden (Segmente, Merkmale), so lassen sich doch auch große Übereinstimmungen finden. Das bedeutet, dass die Theorien durchaus miteinander verbunden werden können oder einander ergänzen. Dies liegt nicht zuletzt daran, dass Gesten – auch wenn sie gleichzeitig auftreten – auditiv und akustisch durchaus den Eindruck von einer Abfolge von Segmenten mit bestimmten Eigenschaften vermitteln.

Im Folgenden werden die artikulatorischen Gesten und ihre Organisation als kognitive Grundeinheiten gesprochener Sprache als dynamisches System dargestellt. Es wird aufgezeigt, nach welchen Prinzipien artikulatorische Gesten linguistische Information enkodieren. Mit Hilfe von gestischen Organisations- bzw. Koordinationsmustern werden phonologische Prozesse wie Reduktion, Assimilation und Tilgung dynamisch abgebildet und in unterschiedlich starken Graden modelliert. Das Kapitel beginnt mit einer kurzen Einführung in das Prinzip der dynamischen Systeme am Beispiel des Task-Dynamic-Modells, das als Grundlage für die Modellierung von artikulatorischen Gesten dient.

1.1 Grundlagen eines dynamischen Systems

Ein Werkzeug der mathematischen Modellierung, welches ohne die Verwendung einer Schnittstelle sowohl diskrete als auch kontinuierliche Aspekte komplexer Systeme ausdrücken kann, ist die Theorie der nichtlinearen Dynamik (u.a. Kelso 1995; Kugler & Turvey 1987; Gafos & Beňuš 2006). Mit Hilfe von dynamischen Systemen können physikalische Vorgänge als Gesetzmäßigkeiten formuliert werden, die die Entwicklung von Objekten innerhalb eines Systems über die Zeit beschreiben. Derartige Vorgänge können aus unserer erfahrbaren Welt stammen, wie beispielsweise ein Feder-Masse-System. Auch gesprochene Sprache kann als Vorgang mit seinen Gesetzmäßigkeiten als dynamisches System modelliert werden, wie beispielsweise im Task Dynamic Modell (u.a. Fowler u. a. 1980; Saltzman & Munhall 1989; Browman & Goldstein 1986). Bei einer solchen Modellierung werden Gleichungen für eine gesuchte Funktion verwendet, die selbst Ableitungen der Funktion enthalten (Differentialgleichungen). Diese Differentialgleichungen können als die mathematische Gestalt von Entwicklungsgesetzen verstanden werden, und als solche sind sie von invarianter Natur.

> (...) cognition is best understood using a single formal language that can express both discrete and continuous aspects of complex systems, the mathematics of nonlinear dynamics. In this view, the key constructs are not symbol strings (representations) and algorithms for their manipulation (discrete computation), but rather laws stated in the form of differential equations. These laws prescribe how some behavior's essential parameters (e.g., perceptual response or relative phase in interlimb coordination) change as contextual parameters are modified (e.g., stimulus properties, oscillation frequency). (Gafos & Beňuš 2006: 906)

Browman & Goldstein (1986) veranschaulichen das Prinzip eines dynamischen Systems an einem einfachen Feder-Masse-Modell, das zum Schwingen gebracht wird. Eine Masse (ein Objekt) wird an einer Feder befestigt. Zunächst verändert sich das System nicht, denn das Objekt befindet sich in seiner Ruheposition (Gleichgewichtslage). Wenn ich an dem Objekt ziehe, spannt sich die Feder über ihre Gleichgewichtslage hinaus. Lasse ich die Masse los, so beginnt das System sinusförmig um seine Ruhelage zu schwingen, angenommen das System ist ohne Reibung. Die Bewegung des Objektes lässt sich als Bewegungstrajektorie der Masse abbilden. Sie ist mathematisch gesehen das Ergebnis der Differenzialgleichung einer nichtgedämpften Schwingung (vgl. Formel 1.1). Weil bei einer Differenzialgleichung das Ergebnis eine Funktion ist, kann diese die Bewegungstrajektorie abbilden, in diesem Fall als Funktion von „Kraft = Federkonstante * Weg":

$$m\ddot{x} + k\left(x - x_0\right) = 0 \tag{1.1}$$

wobei gilt:

m = Masse des Objekts

k = Steifheit der Feder

x_0 = Gleichgewichtslage der Feder (neues Target)

x = Momentanwert des Objekts (aktuelle Position der Masse)

$\ddot{x}$ = Momentanbeschleunigung des Objekts

Es zeigt sich, dass unterschiedliche dynamische Parameter wie Masse, Steifheit und Ruheposition der Feder (m, k, x_0 an das System übergeben werden können (Browman & Goldstein 1986). Außerdem wird die Ausgangsposition des Objekts mit einberechnet. Die Gleichung selbst ändert sich dabei nicht; sie ist invariant. Es variieren lediglich je nach Parameterübergabe die unterschiedlichen Trajektorien des beschriebenen Objekts.

Verändere ich in diesem System die Steifheit der Feder k, so verändert sich die Frequenz der Oszillation und ich erziele eine zeitliche Variation (Steifheit ist auch als Eigenperiode bzw. Eigenfrequenz bezeichnet). Verändere ich die aktuelle Position/Lage der Masse und die Gleichgewichtslage der Feder (die Zielposition, bei der die Feder zur Ruhe kommt), so nehme ich Einfluss auf die Bewegungsauslenkung und erziele eine räumliche Variation.

Das Modell der Task Dynamics verwendet dynamische Systeme für die Modellierung der biologischen und physikalischen Prinzipien von Bewegungs-Tasks (Bewegungsaufgaben). Zunächst wurde das Modell auf nicht sprachliche Aufgaben angewendet, beispielsweise um die Dynamik von Fingerbewegungen zu untersuchen. In einer Studie von Kelso & Holt (1980) hatten die Probanden die Aufgabe, ihre Finger in hoher Geschwindigkeit auf eine gelernte Zielposition hin zu bewegen. Die Probanden konnten diese Aufgabe trotz Perturbationen ausführen, d. h. die Finger erreichten stets die finale Position. Hier zeigt sich das Prinzip der Äquifinalität (Bertalanffy 1968): Systemobjekte in Feder-Masse-Modellen erreichen trotz verschiedener Anfangsbedingungen denselben Endzustand (Zielgleichheit, vgl. Browman & Goldstein 1986; Saltzman & Munhall 1989; Hawkins 1992; Pouplier 2011; Browman & Goldstein 2002). Bewegungsaufgaben können mit Hilfe unterschiedlicher Bewegungsabläufe und sogar mittels unterschiedlicher Organgruppen ausgeführt werden (Motor-Äquivalenz; Hebb 1949). Motor-Äquivalenz zeigt sich beispielsweise in der persönlichen Handschrift: So kann beim Schreiben ein Stift unterschiedlich gehalten werden, je nachdem ob man auf

Papier, an eine Wandtafel oder sogar mit dem Fuß in den Sand schreibt (Wing 2000). Obwohl für Bewegungsaufgaben während des Zeitraums ihrer Ausführung invariante und kontextunabhängige Targets zugrunde liegen, ist die ausgeführte Bewegungstrajektorie variabel und kontextabhängig.

Task-Dynamic-Modelle können auch auf sprachliche Aufgaben angewendet werden (u.a. Fowler 1977; Fowler u. a. 1980; Saltzman 1986; Browman & Goldstein 1986; Browman & Goldstein 1988; Saltzman & Kelso 1987; Saltzman & Munhall 1989; eine zusammenfassende Einführung findet sich in Hawkins 1992). In diesem Fall beschreibt es die dynamische Koordination und Kontrolle von linguistisch relevanten Bewegungsaufgaben des Sprechtraktes (Tasks). Sprechen ist ein kontinuierlicher Vorgang und die komplexen Bewegungen der Artikulatoren wie Zunge, Kiefer, Lippen oder Velum führen zu sich beständig verändernden Hohlraumkonfigurationen im Sprechtrakt, die für die Klangeigenschaften des akustischen Signals relevant sind. Die Komplexität dieser Bewegungsabläufe wird in sprachliche Primitiva zerlegt: die artikulatorischen Gesten (Saltzman & Munhall 1989). Solche Gesten definieren im Feder-Masse-Modell ein Set von diskreten Bewegungsaufgaben. Sie kontrollieren und koordinieren dabei die Objekte, die die Aufgaben ausführen. Die Objekte beschreiben den Aufgabentyp und sind in dem Modell als eine Gruppe von Task-Variablen bzw. Trakt-Variablen definiert (vgl. Hawkins 1992).

Konkret bedeutet das für die Gleichung im Feder-Masse-Modell in Formel 1.1: Hat eine Bewegungsaufgabe einen bilabialen Verschluss der Lippen zum Ziel, so liefert das Feder-Masse-Modell eine Beschreibung für die artikulatorischen Bewegungen, die mit diesem Lippenverschluss assoziiert sind (Browman & Goldstein 1986). Zunächst soll aus Gründen der Einfachheit nur die Bewegungstrajektorie der unteren Lippe betrachtet werden; später wird sich zeigen, dass die Lippen bei einem labialen Verschluss gemeinsam mit dem Kiefer als eine Organgruppe agieren.

In der Gleichung 1.1 beschreibt die Variable x die vertikale Bewegung der unteren Lippe. Wenn sich die Lippen schnell bewegen (beispielsweise bei schneller globaler Artikulationsrate oder lokal bei nicht prominenten Reduktionssilben), so wird die Federsteifheit k erhöht.

> The stiffer the gesture, the higher its frequency of oscillation and therefore the less time it takes for one cycle. Note this also means that, for a given equilibrium position, the stiffer the gesture, the faster the movement of the associated articulators will be. (Browman & Goldstein 1991: 348))

Soll nun der räumliche Weg, den der Artikulator zurücklegt, verkürzt werden (geringere Auslenkung der Bewegungstrajektorie), so kann die Differenz zwischen dem neuen Target x_0 und der momentanen Position für die untere Lippe verringert werden (geringere Auslenkung bzw. geringeres „Displacement"). Umgekehrt verhält es sich dann bei der Modellierung von Prominenz, bei der von geringeren Artikulationsgeschwindigkeiten (geringere Steifheit k) und größeren Bewegungsauslenkungen $(x - x_0)$ ausgegangen werden kann. Es lassen sich demnach durch Manipulationen der Steifheit k und der Bewegungsauslenkung $(x - x_0)$ Strategien der Hyper- und Hypoartikulation modellieren (Lindblom 1990; H&H Model, vgl. auch Kapitel 2 in diesem Buch).

Bei der vertikalen Bewegung der Lippen handelt es sich um nicht-oszillierende Bewegungen. Deshalb geht in die Beschreibung der Faktor Dämpfung ein. Es wird dabei von einer kritischen Dämpfung ausgegangen, d. h. das in Schwingung versetzte Objekt (hier die Mundlippen) nähert sich der Nullauslenkung asymptotisch an, ohne das Target zu erreichen.

Die folgende Gleichung 1.2 ist gegenüber Gleichung 1.1 um die Dämpfung erweitert (Saltzman & Munhall 1989; Hawkins 1992; Browman & Goldstein 2002). Das Objekt entspricht hier der Taskvariablen und später bei sprachlichen Bewegungsaufgaben auch den Traktvariablen.

$$m\ddot{x} + b\dot{x} + k\left(x - x_0\right) = 0 \tag{1.2}$$

wobei gilt:

$m =$ Masse des Objekts

$b =$ Dämpfung des Systems

$k =$ Steifheit der Feder

$x_0 =$ Gleichgewichtslage der Feder (neues Target)

$x =$ Momentanwert des Objekts (aktuelle Position der Masse)

$\dot{x} =$ Momentangeschwindigkeit des Objekts

$\ddot{x} =$ Momentanbeschleunigung des Objekts

Für die dynamische Modellierung von Sprechbewegungsaufgaben sind die Parameter m (Masse) und b (Dämpfung) für die meisten Objekte (Taskvariablen) festgesetzt und somit dem System bekannt, während k (Steifheit) und x_0 (Target) unter Einbeziehung von x (aktuelle Lage des Objektes) eine wichtige Rolle für die jeweilige Modellierung des Schwingungsverhalten – beispielsweise für Prominenz – des Systems spielen. Es sei hier kurz angemerkt, daß im Task-Dynamic-Modell die Objektmasse m und das Dämpfungsverhältnis $b : \left(2 \cdot [mk]^{1/2}\right)$ zumeist den konstanten Wert $1,0$ (Hawkins 1992) bekommen. Insbesondere die Definition eines konstanten Dämpfungsverhältnisses kann jedoch problematisch sein, insbesondere, wenn bei den Gesten sogenannte Haltephasen in Form von Plateaus entstehen (vgl. Fuchs u. a. 2011).

Bei sprachlichen Aufgaben ist die Motor-Äquivalenz ein weiteres Prinzip und führt zu einem dynamischen System mit multiplen Freiheitsgraden: Wenn der Kiefer des Sprechers fixiert wird, kann trotzdem ein Lippenverschluss gebildet werden. Die Lippen kompensieren dabei unmittelbar die fehlende Kieferbewegung durch größere Bewegungsauslenkungen und erhöhte Steifheit der Bewegungsausführung (Kelso u. a. 1984; Ito u. a. 2000).

1.2 Artikulatorische Phonologie

Die Artikulatorische Phonologie basiert auf dem Task-Dynamic-Modell (Browman & Goldstein 1986; Browman & Goldstein 1988; Browman & Goldstein 1991). Sie macht sich zu Nutze, dass Bewegungsaufgaben während des Zeitraums ihrer gestischen Aktivierung diskret, invariant und kontextunabhängig sind, ihre Ausführungen aber kontinuierlich, variabel und kontextgebunden verlaufen. Die Artikulatorische Phonologie verwendet ebenfalls die artikulatorische Geste als sprachliche Grundeinheit, beschreibt aber darüber hinaus deren Funktion als kombinatorische Einheiten. Dabei werden Gestenpartituren und Gestenstrukturen verwendet, um die Koordination von Gesten als „Atome" in Form von „Molekülen" gesprochener Sprache abzubilden (vgl. Pouplier 2011).

Die folgende Abbildung 1.2 skizziert das *TAsk Dynamic Application* (TADA) Computermodell, mit dessen Hilfe Sprache artikulatorisch synthetisiert werden kann. Dieses Modell hat verschiedene Submodelle mit unterschiedlichen Abstraktionsgraden. Die drei Hauptkomponenten sind das Linguistische Gestenmodell, das Task-Dynamic-Modell und das Vokaltrakt-Modell; die Modelle nehmen in dieser Reihenfolge im Abstraktionsgrad – von der intendierten Äußerung hin zum akustischen Output – ab.

Das Linguistische Gestenmodell beschreibt die artikulatorische Struktur von Gesten in Form von gestenparametrischer Koordination und Kombination. Dabei generiert es entsprechende Partituren (*gestural scores*), die nicht nur einzelne invariante Bewegungsaufgaben (die „Atome") sondern auch deren linguistische Koordination (die „molekulare" Struktur) enthalten. Die Partituren dienen als Input für das Task-Dynamic-Modell. Die Aufgabe des Task-Dynamic-Modells be-

intendierte
Äußerung

gesprochene
Sprache

↓

↑

Linguistisches
Gestenmodell

Task-Dynamic-
Modell

Vokaltrakt-
modell

$$\searrow \qquad \nearrow \qquad \searrow \qquad \nearrow$$

Gesten-
partituren

artikulatorische
Trajektorien

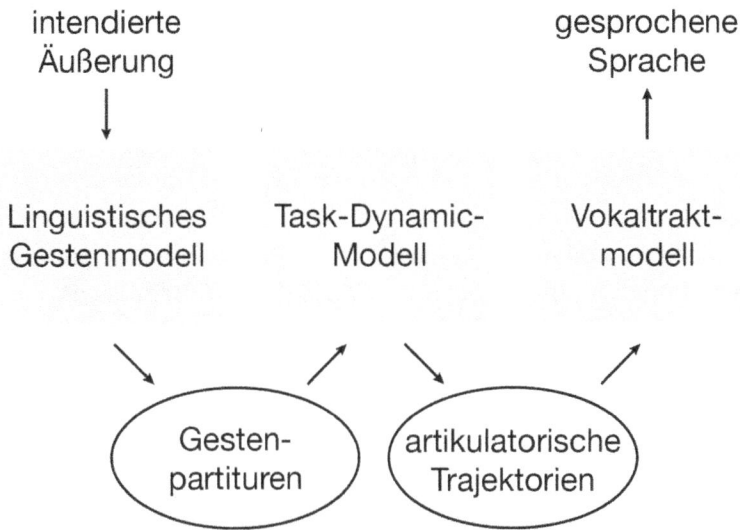

Abbildung 1.2: Computergestützte Modellierung von Gesten mittels der dynamisch artikulatorischen Systeme, TADA, nach Browman & Goldstein 1991: 342.

steht in der Kontrolle der „Artikulatoren". Dabei verwendet es die Traktvariablen als Objekte und generiert als deren Output Bewegungstrajektorien. Die Trajektorien selbst sind immer noch abstrakt, dienen aber als Input für das Vokaltrakt-Modell, welches mittels Areafunktionen das akustische Signal generiert (Browman & Goldstein 1991).

1.2.1 Traktvariablen

Die Taskvariablen des Task-Dynamic-Modells beschreiben Bewegungsaufgaben unter Verwendung von gedämpften Differenzialgleichungen zweiter Ordnung (Browman & Goldstein 1992a). Bei sprachlichen Bewegungsaufgaben entsprechen sie den Variablen des Vokaltraktes (Traktvariablen; vgl. Saltzman 1986; Saltzman & Kelso 1987; Saltzman & Munhall 1989; Browman & Goldstein 1991; Browman & Goldstein 1992a; Browman & Goldstein 2002).

Während der Aktivierung einer Traktvariablen versucht diese eine neue, dem gestischen Ziel entsprechende Gleichgewichtslage oder Ruheposition zu erreichen. In der Analogie zum Feder-Masse-Modell entspräche das Bewegungsmuster einer einzelnen Traktvariablen nicht dem einer einzelnen Feder (eines einzelnen Artikulators) sondern vielmehr dem eines Federsystems (einer artikulatorischen Organgruppe). Solche Organgruppen bilden funktionale Synergien, bei

9

denen verschiedene Kräfte zusammenwirken. Für die Bildung eines Lippenverschlusses sind beispielsweise Kiefer, untere und obere Lippe als koordinative Struktur involviert. Gemeinsam bilden sie ein virtuelles Federsystem (Saltzman 1986; Browman & Goldstein 2002). Die Distanz wischen oberer und unterer Lippe wird von der Traktvariablen *Lip Aperture* (Zwischenlippendistanz) reguliert, welche Kiefer und Lippen einbezieht. Der Wert der Traktvariablen *Lip Aperture* beträgt bei einem Vollverschluss $0cm$ (Null). Positive Werte beschreiben eine Öffnung zwischen den Lippen, negative Werte deren Kompression.

Die Traktvariablen lassen sich drei Subsystemen zuordnen: dem oralen, dem velischen und dem glottalen System, vgl. Abbildung 1.3.

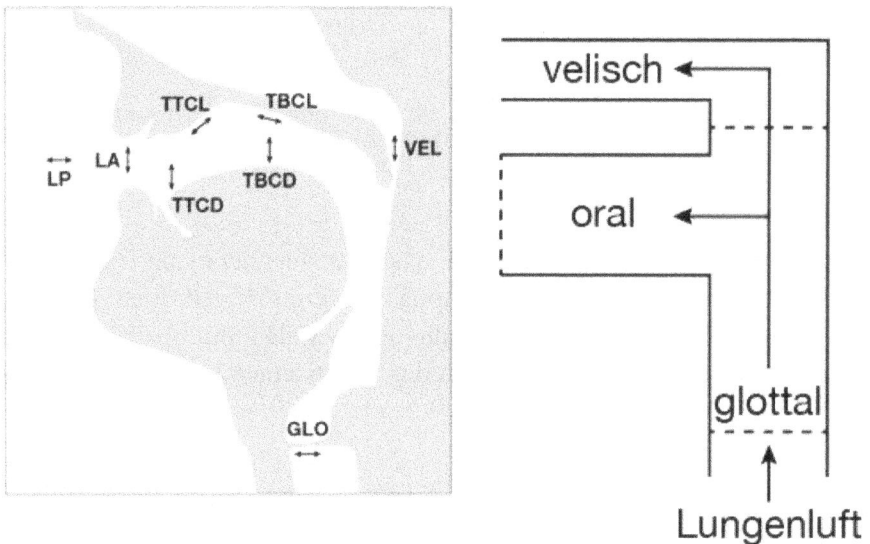

Abbildung 1.3: Orales, velisches und glottales Subsystem, schematisiert nach Hewlett & Beck 2006.

Die Traktvariablen des oralen Systems (Lippen, Zungenspitze und -rücken) greifen teilweise auf gleiche Artikulatoren zurück und zeigen somit Abhängigkeiten und Synergien, wenn sie gleichzeitig aktiv sind. Sie sind jeweils in Paare (LP-LA, TTCL-TTCD, TBCL-TBCD; vgl. Tabelle 1.1) auf zwei Beschreibungsdimensionen des virtuellen vertikal-horizontalen Vokaltraktes aufgeteilt: Eine Traktvariable beschreibt dabei jeweils den Grad einer Konstriktion (constriction degree, CD, vertikale Ebene), die andere den Ort der Konstriktion (location of constriction, CL, horizontale Ebene). In Tabelle 1.1 sind die acht Traktvariablen und die zugehörigen Artikulatoren gelistet.

Tabelle 1.1: Traktvariablen und zugehörige Artikulatoren nach Browman & Goldstein (1992a).

	Traktvariable	Organgruppe
LP	Lippenrundung	Lippen, Kiefer
LA	Lippenöffnung	Lippen, Kiefer
TTCD	Zungenspitze Konstriktionsgrad	Zungenspitze und -rücken, Kiefer
TTCL	Zungenspitze Konstriktionsort	Zungenspitze und -rücken, Kiefer
TBCD	Zungenrücken Konstriktionsgrad	Zungenrücken, Kiefer
TBCL	Zungenrücken Konstriktionsort	Zungenrücken, Kiefer
VEL	Velum	Velum
GLO	Glottis	Glottis

Für das velische und das glottale System (Kontrolle von Velum und Glottis) sind bislang eindimensionale Spezifizierungen ausreichend; die Traktvariablen treten hier im Gegensatz zu den anderen Organgruppen nicht in Paaren auf. Derzeit sind acht Traktvariablen in den gängigen Systemen der Artikulatorischen Phonologie implementiert; die Anzahl der verwendeten Traktvariablen ließe sich jedoch noch erweitern. So könnten für die Zunge TT und TB noch Deskriptoren für die Zungenform (constriction shape CS, Browman & Goldstein 1989) oder weitere glottale Deskriptoren hinzugefügt werden: „Additional laryngeal variables are required to allow for pitch control and for vertical movement of the larynx, required, for example, for ejectives and implosives." (Browman & Goldstein 1989: 73)

1.2.2 Artikulatorische Gesten

Die Grundeinheiten der Artikulatorischen Phonologie sind die artikulatorischen Gesten. Gesten sind im Rahmen des Task-Dynamic-Modells spezifiziert. Das Bewegungsziel (*Task*) einer Geste ist die Bildung eines linguistisch relevanten Verschlusses. Das gestische Aktivierungsintervall beschreibt das Intervall vom Start bis zum Ziel einer Geste. Gesten kontrollieren die Bewegungen des Sprechtraktes mit Hilfe der Traktvariablen (vgl. Browman & Goldstein 1991; Browman & Goldstein 1992a). Bei oralen Gesten koordiniert eine Geste jeweils ein Paar von Traktvariablen (horizontal-vertikale Dimension). Diese Traktvariablen greifen auf gleiche Organgruppen zurück (LP-LA, TTCL-TTCD, TBCL-TBCD; vgl. Abbildung 1.3). Beim velischen und glottalen System kontrolliert die Geste jeweils eine Traktvariable (VEL, GLO).

> That is, for oral gestures, two dynamical equations are used, one for constriction location and one for constriction degree. Since the glottal and velic aperture tract variables do not occur in pairs, they map directly onto glottal and velic gestures, respectively. (Browman & Goldstein 1991: 3)

Deskriptoren für Gesten beschreiben die vertikale und horizontale Dimension der Konstriktion (constriction degree CD, constriction location CL) sowie die Steifheit k (Browman & Goldstein 1989). Solche Deskriptoren oder Parameter sind sprachabhängig und müssen im jeweiligen Sprachsystem festgelegt werden (Browman & Goldstein 1992a). Tabelle 1.2 illustriert die gängigen Deskriptoren für die jeweiligen Traktvariablen; obwohl die Lippenöffnung, LA, in der Regel mit nur einem Deskriptor für den Konstriktionsgrad auskommt, finden sich in der Literatur auch Spezifikationen für den Konstriktionsort. Die genauen Spezi-

Tabelle 1.2: Gängige Deskriptoren für Traktvariablen.

Traktvariable	CD (Konstriktionsgrad)	CL (Konstriktionsort)
Lippenöffnung LA	geschlossen (close) kritisch (critical) eng (narrow)	labial, labiodental
Lippenrundung LP	gerundet (protruded)	
Zungenspitze TT	geschlossen (close) kritisch (critical) eng (narrow)	dental, alveolar, postalveolar
Zungenrücken TB	geschlossen (close) kritisch (critical) eng (narrow) mittel (mid)	palatal, velar, uvular, pharyngal, uvu-pharyngal
Velum VEL	offen (wide)	
Glottis GLO	offen (wide)	

fikationen ergeben sich jeweils aus dem phonologischen Modell für die zu untersuchende Sprache.

Der Grad einer Konstriktion (CD) kann wie folgt spezifiziert werden: geschlossen (closed; vollständige Blockade des Luftstroms bei der Plosivproduktion), kritisch (critical; geräuschverursachende Engebildung bei der Frikativproduktion), eng (narrow; nicht-geräuschverursachende Engebildung bei der Approximantproduktion), mittel (mid) und offen (wide). Nam (2007a) gibt konkrete Beispiele für unterschiedliche Targetspezifikationen den Grad der Konstriktion, CD, betreffend. In seinen Äußerungen des Englischen haben Plosive die Werte $-2mm$, Frikative $1mm$ als Abstandsziel; einen offenen Vokal /a/ definiert er mit $11mm$. Die negativen Werte kommen zustande, weil ein Target nur approximiert, aber nicht erreicht wird.

Deskriptoren für den Ort der Konstriktion (CL) sind gerundet (protruded), labial, dental, labiodental, alveolar, post-alveolar, palatal, velar, uvular und pharyngal (pharyngeal). Der Steifheitsparameter kann vokalische und konsonantische Gesten unterscheiden: Bei einem nicht-silbischen Halbvokal [j] und einem silbischen Entsprechungsvokal [i] unterscheiden sich die Parameter CD und CL nicht; beide gestischen Ziele liegen in der Bildung eines palatalen Beinahverschlusses des Zungenrückens {TB narrow palatal}. Die Steifheit ist jedoch beim Halbvokal [j] höher als beim Vollvokal [i] (Browman & Goldstein 1989). Mit der Erhöhung der Steifheit (Eigenperiode, Eigenfrequenz) lässt sich mittels eines artikulatorischen Synthesizers (Kröger 1993) ein Vokal in einen Halbvokal überführen, beispielsweise im Deutschen die Aussprachevarianten von <Dahlie>, [daːl.jə] und [daːl.i.ə] (vgl. Mücke u. a. 1999).

Der Steifheitsparameter k verweist bereits auf die funktionale Unterscheidung von konsonantischer und vokalischer Funktion von Gesten. Diese geht auf Beobachtungen zurück, die in akustisch-spektrographischen Analysen von VCV-Sequenzen gemacht worden sind (Öhmann 1966): Die Vokalartikulation überlagert die Konsonantenproduktion fast vollständig, während sich Vokale untereinander kaum überlagern. Für eine kinematische Analyse bedeutet das einen Unterschied in der intrinsischen Dauer der gesturalen Aktivierung von Vokalen und Konsonanten. Im dynamischen Modell haben vokalische Gesten deshalb eine geringere Eigenfrequenz (eine geringere Steifheit k) als konsonantische Gesten. Auch wenn die konsonantische und die vokalische Geste gleichzeitig starten, erreicht die vokalische Geste ihr Target später, da sie mit langsamerer Geschwindigkeit ausgeführt wird und länger aktiviert ist als die konsonantische Geste (Goldstein u. a. 2006).

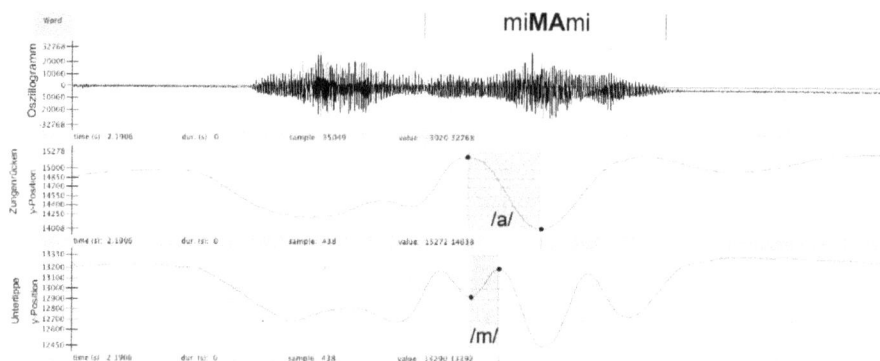

Abbildung 1.4: Oszillogramm (oben) und vertikale Positionskurven für Zungenrücken (Mitte) und Unterlippe (unten) in der Zielsilbe [ma] in der katalanischen Äußerung <La MiMAmi>.

Abbildung 1.4 gibt analog zu Abbildung 1.1 ein Beispiel für die Gleichzeitigkeit von Konsonant- und Vokalproduktion am Beispiel des Zielwortes <MiMAmi> in der katalanischen Äußerung <La MiMAmi>, aufgenommen mit elektromagnetischer Artikulographie. Das Zielwort ist ein fiktiver Name im Katalanischen. Das Zielwort trägt einen nuklearen LH-Akzent (weiter Fokus); die lexikalisch betonte Silbe ist zur Veranschaulichung mittels Großbuchstaben und Fettdruck hervorgehoben. Die Zielsilbe [ma] zeigt, dass Vokal und Konsonant gleichzeitig starten, Vokale jedoch geringere Ausführungsgeschwindigkeiten und längere Aktivierungsintervalle (Intervall vom Start bis zum Ziel einer Bewegung) haben. Hierbei werden im oralen System zwei linguistisch relevante Bewegungsaufgaben ausgeführt: ein konsonantischer Verschluss der Lippen LA labial closure für /m/ und ein vokalischer Verschluss des Zungenrückens TB pharyngeal wide für /a/. Von oben nach unten zeigt die Abbildung 1.4 die akustische Wellenform sowie die kinematischen Bewegungstrajektorien des Zungenrückens und der unteren Lippe. Es handelt sich jeweils um vertikale Positionskurven (niedrige Werte indizieren eine offene und hohe Werte eine geschlossene Stellung der Artikulatoren). Die gestischen Aktivierungsintervalle für Start und Ende der Bewegung /m/ und /a/ sind grau schattiert. Die Bewegungsintervalle starten gleichzeitig. Die Bewegungen des Zungenrückens verlaufen langsamer und erreichen deutlich später als die des Konsonanten ihr Ziel. Für die Koordination der Gesten untereinander (Phasing) ist deshalb die funktionale Unterscheidung in konsonantische und vokalische Gesten mit unterschiedlichen dynamischen Parameterspezifikationen relevant; in Kapitel 3 wird ausgeführt, auf welche Weise beide Gestentypen miteinander assoziiert sind, um ein „Silbenmolekül" zu formen.

Die gestischen Deskriptoren zeigen Ähnlichkeiten zu Merkmalen (Merkmals-geometrie, Clements 1985), unterscheiden sich aber in wesentlichen Aspekten von ihnen (Browman & Goldstein 1989; Browman & Goldstein 1992a; Pouplier 2011). Während Merkmale eine Kombination aus akustischen und artikulatori-schen Eigenschaften darstellen (vgl. Pike 1943; Ladefoged & Maddieson 1996), sind Gesten als artikulatorische Einheiten lexikalisiert. Obwohl die gestischen Deskriptoren der Gesten selbst nicht hierarchisch organisiert sind, ergibt sich ei-ne indirekte Hierarchie aus den beteiligten Organgruppen des Vokaltraktes (Ab-bildung 1.5).

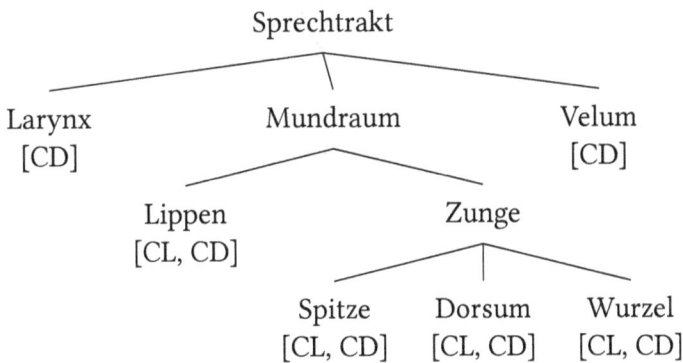

Abbildung 1.5: Artikulatorische Baumstruktur, adaptiert von Brent u. a. 1996: 12 mit CD = Konstriktionsgrad, CL = Ort der Konstriktion.

Die Traktvariablen TT und TB (Zungenspitze und -rücken) teilen sich die Zunge als Artikulator, und gemeinsam mit den LIPPEN (Mundlippen) referie-ren sie auf den Kiefer. Hieraus ergeben sich natürliche Klassen der artikulatori-schen Geometrie. Der Grad und Ort der Konstriktion (CL, CD) werden von den Artikulatoren(-knoten) dominiert (Browman & Goldstein 1992a), während in der Merkmalsgeometrie die Merkmale der Artikulationsart direkt mit dem Wurzel-knoten verbunden sind (Clements 1985).

Gesten haben als Primitiva der Artikulatorischen Phonologie und somit auch als Einheiten dynamischer Systeme eine duale Funktion. Die Festlegung der gesti-schen Bewegungsaufgabe ist phonologischer Natur, während deren Ausführung eine phonetische Aktion darstellt und als zielgerichteter Bewegungsablauf der Sprechorgane modelliert ist (Tabelle 1.3). Somit sind Gesten gleichzeitig Einhei-ten der Information (diskret) und der Aktion (kontinuierlich). Sie können gleich-zeitig invariante, kontextunabhängige Information abbilden und variable, kon-textabhängige Trajektorien generieren, ohne eine gesonderte Schnittstelle zwischen den Repräsentationsebenen annehmen zu müssen. Gesten haben somit kognitiven und gleichzeitig physikalischen Status. Die Prinzipien zur Bildung phonologischer Kontraste sowie sprachspezifische Aspekte und kontextbeding-te Variationen werden im Folgekapitel mit Hilfe von Gestenpartituren illustriert.

Tabelle 1.3: Die duale Funktion der Gesten (aus Browman & Goldstein 2002).

Kombinatorische Einheit	Physikalisch messbar
Diskret	Kontinuierlich
Kontextunabhängig	Kontextabhängig
Zeitlich invariant	Zeitlich variabel
Wenig-dimensional	Mehrdimensional
Kognitiv	Physikalisch

2 Gestenpartituren

Die Gestenpartituren bilden den Output des Linguistischen Gestenmodells. Sie bilden die höhere Struktur von Gesten und somit deren intergesturale Koordination ab. Dabei wird bei der zeitlichen Koordination nicht von einem externen „Trigger" (external clock) ausgegangen, sondern vielmehr von einer Koordination der dynamischen Zustände der Gesten untereinander (Phasing; vgl. Kelso & Tuller 1987; Browman & Goldstein 1991; 1992a). Auf der vertikalen Achse befinden sich die Traktvariablen, auf der horizontalen Achse die diskreten Aktivierungsintervalle einer Geste mit den entsprechenden dynamischen Parametern. Die Gestenpartituren dienen als Input für das Task-Dynamic-Modell (vgl. Abbildung 1.2), bei dem dann die kontextabhängigen Kurvenverläufe der Artikulatoren generiert werden.

Gestenpartituren sind sprachspezifisch. Mit ihrer Hilfe werden diskrete phonologische Kontraste sowie graduelle kontextbedingte Variationen generiert. Letztere sind auf syntagmatischer Ebene nicht das Ergebnis phonologischer Reorganisationen sondern die Konsequenz unterschiedlicher Überlappungsgrade zwischen invarianten Gesten.

> Much of the richness of phonological structure, in the gestural framework, lies in the patterns of how gestures are coordinated in time with respect to one another (...). Utterances comprised of the same gestures may contrast with one another in how the gestures are organized, i.e. the same gestures can form different constellations. (Browman & Goldstein 1992a: 162)

Abbildung 2.1 zeigt eine Gestenpartitur für die englische Äußerung <tea>. Die Partituren sind vom Prinzip her wie Musikpartituren aufgebaut: Auf der vertikalen Achse befinden sich die Traktvariablen (im vorliegenden Beispiel VEL = Velum, TT = Zungenspitze, TB=Zungenrücken und GLO = Glottis) ähnlich wie die musikalischen Einzelstimmen und auf der horizontalen Achse die Zeit. Die gestischen Aktivierungsintervalle stellen in Form von Kästchen dar, welche Aufgabe die Traktvariable jeweils ausführen soll. Das ist ähnlich wie Noten, mit denen musikalische Aufgaben für Einzelstimmen notiert werden. Die gestischen Bewegungsaufgaben sind in Form von Deskriptoren kodiert, wie beispielsweise

<tea> /tiː/

TT	clo alveolar
TB	narrow palatal
GLO	wide glottis

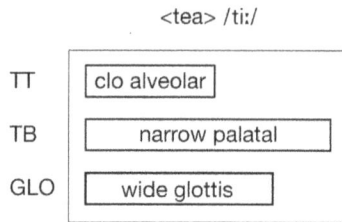

Abbildung 2.1: Gestenpartituren mit Gestenspezifikationen und Traktvariablen für <tea> im Englischen; VEL = Velum, TT = Zungenspitze,
TB = Zungenrücken, GLO = Glottis.

ein alveolarer Verschluss der Zungenspitze für die Bildung von /t/, TT alveolar
closure in <tea> in Abbildung 2.1 (links). Zu Anfang eines Aktivierungsintervalls
beginnt die Traktvariable mit der Ausführung der Bewegungsaufgabe, die am
Ende des Intervalls erreicht sein sollte. Nachdem die Geste nicht mehr aktiv ist,
wendet sich die zugehörige Traktvariable entweder einer neuen Bewegungsaufgabe zu oder sie wird deaktiviert und bewegt sich zurück in die Neutralstellung.
Der Default entspricht in diesem Modell der Neutralposition des Vokaltraktes
bei der Produktion des Zentralvokals Schwa, /ə/. Hier finden keine speziellen
Engebildungen im Vokaltrakt statt; die Hohlraumkonfigurationen entsprechen
am ehesten denen eines einseitig geöffneten Rohres. Spontane Stimmhaftigkeit
sowie das Anheben des Velums zur Abkopplung des Nasentraktes gehören ebenfalls zum Default, und werden hier nicht gekennzeichnet. Bei der Gestenpartitur
wird auch das zeitliche Zusammenspiel von glottalen und oralen Gesten während der Produktion für /t/ deutlich. So ist die glottale Geste für Stimmlosigkeit
GLO wide noch aktiv, obwohl Zungenspitzengeste TT alveolar closure bereits
beendet ist. Auf der akustischen Oberfläche entsteht somit Aspiration.

Für eine bessere Übersicht bietet es sich an, jeweils nur die Traktvariablen
in der Partitur abzubilden, die aufgrund der gestischen Spezifikationen von Bewegungsaufgaben angesteuert werden – in einer musikalischen Partitur gibt es
schließlich auch keine „leeren" Einzelstimmen für Instrumente, die nicht mitspie-
len.

2.1 Lexikalische Kontraste

Es gibt drei grundlegende Prinzipien der gesturalen Organisation, um lexikalische Kontraste wie <packen> und <backen> innerhalb einer Sprache zu bilden.

2.1.1 Prinzip 1: An- oder Abwesenheit von Gesten

Beim ersten Prinzip entscheidet allein die An- oder Abwesenheit der Geste über den linguistischen Kontrast.

Prinzip (1): Linguistische Kontraste entstehen durch die An- oder Abwesenheit von Gesten.

Abbildung 2.2 illustriert dieses Prinzip für die englischen Äußerungen <tea>, <dee> und <knee> in Form einer Gestenpartitur. Von oben nach unten zeigt die Abbildung die Traktvariablen VEL = Velum, TT = Zungenspitze, TB = Zungenrücken und GLO = Glottis eingezeichnet. Die Kästchen schematisieren die gestischen Aktivierungsintervalle für die jeweiligen Traktvariablen; zu Beginn eines Intervalls startet die Traktvariable mit der Bewegungsaufgabe und am Ende des Intervalls hat sie das Ziel erreicht bzw. beendet die Aufgabenausführung. Die Deskriptoren in den Kästchen kodieren die Bewegungsaufgaben mit Konstriktionsgrad und -ziel, beispielsweise /n/ = TT alveolar closure und VEL wide in <knee>.

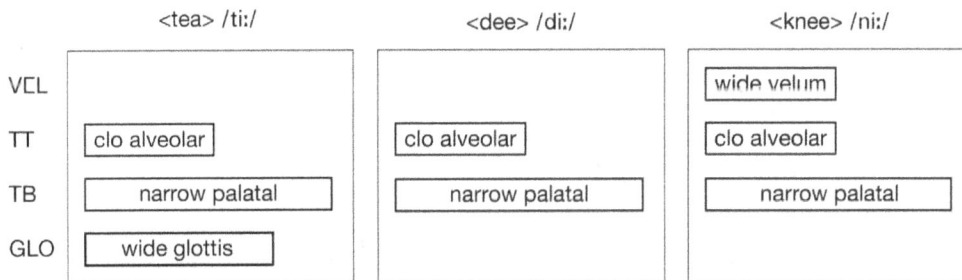

Abbildung 2.2: Gestenpartituren mit Gestenspezifikationen und Traktvariablen für <tea>, <dee> und <knee> im Englischen; VEL = Velum, TT = Zungenspitze, TB = Zungenrücken, GLO = Glottis.

Vergleichen wir nun die drei Gestenpartituren in Abbildung 2.2 im Hinblick auf die Bildung lexikalischer Kontraste miteinander. Alle drei Äußerungen, <tea>, <dee> und <knee>, werden mit einem geschlossenen Vorderzungenvokal /i/ gebildet, bei dem jeweils der Zungenrücken TB involviert ist, TB narrow palatal. Obwohl sie sich segmental in den initialen Konsonanten /t/, /d/, /n/ unterscheiden, haben diese Wörter gleiche orale Gesten im Mundraum auszuführen, beginnend mit dem Vollverschluss der Zungenspitze an den Alveolen TT closure alveolar. Die Äußerungen unterscheiden sich nur durch die An- oder Abwesenheit einer glottalen bzw. velischen Geste. So unterscheidet sich <tea> von <dee>

aufgrund der glottalen Abduktionsgeste GLO wide zur Produktion von Stimm-losigkeit für /t/, und <dee> und <knee> durch die Aktivierung des Velums VEL wide zur Öffnung des nasalen Traktes für /n/. Die vokalische Geste und die Gesten des initialen Konsonanten starten gleichzeitig, aber die vokalische Geste ist aufgrund geringerer Ausführungsgeschwindigkeiten länger aktiviert.

Abbildung 2.3 gibt ein Beispiel aus dem Deutschen, <Fahne> /faːnə/, <fade> /faːdə/ und <schade> /ʃaːdə/. Zwischen <Fahne> und <fade> bestimmt die An- bzw. Abwesenheit der Velumsgeste VEL wide zu Beginn der zweiten Silbe über den lexikalischen Kontrast. Zwischen <fade> und <schade> liegen unterschied-liche Gesten für den initialen Konsonanten im oralen System vor: für /f/ wird ein labiodentaler Beinahverschluss der der Lippen LA critical dental und für /ʃ/ ein postalveolarer Beinahverschluss der der Zungenspitze TT critical alveolar spezifiziert. Der Vokal in der zweiten Silbe, der Schwalaut, ist hier als TB mid uvu-pharyngeal spezifiziert (der Konstriktionsgrad ist „mid", um ihn vom tiefen Schwa TB wide uvu-pharyngeal im Deutschen unterscheiden zu können). Schwa entspricht im Grunde dem Default des Modells und müsste nicht unbedingt spezi-fiziert werden. Jedoch wird für die zweite Silbe eine Bewegungseinheit benötigt, die als zeitlicher Trigger für die Aktivierung des Systems fungiert, so dass eine Spezifizierung sinnvoll scheint.

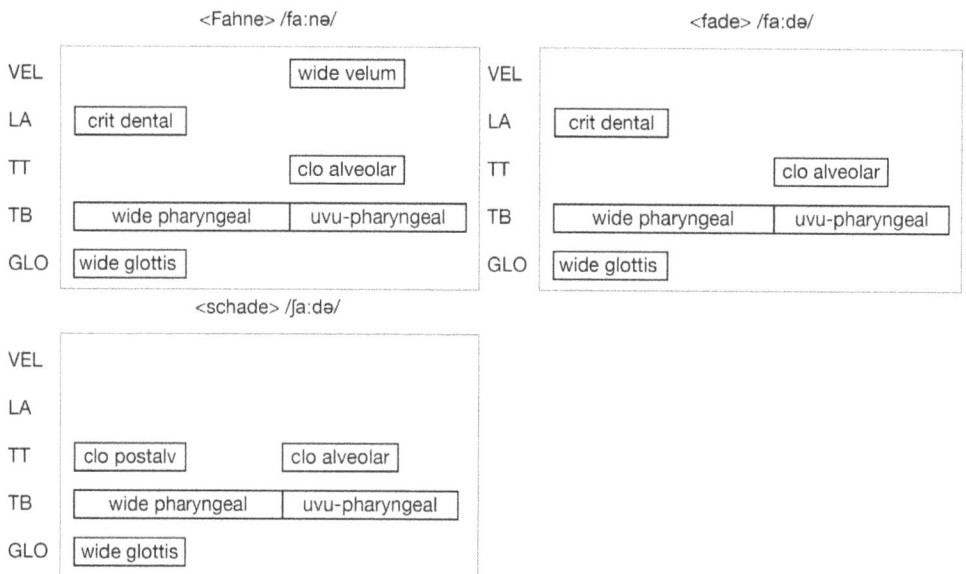

Abbildung 2.3: Gestenpartituren mit Gestenspezifikationen und Trakt-variablen für <Fahne>, <fade> und <schade> im Deutschen; LA = Lip-penöffnung, TT = Zungenspitze, TB = Zungenrücken, GLO = Glottis.

Da die Äußerungen in Abbildung 2.3 aus jeweils zwei Silben bestehen, wird an diesen Beispielen bereits deutlich, dass die Aktivierungsintervalle für die Vokale nahtlos aneinander anschließen, so dass die Produktion der Vokale die der Konsonanten vollständig überlagert. Diese Überlagerung manifestiert sich an akustischer Oberfläche u.a. durch Formanttransitionen und fließende Segmentgrenzen, die den zugrundeliegenden Vokalzyklus widerspiegeln. Die Beobachtung, dass es einen zugrundeliegenden Vokalzyklus gibt, der von konsonantischen Verschlüssen überlagert wird, ist bereits in Öhmann (1966) beschrieben und wurde u.a. von Fowler (1977); Fowler u. a. (1980) vertieft. So hat Öhmann (1966) anhand von akustischen Studien zu V1CV2-Sequenzen gezeigt, dass sich direkte koartikulatorische Effekte von V2 bereits in V1 finden, und das umgekehrt V1 auch V2 beeinflusst, obwohl es einen intervokalischen Konsonanten gibt.

2.1.2 Prinzip 2: Unterschiede in gestischen Deskriptoren

Beim zweiten Prinzip entscheiden die parametrischen Spezifikationen – die gestischen Deskriptoren – über den linguistischen Kontrast, beispielsweise ein Vollverschluss für einen Plosiv gegenüber eines Beinah-Verschlusses für einen Frikativ.

Prinzip (2): Linguistische Kontraste entstehen aufgrund von unterschiedlichen gestischen Deskriptoren bzw. Parametern (z. B. CD, CL).

Um das zweite Prinzip zu veranschaulichen wird die englische Äußerung <tea> in Abbildung 2.4 den englischen Äußerungen <sea> und <she> gegenübergestellt. Diesmal unterscheiden sich die Äußerungen nicht durch die An- oder Abwesenheit von Gesten sondern vielmehr durch die parametrische Spezifikation des initialen Konsonanten. Zwischen <tea> und <sea> besteht der Kontrast in dem Grad der Zungenspitzenkonstriktion (CD, constriction degree), d. h. im Vollverschluss TT alveolar closure für /t/ im Gegensatz zu einem Beinah-Verschluss TT alveolar critical für /s/. Zwischen <sea> und <she> liegt der Unterschied in dem Ort der Konstriktion (CL, constriction location), d. h. zwischen alveolar TT alveolar critical für /s/ im Gegensatz zu postalveolar TT postalveolar critical für /ʃ/.

Dieses Prinzip greift auch bei dem folgenden Beispiel, <Diebe> /diːbə/, <Siebe> /ziːbə/ und <schiebe> /ʃiːbə/ im Deutschen (Abbildung 2.5). Das Gestentableau für die initialen Konsonanten in /diːbə/ und /ziːbə/ unterscheidet sich nur in der Spezifizierung des Konstriktionsgrades der Zungenspitze, CL. In /diːbə/ ist ein Vollverschluß spezifiziert TT alveolar closure und in /ziːbə/ ein Beinahverschluss TT alveolar critical spezifiziert. Beim Vergleich von /ziːbə/ und /ʃiːbə/

	<tea> /ti:/	<sea> /si:/	<she> /ʃi:/
TT	clo alveolar	crit alveolar	crit postalv
TB	narrow palatal	narrow palatal	narrow palatal
GLO	wide glottis	wide glottis	wide glottis

Abbildung 2.4: Gestenpartituren mit Gestenspezifikationen und Trakt-variablen für <tea>, <sea> und <she> im Englischen; TT = Zungenspitze, TB = Zungenrücken, GLO = Glottis.

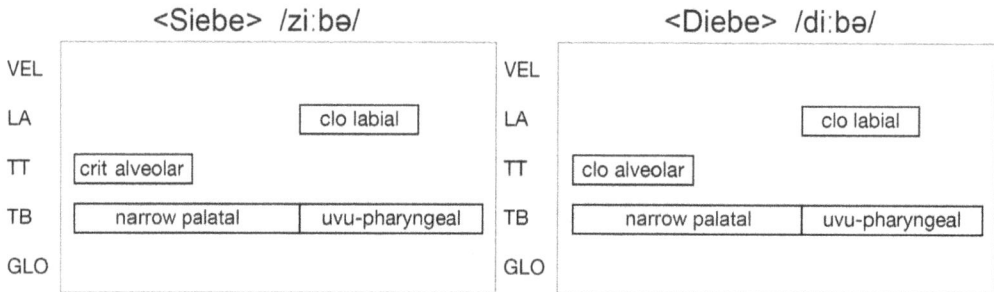

	<Siebe> /ziːbə/		<Diebe> /diːbə/	
VEL		VEL		
LA	clo labial	LA	clo labial	
TT	crit alveolar	TT	clo alveolar	
TB	narrow palatal / uvu-pharyngeal	TB	narrow palatal / uvu-pharyngeal	
GLO		GLO		

Abbildung 2.5: Gestenpartituren mit Gestenspezifikationen und Trakt-variablen für <Diebe>, <Siebe> und <schiebe> im Deutschen; LA = Lippenöffnung, TT = Zungenspitze, TB = Zungenrücken.

unterscheiden sich die Gesten für die initialen Konsonanten nur im Deskriptor für den Konstriktionsort, CL. In /ziːbə/ wird die Konstriktion an den Alveolen TT alveolar critical und in /ʃiːbə/ postalveolar TT postalveolar critical spezifiziert.

2.1.3 Prinzip 3: Phasing

Das dritte Prinzip betrifft die Koordination (Phasing) der Gesten zueinander, siehe Abbildung 2.6. Hier entscheidet allein die Koordination der Gesten zueinander über den linguistischen Kontrast.

Prinzip (3): Linguistische Kontraste entstehen aufgrund unterschiedlicher Koordinationen zwischen Gesten (Phasing).

So bestehen die englischen Äußerungen <bud> und <dub> aus der gleichen Gestenauswahl, jedoch sind die konsonantischen Gesten für den labialen Verschluss in LA labial closure und den alveolaren Verschluss TT alveolar closure zeitlich unterschiedlich mit der Vokalgeste TB wide uvular koordiniert. Das dritte Prinzip greift auch im Deutschen in den Äußerungen <Bohne> /boːnə/ und

<bud> /bʌd/   <dub> /dʌb/

	<bud> /bʌd/	<dub> /dʌb/
TT	clo alveolar	clo alveolar
TB	wide uvular	wide uvular
LA	clo labial	clo labial

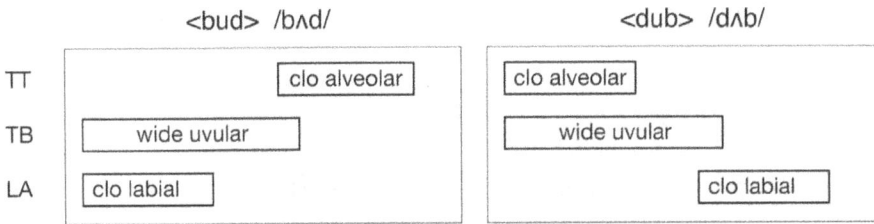

Abbildung 2.6: Gestenpartituren mit Gestenspezifikationen und Trakt-variablen für <bud>, <dub> im Englischen; TT = Zungenspitze, TB = Zungenrücken, LA = Lippenöffnung.

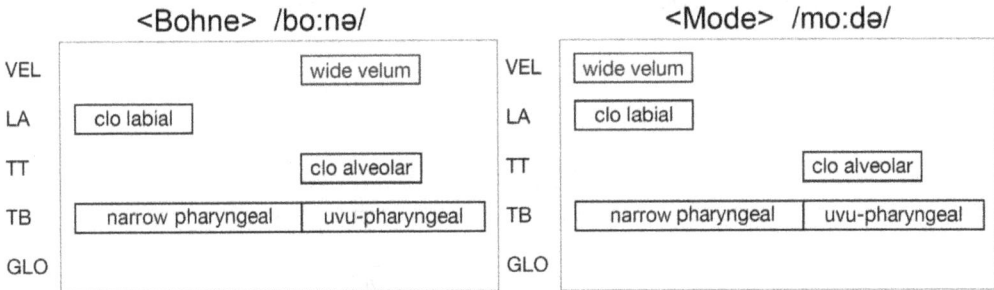

<Bohne> /bo:nə/   <Mode> /mo:də/

	<Bohne> /bo:nə/		<Mode> /mo:də/
VEL	wide velum	VEL	wide velum
LA	clo labial	LA	clo labial
TT	clo alveolar	TT	clo alveolar
TB	narrow pharyngeal / uvu-pharyngeal	TB	narrow pharyngeal / uvu-pharyngeal
GLO		GLO	

Abbildung 2.7: Gestenpartituren mit Gestenspezifikationen und Trakt-variablen für <Bohne> und <Mode> im Deutschen; VEL = Velum, LA = Lippenöffnung, TT = Zungenspitze, TB = Zungenrücken.

<Mode> /mo:də/. In Abbildung 2.7 sind die beiden Gestenpartituren gegenüber-gestellt. Es zeigt sich, dass beide Partituren aus dem gleichen Set an Gesten be-stehen, jedoch die Velumsgeste VEL wide in /bo:nə/ mit dem initialen Konsonan-ten der ersten Silbe LA closureund in /mo:də/ mit dem initialen Konsonanten der zweiten Silbe TT alveolar closure synchronisiert ist.

2.1.4 Beispielpartituren

Die folgenden Gestenpartituren in Abbildung 2.8 verdeutlichen die Anwendung der ersten drei Prinzipien in unterschiedlichen Äußerungen des Deutschen. So unterscheiden sich <das> und <nass> durch die Anwesenheit bzw. Abwesenheit der velischen Geste VEL wide, die in <nass> mit der alveolaren Vollverschluss-geste TT alveolar closure zeitlich synchronisiert ist, jedoch in <das> nicht auftritt. Die Äußerungen <bass> und <das> unterscheiden sich ebenfalls durch das Auf-treten unterschiedlicher Gesten im Silbenanlaut. So ist der initiale Plosiv in <das> durch dic alveolare Vollverschlussgeste TT alveolar closure spezifiziert, während <Bass> im Anlaut eine labiale Vollverschlussgetse LA labial closure aufweist. Die

<das> /das/

VEL	
LA	
TT	clo alveolar crit alveolar
TB	wide pharyngeal
GLO	wide glottis

<nass> /nas/

VEL	wide velum
LA	
TT	clo alveolar crit alveolar
TB	wide pharyngeal
GLO	wide glottis

<Bass> /bas/

VEL	
LA	clo labial
TT	crit alveolar
TB	wide pharyngeal
GLO	wide glottis

<Fass> /fas/

VEL	
LA	crit dental
TT	crit alveolar
TB	wide pharyngeal
GLO	wide glottis wide glottis

<Hass> /has/

VEL	
LA	
TT	crit alveolar
TB	wide pharyngeal
GLO	wide glottis wide glottis

<Pass> /pas/

VEL	
LA	clo labial
TT	crit alveolar
TB	wide pharyngeal
GLO	wide glottis

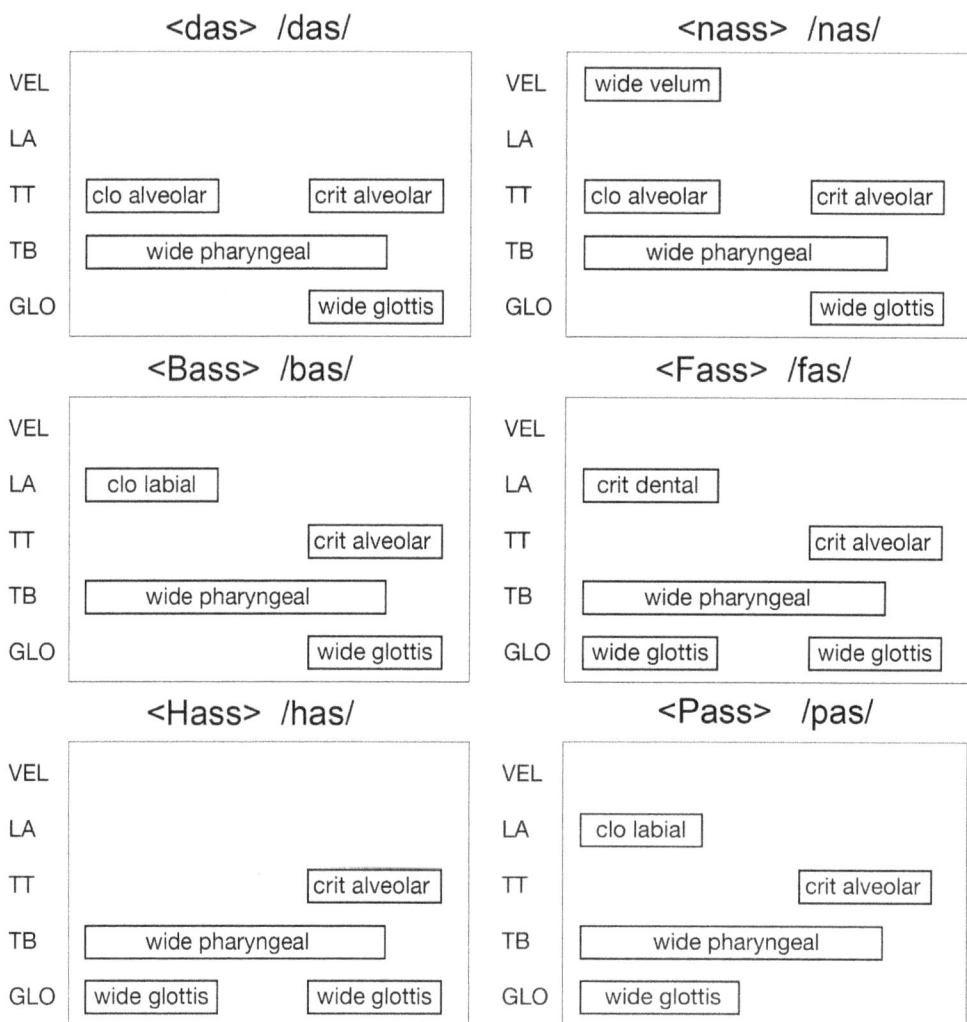

Abbildung 2.8: Gestenpartituren mit Gestenspezifikationen und Trakt-variablen für verschiedene Äußerungen des Deutschen; VEL = Velum, LA = Lippenöffnung, TT = Zungenspitze, TB = Zungenrücken, GLO = Glottis

Äußerungen <Bass> und <Fass> weisen beide im Anlaut eine Konstriktionsgeste auf, die der Traktvariablen Lippenöffnung (LA) zugeordnet ist. Die Gesten unterscheiden sich jedoch in beiden Deskriptoren (CL, constriction location und CD, constriction degree). Bei <Bass> handelt es sich um eine labiale Vollverschlussgeste LA labial closure und bei <Fass> um eine labiodentale Beinahverschlussgeste LA dental critical. <Bass> und <Pass> weisen das gleiche Tableau an glottalen Gesten auf, in <Pass> jedoch kommt eine glottale Abduktionsgeste GLO wide für Stimmlosigkeit hinzu. Bei <Pass> endet die glottale Geste später als die orale Konstriktionsgeste, so dass auf akustischer Oberfläche Aspiration entsteht. Vergleicht man <Hass> und <Pass>, so unterscheiden sich die beiden Äußerungen darin, dass in <Pass> ein Lippenvollverschluss LA labial closure des oralen Systems spezifiziert ist, in <Hass> aber nicht.

2.2 Kontextbedingte Variation

Neben der Bildung lexikalischer Kontraste spielt die kontextbedingte Variation eine wichtige Rolle in der Modellierung der Sprachproduktion. Anhand von traditionellen phonologischen Merkmalen lassen sich allophonische Repräsentationen wie der Grad der Aspiration nicht abbilden. Phonologische Merkmale basieren auf kategorialen Darstellungen, die weder graduelle Unterschiede zwischen Sprachen noch kontextbedingte Variationen innerhalb einer Sprache erfassen können.

Kontextbedingte Variationen können beispielsweise den jeweiligen Grad einer Aspiration (Behauchung) von Plosiven innerhalb einer Sprache betreffen, also sich in der glottal-oralen Kontrolle manifestieren. So ist phonologisch innerhalb einer Sprache mittels des Merkmals [$\pm$ spread glottis] spezifiziert, ob ein Plosiv aspiriert ist, aber der Grad der Aspiration kann beispielsweise in Folge von kontextuellen und prosodischen Einflüsse systematisch variieren. So spezifiziert das Merkmal [$\pm$ spread glottis] lediglich, ob Plosive in einem bestimmten Sprachsystem aspiriert vorkommen oder nicht, d. h., ob die Glottis nach der Lösung des Plosivs noch offen ist und Aspirationsrauschen auf der akustischen Oberfläche erzeugt.

Auch bei der Beschreibung von Prozessen wie Assimilation und Tilgung wird traditionell von der vollständigen Änderung oder dem Wegfall eines Segments ausgegangen. Mit Hilfe von phonologischen Merkmalen lassen sich keine Zwischenstufen abbilden. So ist ein Konsonant entweder assimiliert <i[m] Berlin> oder nicht <i[n] Berlin>, wenngleich in der erstgenannten Variante, <i[m] Berlin>, häufig eine durch den Lippenverschluss verdeckte Zungenspitzengeste auftritt. Ähnliches gilt für die Tilgung. Entweder wird in einer Äußerung wie <Er hat Paris erreicht> auf segmentaler Ebene der alveolare Konsonant /t/ realisiert [hat paʁis] oder nicht [hapaʁis], wenngleich artikulatorisch häufig verschiedenste Zwischenformen beobachtbar sind (u.a. Barry 1991; Kohler 1995; Ellis & Hardcastle 2002; Jaeger & Hoole 2007; Mücke, Grice & Kirst 2008; Bergmann 2008).

Im Gegensatz zu traditionellen Modellen sind im Gestenmodell diese Formen kontinuierlicher Variationen beschreibbar. Bei der Modellierung kontextbedingter Variationen werden Gesten nicht hinzugefügt oder weggenommen, sondern es ändert sich der Grad der Überlappung zwischen zwei Gesten und/oder der Grad der Ausdehnung eines Gestenintervalls. Dabei ist es wichtig, neben dem rein segmentalen Kontext auch die prosodische Struktur als relevanten Faktor für den Grad der kontextbedingten Variation einzubeziehen.

2.2.1 Prinzip 4 und 5: Glottale und orale Koordination

Für die Koordination von glottalen und oralen Gesten in ausgesuchten westgermanischen Sprachen wie dem Englischen schlagen Browman & Goldstein (1992a) zwei Ordnungsprinzipien vor, aus denen sich sprachspezifische Beschränkungen bezüglich ihrer temporalen Organisation ableiten lassen.

Prinzip (4): Bei stimmlosen Frikativen in wortinitialer Position tritt das Maximum der glottalen Öffnungsgeste (peak glottal opening, glottaler Gipfel) zeitgleich mit der Mitte der Frikativgeste auf (midpoint of the fricative gesture). Bei stimmlosen Plosiven ist der glottale Gipfel mit der Lösung der Plosivgeste (release) synchronisiert.

Dieses Prinzip lässt sich artikulatorisch an den Beispielen <tea> und <sea> in Abbildung 2.9 illustrieren. In <sea> ist das Maximum der glottalen Öffnungsgeste (der glottale Gipfel) mit der Mitte der Frikativgeste synchronisiert. In <tea> hingegen ist der glottale Gipfel erst mit dem Lösen des Vollverschlusses synchronisiert. Letzteres führt bei Plosiven in wortinitialer Position auf akustischer Ebene zur Aspiration (Browman & Goldstein 1992a, Pouplier & Beňuš 2011; Yoshioka u. a. 1981 für Englisch; Yeoul u. a. 2008 für Marokkanisches Arabisch; vgl. auch Hoole 2006 für eine kritische Diskussion).

Eine solche Koordination ließe sich auch für das Standarddeutsche annehmen, beispielsweise für <Tal> und <Schal>, wobei /t/ in <Tal> erwartungsgemäß auf akustischer Oberfläche aspiriert wäre (Abbildung 2.10). Artikulatorisch erwarten wir im Vergleich zu <Schal> einen späteren glottalen Gipfel relativ zur oralen Geste (Abbildung 2.10).

Dieses Koordinationsmuster, das zur Aspiration bei Plosiven führt, ist innerhalb einer Sprache oder Varietät festgelegt. Beispielsweise zeigen Sawashima & Hirose (1980), dass bei nicht-aspirierten Plosiven im Französischen oder Hindi die glottale Geste mit der Plosivgeste zeitlich so synchronisiert, dass sie mit dem Lösen des Plosivs endet. Beide gestischen Aktivierungsintervalle starten und enden gleichzeitig. Als Konsequenz ergibt sich keine Aspiration auf akustischer

<tea> /tiː/   <sea> /siː/

TT	clo alveolar	crit alveolar
TB	narrow palatal	narrow palatal
GLO	wide glottis	wide glottis

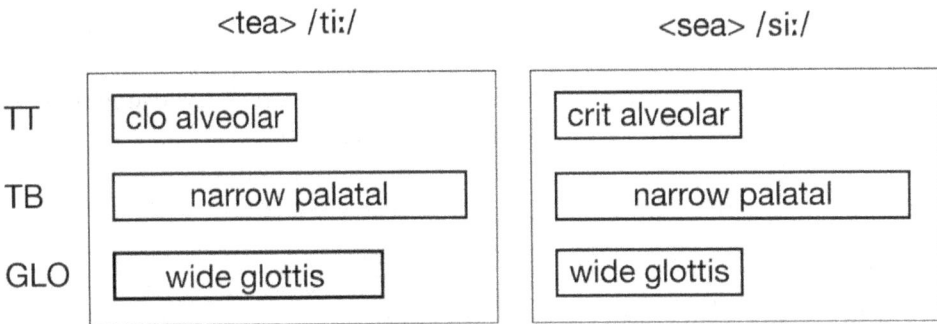

Abbildung 2.9: Gestenpartituren mit Gestenspezifikationen und Traktvariablen für <tea> und <sea> im Englischen; TT = Zungenspitze, TB = Zungenrücken, GLO = Glottis.

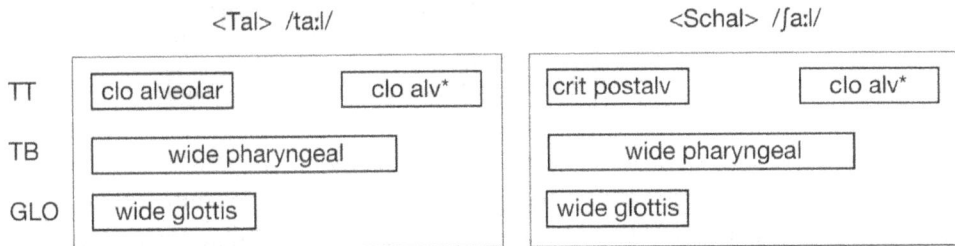

<Tal> /taːl/   <Schal> /ʃaːl/

TT	clo alveolar	clo alv*	crit postalv	clo alv*
TB	wide pharyngeal		wide pharyngeal	
GLO	wide glottis		wide glottis	

Abbildung 2.10: Gestenpartituren mit Gestenspezifikationen und Traktvariablen für <Tal> und <Schal> im Deutschen; TT = Zungenspitze, TB = Zungenrücken, GLO = Glottis. Dass Sternchen verdeutlicht, dass es sich bei /l/ um einen lateralen Verschluss handelt.

Oberfläche, da mit oraler Verschlusslösung des Plosivs die Stimmhaftigkeit des glottalen Systems wiedereinsetzt. Es sei hier jedoch kurz angemerkt, dass die Landmarke für den glottalen Gipfel nicht unumstritten ist, da sie nicht immer im Signal bestimmbar ist (Hoole 2006; Pouplier 2011).

Das fünfte Prinzip beschreibt die Modellierung von wortinitialen /s/+Plosiv-Sequenzen in Sprachen wie dem Englischen (Browman & Goldstein 1986) oder Deutschen (Hoole 2006). In diesen Sprachen werden Plosive, die auf Frikative folgen, häufig nicht aspiriert.

Prinzip (5): Bei wortinitialen /s/+Plosiv-Clustern findet sich nur eine einzelne glottale Öffnungsgeste.

Abbildung 2.11 zeigt die Äußerung <steal> /stiːl/ im Englischen und <Stahl> /ʃtaːl/ im Deutschen. In beiden Fällen würde der Plosiv /t/ ohne Aspiration realisiert, weil ihm jeweils ein stimmloser Frikativ vorangeht. Die glottale Aktivität ist hier im Hinblick auf das Konsonantencluster organisiert, d. h. die Glottis ist bereits während des Frikativs maximal geöffnet und nicht erst nach der Lösung des Folgeplosivs. Als Ergebnis setzen Stimme und orale Verschlusslösung für den Folgevokal gleichzeitig ein und die Stimmeinsatzzeit beträgt NULL.

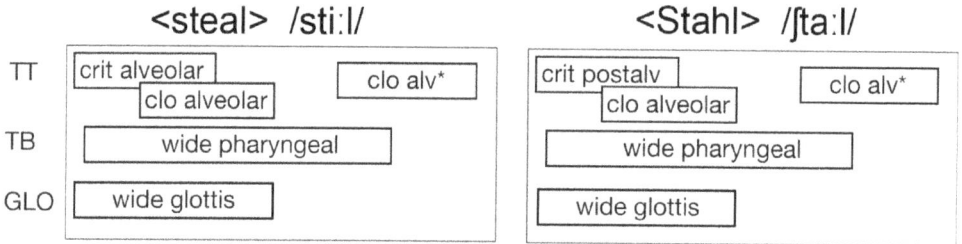

Abbildung 2.11: Gestenpartituren mit Gestenspezifikationen und Trakt-variablen für <steal> im Englischen und <Stahl> im Deutschen; TT = Zungenspitze, TB = Zungenrücken, GLO = Glottis. Dass Sternchen ver-deutlicht, dass es sich bei /l/ um einen lateralen Verschluss handelt.

In den genannten Beispielen findet sich also in Frikativ-Plosiv Sequenzen nur eine glottale Öffnungsgeste (nur ein glottaler Gipfel) für das gesamte Cluster. Diese Geste ist im Hinblick auf den maximalen Verschluss der Frikativgeste synchronisiert, so dass diese Cluster keine Aspiration des nachfolgenden Plosivs zeigen. Es gibt jedoch sprachspezifische Variationen. Beispielsweise zeigen Munhall & Löfqvist (1988) für die Englische Sequenz <Kiss Ted>, dass die Anzahl der glottalen Gipfel abhängig von der Sprechgeschwindigkeit ist, hier über eine Morphemgrenze hinweg. Bei langsamer Sprechrate treten zwei einzelne glottale Gipfel auf, die den Konsonanten /s/ und /t/ zugeordnet werden können. Bei zunehmender Sprechgeschwindigkeit werden die glottalen Gesten jedoch nach und nach ineinander geblendet und es tritt schlussendlich bei schneller Artikulationsrate nur noch ein einzelner glottaler Gipfel auf.

Im Tashlhiyt Berber (Ridouane u. a. 2006) lassen sich in wortinitialen Sequenzen wie /sk/ mehrere glottale Gipfel nachweisen. Die Anzahl dieser Gipfel und somit die Aktivierung der glottalen Öffnungsgeste(n) sind u.a. von der segmentalen Struktur des jeweiligen Clusters abhängig. Vermutlich resultieren sie auch aus Restriktionen der Silbenstruktur, denn Tashlhiyt Berber erlaubt keine verzweigenden Onsets. Eine Äußerung wie <kfik> („gib dir selbst") besteht aus zwei Silben, /k.fik/, bei dem der wortinitiale Konsonant /k/ nicht zur Folgesilbe zählt (Hermes u. a. 2011a,b).

2.2.2 Reduktion und Assimilation

Reduktionen können zeitlicher und räumlicher Natur sein. Nach dem H&H Modell (Lindblom 1990) nutzen Sprecher ein Kontinuum zwischen Hypo- und Hyperartikulation aus und bringen in Abhängigkeit des kommunikativen Nutzens ein unterschiedliches Maß an artikulatorischem Aufwand auf. Bei sehr sorgfältigem Sprechen ist der Aufwand hoch und die Sprache *hyper*artikuliert. Dabei wird mit einem größeren artikulatorischen Aufwand gesprochen, wodurch das Maß an Koartikulation abnimmt. Bei verschliffenem Sprechen hingegen ist der Aufwand niedrig und die Sprache wird *hypo*artikuliert. Der Grad an artikulatorischen Aufwand nimmt ab, und es treten mehr Reduktionserscheinungen auf der akustischen Oberfläche auf (vgl. auch de Jong u. a. 1993 und Kröger 1998). Im Folgenden werden die Grundprinzipien der Reduktion und Assimilation im Rahmen der Artikulatorischen Phonologie dargestellt. Auf den Zusammenhang von Assimilation und prosodischer Struktur wird dann in Kapitel 6 eingegangen.

Reduktionen treten im Deutschen vermehrt in lexikalisch unbetonten Silben auf, die meist mit kürzeren Dauern und weniger distinkten Lautqualitäten artikuliert sind. Hier können Vollvokale häufig stufenlos bis zum Neutralvokal Schwa reduziert werden. Die folgenden Prinzipien zeigen, wie sich Reduktionen im Gestenmodell kontinuierlich modellieren lassen. Dabei kann zunächst wie im Prinzip (6) die dem Segment zugehörige Geste zeitlich und räumlich modifiziert werden.

Prinzip (6): Reduktionsformen können durch räumliche und zeitliche Reduktion der Gestengröße modelliert werden.

Eine Form der Reduktion ist die Tilgung eines Segmentes auf akustischer Oberfläche. Ein getilgtes Segment ist in der Äußerung nicht mehr hörbar und fällt somit aus segmentaler Sicht weg. Artikulatorisch gesehen fallen die dem Segment zugehörigen Gesten jedoch nicht weg, sondern sind vielmehr vollständig durch andere Gesten überlappt, vgl. Prinzip (7).

Prinzip (7): Gesten unterschiedlicher Traktvariablen überlappen sich bis hin zur Verdeckung. Auf der akustischen Oberfläche kommt es zur Tilgung oder Assimilation (gestural hiding).

Abbildung 2.12 zeigt Gestenpartituren für <nicht mal> in kanonischer [nɪçt mal] und verschliffener [nɪçmal] Aussprache der deutschen Äußerung <Er geht nicht mal einkaufen>. Die Gestenpartituren zeigen für eine bessere Übersicht nur das orale System. In kanonischer Aussprache findet keine Überlappung über Wortgrenzen hinweg statt, in dem Beispiel der verschliffenen Sprache dagegen

<nicht mal>, *kanonisch*   <nicht mal>, *verschliffen*

LA		clo lab
TT	clo alv	clo alv	clo alv*
TB	palatal narrow lax	pharyngeal wide
	crit pal
	[n ɪ ç t m aː l]	[n ɪ ç m aː l]

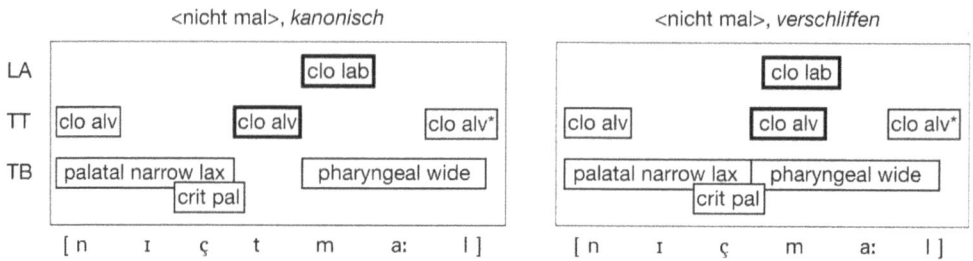

Abbildung 2.12: Gestenpartituren der Äußerung <nicht mal> im Deutschen in kanonischer und verschliffener Form; orales System: TT = Zungenspitze, TB = Zungenrücken. Das Sternchen verdeutlicht, dass es sich bei /l/ um einen lateralen Verschluss handelt.

eine vollständige Überlappung. Die Gesten befinden sich auf unterschiedlichen Ebenen, d. h. sie steuern die unterschiedlichen Traktvariablen Zungenspitze (TT) und Lippenöffnung (LA). Der alveolare Verschluss TT alveolar closure für /t/ wird von dem bilabialen Verschluss LA labial closure für /m/ verdeckt (gestural hiding); auf der akustischen Oberfläche kommt es zur Tilgung des Segments /t/.

Eine weitere Form der Reduktion ist die Assimilation, bei der auf akustischer Oberfläche ein Segment in mindestens einem phonologischen Merkmal einem Nachbarsegment angeglichen wird. Abbildung 2.13 zeigt Gestenpartituren für <bat mich> in kanonischer [baːt mɪç] und verschliffener [baːpmɪç] Aussprache der deutschen Äußerung <Er bat mich rein>. Auf akustischer Oberfläche ist eine Assimilation des alveolaren Plosivs an den folgenden Labiallaut über die Wortgrenze hinweg zu erwarten. Aus gestischer Sicht wird der alveolare Verschluss TT alveolar closure für /t/) durch den labialen Verschluss LA labial closure für /m/ vollständig verdeckt (gestural hiding). Auf der akustischen Ebene führt das Verdecken dieser Geste zur Ortsassimilation, und /t/ wird als [p] perzipiert, vgl. Prinzp (7). Evidenzen für verdeckte Gesten finden sich in kinematischen Studien zur Ortsassimilation im Deutschen (Kohler 1995; Jaeger & Hoole 2007; Bergmann 2008; Mücke, Grice & Kirst 2008) und Englischen (Barry 1991; Ellis & Hardcastle 2002). In diesen Studien wird unter Einsatz von Elektropalatographie (EPG) und Elektromagnetischer Artikulographie gezeigt, dass koronale Gesten artikulatorisch häufig noch vorhanden sind, auch wenn sie akustisch-perzeptiv überdeckt sind. Dabei kann unterschieden werden zwischen vollständiger Ausführung der Gesten (keine Assimilation), abgeschwächte Ausführung der Gesten (partielle Assimilation) und Ausfall der Gestenausführung (segmentale Substitution).

Gesten derselben Ebene können jedoch nicht stärker überlappen, weil sie die gleiche Traktvariable ansteuern. Sie liegen miteinander im Wettbewerb um diese Traktvariable (Browman & Goldstein 1989). In diesem Fall werden Gesten über-

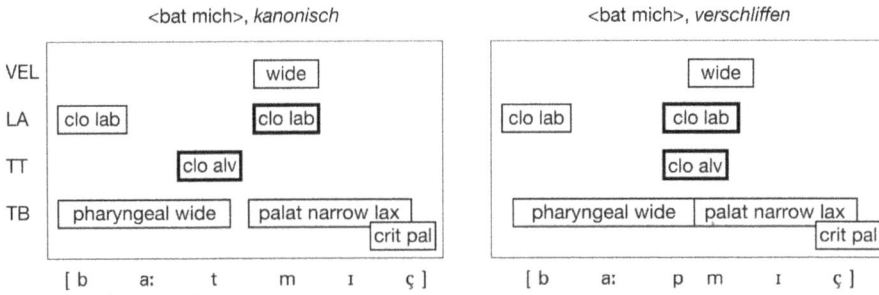

	<bat mich>, *kanonisch*	<bat mich>, *verschliffen*

Abbildung 2.13: Gestenpartituren der Äußerung <bat mich> im Deutschen in kanonischer und verschliffener Form; orales und velisches System: LA = Lippenöffnung, TT = Zungenspitze, TB = Zungenrücken, VEL = Velum.

blendet (Fowler & Saltzman 1993). Durch Blending können ebenfalls Tilgungen und Assimilationen auf der akustischen Oberfläche entstehen. Das haben beispielsweise Munhall & Löfqvist (1988) für die glottale und orale Koordination im Englischen gezeigt. Hier werden bei zunehmender Sprechgeschwindigkeit die beiden glottalen Gesten für Stimmlosigkeit in /s/ und /t/ in der Sequenz <Kiss Ted> über die Morphemgrenze hinweg ineinander geblendet werden bis nur noch ein einzelner glottaler Gipfel auftritt (vgl. Kapitel 2.2.1).

Prinzip (8): Gesten, die gleiche Traktvariablen ansteuern, werden ineinander geblendet. Auf der akustischen Oberfläche kommt es zur Tilgung oder Assimilation (gestural blending).

Abbildung 2.14 gibt ein Beispiel für Blending, bei der Gestenpartituren für <das Spiel> der deutschen Äußerung <Das Spiel endete mit einem Unentschieden> einmal in kanonischer [das ʃpiːl] und einmal in verschliffener Aussprache [daʃ ʃpiːl] für das orale System dargestellt sind. Die Gesten TT alveolar critical für /s/ und TT postalveolar closure für /ʃ/ werden über die Wortgrenze hinweg ineinander geblendet. Es findet eine Ortsassimilation auf akustischer Oberfläche statt, die hier mit einem diskreten Symbolwechsel <da[ʃ ʃ]piel> statt <da[s ʃ]piel> transkribiert ist. Dennoch finden insbesondere in Fällen von Sibilanten in der Sprechrealität selten vollständige Assimilationen statt. Meist handelt es sich weniger um eine Gemination, als um eine Doppelartikulation. Letztere zeigt sich in der Akustik durch Transitionen im Frikativspektrum, vgl. auch das Beispiel <This shop is a fish shop> von Holst & Nolan (1995), bei dem sich die Sibilantensequenz in <This shop> qualitativ von <fish shop> unterscheidet.

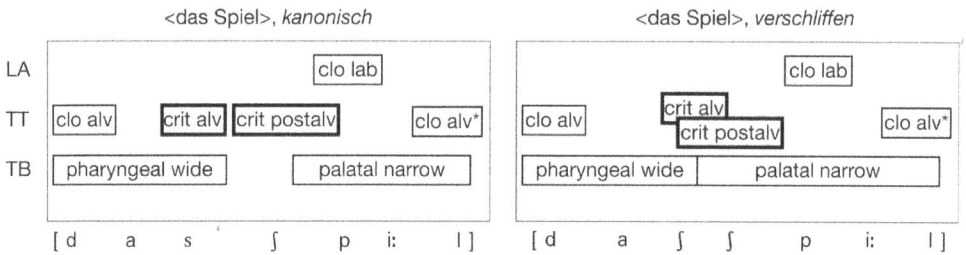

Abbildung 2.14: Gestenpartituren der Äußerung <das Spiel>im Deutschen in kanonischer und verschliffener Form; orales System: LA = Lippenöffnung, TT = Zungenspitze, TB = Zungenrücken. Das Sternchen verdeutlicht, dass es sich bei /l/ um einen lateralen Verschluss handelt.

In den aufgeführten Fällen führt eine Zunahme des Überlappungsgrades zwischen Gesten zu den unterschiedlichen Reduktions- und Assimilationsformen, und die Modellierung ist rein quantitativer Natur. Es sei jedoch angemerkt, dass die Annahme, dass alle Reduktions- und Assimilationsformen aus dem Grad der gestischen Überlappung resultieren, auch in der Kritik steht. So liegen in besonders starken Reduktionsformen wie [mɯm] der kanonischen Äußerung des Deutschen <mit dem> vermutlich keine apikalen Gesten mehr vor (Kohler 1992). Pouplier (2007) zeigt darüber hinaus, dass auch Intrusionen von Gesten beobachtbar sind. Mit Hilfe von artikulographischen Aufnahmen, die sie im Rahmen der Versprecher-Forschung (speech error) für das Englische aufgezeichnet hat, kann sie eine Vielzahl von Insertionen von Gesten (gestural intrusion error) nachweisen. Im Gegensatz zu Kohler (1992) stellt sie fest, dass Intrusionen eher zu beobachten seien als Tilgungen.

3 Selbstorganisation

Die Produktion von artikulatorischen Mustern verläuft nicht statisch. Vielmehr induzieren Faktoren wie prosodische Struktur und segmentaler Kontext natürliche Variabilität, die wiederum im Spannungsfeld zur Notwendigkeit von gestural Kohärenz für die Abbildung phonologischer Muster steht. Gesturale Kohärenz ist am stärksten innerhalb von lexikalischen Einheiten, d. h. sie sind innerhalb dieser Einheiten stabiler und weniger variabel koordiniert als zwischen verschiedenen Einheiten (vgl. Saltzman & Byrd 2000; Goldstein u. a. 2006; Goldstein u. a. 2009; Yoon u. a. 2011). Die Prinzipien für gesturale Koordination können per Regel in der jeweiligen Gestenpartitur festgelegt werden. Dabei werden meist invariante punktuelle Alignierungen zwischen unterschiedlichen Phasen der gesturalen Aktivierung festgelegt, beispielsweise einer Onset-zu-Target Beziehung. Eine solche Onset-zu-Target Beziehung meint das Interval zwischen dem Beginn einer Geste und dem Target einer anderen Geste Saltzman & Byrd 2000).

Möchte man jedoch natürliche Variabilität, beispielsweise aufgrund von prosodischen Faktoren, Artikulationsrate oder Perturbation, abbilden, so können relative Phasenbeziehungen zwischen Gesten nicht starr definiert sein. Vielmehr gilt es, eine beschränkte Variabilität bei Modellierung abzubilden (vgl. Saltzman & Byrd 2000; Goldstein u. a. 2006; Nam, Saltzman u. a. 2009). So gehen beispielsweise Byrd (1996a) und Saltzman & Byrd (2000: 54) statt von punktuellen (starren) Werten für eine Phasenbeziehung, z. B. 220°, von einem Phasenfenster (phase window) aus, z. B. 220°-245°, in welches die relativen Phasenbeziehungen fallen können. Dieses Fenster bildet dann die Variabilitätsbeschränkung (variability constraint). Gesten, die zu einer lexikalischen Einheit gehören, haben kleinere Phasenfenster als solche, die zu unterschiedlichen Einheiten gehören. Diese Eigenschaften lassen sich mit den Eigenschaften gekoppelter Oszillatoren adäquat modellieren.

Einer statischen Punkt-zu-Punkt Alignierung ist demnach eine dynamische selbstorganisierende Modellierung vorzuziehen. Bei einer dynamischen Modellierung wird die Verbindung von relativen Phasenbeziehungen zwischen Gesten unter Verwendung von nichtlinearen paarweise gekoppelten Oszillatoren abgebildet (vgl. Saltzman & Byrd 2000; Goldstein u. a. 2006; 2009; Nam, Saltzman u. a.

2009; Nam, Goldstein & Saltzman 2009; Pouplier 2011). Hierbei wird Kohärenz von Gesten durch Variabilitätsbeschränkungen, die aus den Schwingungseigenschaften gekoppelter Oszillatoren resultieren, impliziert und somit dem Spannungsfeld aus Stabilität/Kohärenz und Flexibilität/Variabilität genüge getan. Diese Vorgehensweise stützt sich in ihren Grundlagen auf die Beobachtungen aus nicht-sprachlichen Bewegungsmustern von Gliedmaßen (Koordination von Armen, Beinen und Händen) und überführt diese als zeitliche Trigger (paarweise gekoppelte nichtlineare Oszillatoren) in die sprachlichen Task Dynamics. In der Artikulatorischen Phonologie finden sich diese dynamischen Koordinationsprinzipien bereits in frühester Stufe sprechmotorischer Planung. So enthält das Linguistische Gestenmodell der Artikulatorischen Phonologie bereits strukturelle Informationen über dynamische Kopplungen zwischen Gesten und berücksichtigt diese bei der Generierung der Gestenpartituren einer Äußerung.

3.1 Bimanuelle Koordination

Motorische Experimente zur Koordination von Gliedmaßen wie Fingern, Armen oder Beinen haben gezeigt, dass es zwei intrinsische Modi gibt, die Versuchspersonen ohne Lernen anwenden können: In-Phase und Anti-Phase (Kelso 1981; Kelso u. a. 1984; Turvey 1990; Blaufuß 2001). Werden Versuchspersonen beispielsweise gebeten, mit den beiden Zeigefingern ihrer Hände rhythmisch hin und her zu wackeln, so finden sich zwei grundlegende Muster: Entweder werden die beiden Zeigefinger gleichzeitig/symmetrisch nach rechts und links bewegt, d. h. in einem In-Phase Modus (0° relative Phase). Oder die Zeigefinger werden in entgegengesetzte Richtungen/asymmetrisch hin und her bewegt, d. h. in einem Anti-Phase-Modus (180° relative Phase, Out-of-Phase). Weitere Phasenbeziehungen können durch nachhaltiges Training erlernt werden. Der In-Phase-Modus beinhaltet eine gleichzeitige Aktivität von homologen Muskeln beider Zeigefinger (Extensor und Flexor), während beim Anti-Phase-Modus die Kontraktion der Muskeln zwischen den Zeigefingern der rechten und liken Hand alternieren. Wird bei einem Anti-Phase-Modus durch die Verwendung eines Metronoms die Bewegungsfrequenz in einem Experiment erhöht, so findet bei einer kritischen Frequenz eine abrupte Phasenverschiebung vom Anti-Phase-Modus zum In-Phase-Modus statt. Umgekehrt findet unter Geschwindigkeitserhöhung keine Transition vom In-Phase- zum Anti-Phase-Modus statt. Aufgrund dieser Beobachtungen gilt der In-Phase-Modus als stabiler.

Die Beobachtungen zu intrinsischen Phasenmodi bei oszillierenden Handbewegungen wurden von Haken u. a. (1985) (kurz HKB) in ein mathematisches Modell überführt. Es handelt sich beim HKB-Modell um ein nieder-dimensionales dynamisches System der Selbstorganisation, das einfache Potentialfunktionen und Attraktoren verwendet (Nam, Goldstein & Saltzman 2009). In einem dynamischen System stellt ein Attraktor einen stabilen Zustand dar, auf den sich das System über die Zeit hin zubewegt, nachdem es in Schwingung versetzt worden ist. Es handelt sich bei einem Attraktor beispielsweise um einen bestimmter Wert (z. B. einen Phasenwert), der im jeweiligen Phasenraum definiert ist und dem sich die Systemvariablen annähern. Im Falle des HKB-Modells werden der In-Phase Attraktor (0° relative Phase) und der Anti-Phase Attraktor (180° relative Phase) spezifiziert. Auf Basis dieser Attraktoren bildet das HKB-Modell die folgenden vier Eigenschaften ab (Haken u. a. 1985: 348):

Eigenschaft (1): Es existieren nur zwei stabile Phasen (Attraktoren) zwischen den Händen (mit den Systemvoraussetzungen, dass im Experiment die Versuchspersonen gebeten werden, entweder mit der In-Phase oder der Anti-Phase Bewegung zu beginnen).

Eigenschaft (2): Die abrupte Phasenverschiebung von einem Attraktor zu einem anderen findet bei einer kritischen Frequenz statt.

Eigenschaft (3): Nach einer Phasenverschiebung beobachtet man nur noch einen In-Phase-Modus.

Eigenschaft (4): Bei Reduzierung der Bewegungsfrequenz verbleibt das System im In-Phase-Modus und kehrt nicht zu seinem Ausgangszustand zurück.

Bei der einfachsten Darstellung mittels Potentialfunktionen addiert man zwei Grundfunktionen, siehe die Gleichung in 3.1. Es handelt sich um zwei Kosinusfunktionen der relativen Phase ($\psi = \phi_2 - \phi_1$), von der eine Funktion die doppelte Geschwindigkeit der anderen hat. Die Faktoren a und b sind Gewichtungskoeffizienten.

$$V(\psi) = -a\cos(\psi) - b\cos(2\psi); (\psi = \phi_2 - \phi_1) \qquad (3.1)$$

Die Abbildung 3.1 zeigt eine Auswahl für den Verlauf der jeweiligen Potentiallandschaften unter Berücksichtigung unterschiedlicher Gewichtungskoeffizienten für $b/a = 1$ sowie $b/a = 0,5$ und $b/a = 0,25$; die Auswahl für diese Beispiele orientiert sich an Nam, Goldstein & Saltzman (2009). In Abbildung 3.1 (a) ist die Potentiallandschaft für $b/a = 1$ dargestellt. Es finden sich zwei potentielle Minima, einmal für 0° (In-Phase) und einmal für 180° (π, Anti-Phase). Die schwarzen Kugeln markieren die jeweiligen Startbedingungen im Experiment, die gefüllten schwarzen Kugeln den In-Phase-Modus und die Ungefüllten den Anti-Phase-Modus. Für die Anti-Phase gibt es zwei Startbedingungen, einmal bei π und einmal bei $-\pi$, je nachdem mit welcher Hand die Bewegungsaufgabe begonnen wurde.

Die potentiellen Minima bilden jeweils die Attraktoren für die Stabilisierung des Systems, wobei der In-Phase-Modus ein größeres Bassin hat, welches die Kugel zu seinem lokalen Minimum zieht und somit prinzipiell den stärkeren Attraktor darstellt.

> There are two potential minima at 0 and 180 degrees and, depending on initial conditions, relative phasing can stabilize at either of the two minima, making them attractors. However, the valley associated with the in-phase minimum is both deeper and broader. Thus, it technically has a larger basin because there is a larger range of initial values for ψ that will eventually settle into that minimum. (Nam, Goldstein & Saltzman 2009: 304)

Eine Absenkung des Wertes b/a wirkt sich direkt auf die Attraktoren aus. In Abbildung 3.1 (b) sinkt der Wert für b/a auf $0,5$ und das Bassin für den Anti-Phase-Modus wird dabei deutlich flacher. Eine weitere Absenkung des Wertes b/a auf $0,25$ in Abbildung 3.1 (c) führt schließlich dazu, dass der Attraktor für den Anti-Phase-Modus verschwindet und die Kugel zum In-Phase-Attraktor gezogen wird. Würde der Wert für b/a wieder erhöht, so verbliebe die Kugel beim

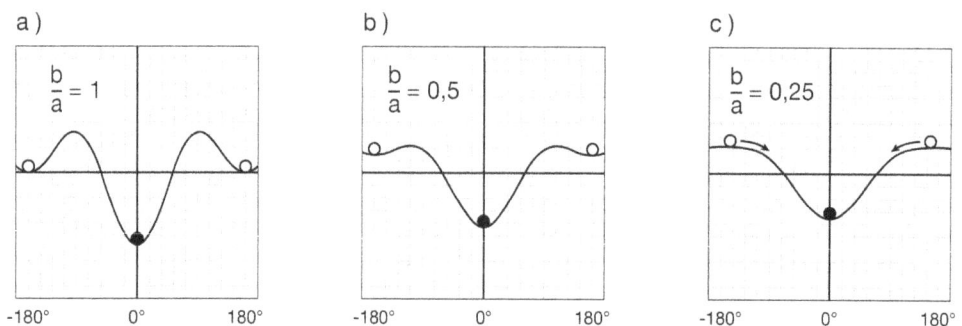

Abbildung 3.1: Potentiallandschaften für unterschiedliche Werte von b/a. Die schwarze gefüllte Kugel markiert die Startbedingung für den In-Phase-Modus, die beiden ungefüllten Kugeln die für die Anti-Phase. Der Attraktor für die Anti-Phase wird in (b) schwächer und verschwindet schließlich in (c). Die Pfeile in (c) markieren den abrupten Wechsel vom Anti-Phase- zum In-Phase-Modus.

In-Phase-Attraktor und würde nicht zurück zum Anti-Phase-Attraktor gezogen werden.

Die Ergebnisse der Experimente legen nahe, dass es sich bei der Bewegungsfrequenz um einen Kontrollparameter handelt. Im HKB-Modell kann das Amplitudenverhältnis b/a als inverse Funktion der Oszillationsfrequenz aufgefasst werden. Der Wert für b/a modelliert die Form der Potentiallandschaft und kontrolliert die Attraktoren. Mit einer Absenkung des Wertes steigt reziprok die Frequenz und schwächt den Anti-Phase-Attraktor. Ab einem kritischen Wert ($b/a = 0,25$) verschwindet der Attraktor ganz und es findet eine abrupte Transition vom Anti-Phase- zum In-Phase-Modus statt. Dieser kritische Wert bzw. die damit wechselseitig verbundene Frequenz ist intrinsisch definiert. Das HKB-Modell ist auch als Phasenverriegelungsmodell (phase locking model) bekannt.

Die wechselseitige Beziehung von Amplitude und Frequenz in Form eines einzelnen Kontrollparameters stellt jedoch eine Einschränkung im HKB-Modell dar, und weicht von den Beobachtungen in den Experimenten zur Handmotorik von Blaufuß (2001) ab. Für die Abbildung einer sprachlichen Bewegungsaufgabe sollte das System eine Trennung von Phase und Amplitude als Äquivalenz zu Position und Geschwindigkeit vorsehen (Saltzman & Byrd 2000).

3.2 Modell der nichtlinearen gekoppelten Oszillatoren

Die Beschreibung von Phasenbeziehungen (In-Phase, Anti-Phase) zwischen Gesten wurden schon früh im Modell der Artikulatorischen Phonologie aufgegriffen, um die Selbstorganisation von Gesten abbilden zu können (Browman & Goldstein 1992a). Später wurden sie dann im Rahmen der Theorie der nicht-linear gekoppelten Oszillatoren vertieft.

Bei dem Modell der nichtlinearen gekoppelten Oszillatoren handelt es sich um ein dynamisches Modell der Selbstorganisation. Dabei ist jede artikulatorische Geste mit einem nichtlinearen Planungsoszillator assoziiert. Dieser Oszillator ist ein zeitlicher Trigger. Bei einer bestimmten Phase, die zumeist bei $0°$ liegt, löst er die Aktivierung der mit ihm assoziierten Geste aus (Nam, Goldstein & Saltzman 2009; Browman & Goldstein 2000; Goldstein u. a. 2009; Nam & Saltzman 2003).

Zu Beginn der sprechmotorischen Planung einer Äußerung befinden sich die Oszillatoren in arbiträren Phasen. Dann werden die Oszillatoren paarweise eingekoppelt und in Schwingung versetzt (Saltzman & Byrd 2000). Sie erreichen aufgrund der Kopplungskräfte über die Zeit eine stabile Phase zueinander, wobei das Erreichen einer stabilen Phase dem physikalischen Prinzip der Phasenverriegelung (phase-locking, HKB-Model in Kapitel 3.1) folgt. Es gibt unterschiedliche Modi der Synchronisation, die miteinander „verriegelt" werden können: Frequenz-, Phasen- und Amplitudenverriegelung (Goldstein 2010). Im Folgenden wird nur die Phasenverriegelung als relevante Attraktor-Eigenschaft besprochen (vgl. Kapitel 3.1).

Nachdem also die Oszillatoren durch die Phasenverriegelung einen stabilen Zustand erreicht haben, aktivieren sie die jeweils mit ihnen assoziierte artikulatorische Geste. Diese Aktivierungen werden in der Regel bei 0° der Phase des jeweiligen Oszillators ausgelöst. Ein Oszillator ist somit der Taktgeber (clock) für eine artikulatorische Geste. Da die Oszillatoren paarweise gekoppelt sind und stabile Schwingungsmuster erreichen, sichern sie als Taktgeber die stabile Koordination zwischen Gesten.

In der Sprechmotorik unterscheidet man die In-Phase (0°) und die Anti-Phase (180°, HKB-Model), beides intrinsische Modi, die ohne Lernen zugänglich sind. Dabei ist die In-Phase stabiler als die Anti-Phase. Des Weiteren gibt es die nichtintrinsischen Modi, die von Goldstein (2010) als exzentrische Phasen (eccentric Phase) bezeichnet werden.

> While in-phase and anti-phase coupling can be performed without any learning, other eccentric coupling modes (arbitrary relative phases) can be learned, in order to perform more difficult coordination tasks, such as juggling or drumming. The syllable structure model hypothesizes that eccentric coupling is used to coordinate consonant gestures in an onset or a coda cluster (and in some cases across syllables). This can be one of the reasons that clusters are acquired relatively late by children [...], and why they are relatively marked typologically. The particular eccentric coupling employed may differ from language to language [...]. (Goldstein 2011: 5)

Solche besonderen Modi müssen erst erlernt werden und können in Abhängigkeit der jeweiligen Sprache unterschiedliche Phasenwerte annehmen, z. B. 90° (shingled). In der Regel wird in der Literatur bei der Modellierung von Silbenstruktur auf In-Phase und Anti-Phase zurückgegriffen, um das Modell einfach zu halten. Das wird auch im Folgenden so gehandhabt.

In der Literatur gibt es unterschiedliche Evidenzen für die Annahme zweier intrinsischer Modi (vgl. Nam, Goldstein & Saltzman 2009). So konnten Saltzman u. a. (1998) zeigen, dass das System eingekoppelter Oszillatoren durch die Phasenverriegelung so stabil ist, dass es auch nach Perturbation in diesen Zustand zurückkehrt (phase resetting). Wie bei der Handmotorik gilt auch bei der Sprechmotorik, dass der In-Phase-Modus im Vergleich zum Anti-Phase-Modus stabiler ist. So zeigen kinematische Studien zu Versprechern im Englischen, dass es wie

Tabelle 3.1: Attraktoren für die Phasenverriegelung, adaptiert von Goldstein (2010); Form und Farbe der Pfeile zeigt die graphische Verwendung im Kopplungsgraph.

In-Phase	Anti-Phase	exzentrische Phase
▬▬▬▬▬▬	▪▪▪▪▪▪▪▪▪	
synchron, 0°	sequentiell, 180°	partielle Überlappung (schuppenartig, z. B. 90°)
kein Lernen	kein Lernen, aber weniger stabil	Lernen von bestimmten Kombinationen

beim HKB-Modell systematische Phasenverschiebungen vom weniger stabilen Anti-Phase- zum In-Phase-Modus gibt (Pouplier & Goldstein 2005; Pouplier 2007; Goldstein, Pouplier u. a. 2007). In englischen Äußerungen wie <top cop> alternieren wortinitial Konstriktionsgesten der Zungenspitze TT closure alveolar für /t/ und des Zungenrückens TB closure velar für /k/. Bei Wiederholungen dieser Äußerungen tendieren die Sprecher dazu, die dorsale Geste nicht mehr alternierend, sondern synchron zur alveolaren Geste zu produzieren (eine Geste wird zu Gunsten des stabileren In-Phase-Modus in Form einer Intrusion eingefügt). Wenn die Amplitude für die dorsale Geste steigt, hört man einen Versprecher in Form eines diskreten Wechsels von einem Segment /t/ zu einem anderen /k/. Artikulatorisch hingegen handelt es sich um ein graduelles Phänomen von gleichzeitig produzierten Konstriktionen TT alveolar closure und TB velar closure mit unterschiedlichen Amplituden. Diesem Phänomen liegt aber zunächst die abrupte Transition von einem Anti-Phase Modus zu einem In-Phase Modus gesturaler Aktivität zugrunde.

Bei der Verwendung nichtlinearer Oszillatoren für die Modellierung der Koordination in der Sprechmotorik lassen sich im Prinzip zwei unterschiedliche Systemarchitekturen annehmen: Entweder sind die Oszillatoren jeweils paarweise zu einem multiplen Netzwerk eingekoppelt. Hierbei gäbe es viele Taktgeber (clocks), die dezentral miteinander verbunden sind und ein sehr flexibles Triggern der artikulatorischen Gesten erlauben. Oder es sind alle relevanten Oszillatoren mit einem Mastertaktgeber (master clock) verbunden, der zentral über Frequenzveränderung das gesamte System steuert. Es hat sich jedoch gezeigt, dass ein System mit einem Mastertaktgeber die prosodischen Struktureigenschaften höherer Einheiten nicht direkt abbilden kann (Goldstein u. a. 2009). Vielmehr

lassen sich die Struktureigenschaften größerer prosodischer Einheiten wie bei-
spielsweise der Silbe oder dem Fuß über ein multiples Netzwerk gekoppelter
Oszillatoren direkt modellieren (Saltzman & Byrd 2000; Nam & Saltzman 2003;
Goldstein u. a. 2009; Nam, Saltzman u. a. 2009).

Das multiple Netzwerk der paarweise gekoppelten Oszillatoren wird in der Artikulatorischen Phonologie mittels Kopplungsgraph dargestellt. Ein Kopplungsgraph (coupling graph) repräsentiert einen Teil des phonologischen Wissens eines Sprechers über bestimmte Wortformen (Goldstein, Chitoran u. a. 2007) und
enthält konkrete Informationen über die gestische Struktur der jeweiligen Äußerung. Abbildung 3.2 zeigt Kopplungsgraphen für die englische Äußerung <bud>
und <dub>, die sich im Phasing der Gesten zueinander unterscheiden.

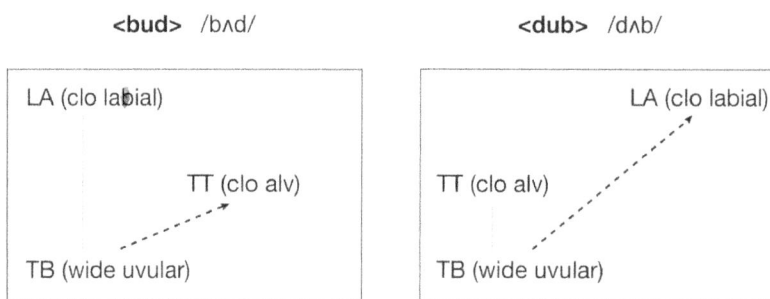

Abbildung 3.2: Kopplungsgraphen für <bud> und <dub> im Englischen. Graue Verbindungslinien markieren die In-Phase (0°) und
schwarze, gestrichelte Pfeile die Anti-Phase (180°). LA = Lippenöffnung, TB = Zungenrücken, TT = Zungenspitze.

Die Knoten (nodes) des Kopplungsgraphen spezifizieren die drei artikulatorischen Gesten mit ihren assoziierten Oszillatoren. Die Ränder (edges) spezifizieren den bevorzugten Kopplungsmodus der jeweils paarweise gekoppelten Oszillatoren. In <bud> ist die orale Konstriktionsgeste für den Vokal TB wide uvular
mit der labialen Geste LA closure labial In-Phase und mit der Zungenspitzengeste TT closure alveolar in Anti-Phase gekoppelt. In <dub> hingegen bestehen die
umgekehrten Phasenbeziehungen zwischen den einzelnen vokalischen und konsonantischen Gesten. Hier ist der Vokal mit der Zungenspitzengeste In-Phase
und mit der labialen Geste in Anti-Phase gekoppelt.

Gestische Kopplungsgraphen zeigen Ähnlichkeiten zum Aufbau eines Moleküls. In Analogie zur Chemie können Gesten mit „Atomen" verglichen werden,
die durch „Bindungen" in größeren lexikalischen Einheiten – den „Molekülen"
– zusammengehalten werden. Solche lexikalischen Einheiten können beispielsweise Silben oder Wörter sein. Die Bindung – d. h. die Koordination – zwischen

Gesten trägt linguistisch relevante Information und kann mit den Eigenschaften eines Moleküls als zwei- oder mehratomiges Teilchen verglichen werden: So gehen Gesten in einem multiplen Netzwerk miteinander Bindungen in Form von zeitlichen Triggern (Taktgebern) ein. Dabei ist zu beachten, dass es unterschiedliche Stärken der Bindung (bonding strength) gibt. Besonders starke Bindungen finden sich bei Gesten innerhalb eines Segments (beispielsweise die Bindung zwischen Velumsgeste und Zungenspitzengeste für die Bildung von /n/), während die Bindung zwischen Konsonant und Vokal weniger stark ist (Goldstein & Fowler 2003). Auch sind Bindungen im Silbenonset stärker als in der Koda.

Im Folgenden werden Kopplungsmuster im Hinblick auf die Analyse von Silbenstruktur aufgezeigt. In Kapitel 7 werden dann Kopplungen im Hinblick auf die Ton-Text Assoziation diskutiert.

3.3 Silbenkopplungshypothese

Eine Reihe kinematischer Studien hat sich mit der gestischen Koordination von Konsonanten und Vokalen innerhalb der Silbe beschäftigt und dabei Bewegungsmuster im Hinblick auf Regularitäten und Unterschiede in den einzelnen Silbendomänen untersucht (vgl. Browman & Goldstein 1988; Honorof & Browman 1995; Byrd 1995; Bombien u. a. 2010; Goldstein, Chitoran u. a. 2007; Goldstein u. a. 2009; Hermes, Mücke, Grice & Niemann 2008; Marin & Pouplier 2010; Nam 2007b; Nam, Goldstein & Saltzman 2009; Shaw u. a. 2009; Mücke u. a. 2010; Geng & Mooshammer 2010; Hermes u. a. 2011a,b; 2013). Die Ergebnisse solcher Studien wurden mit Hilfe eines Netzwerkes nicht-linearer paarweise gekoppelter Oszillatoren modelliert (vgl. Browman & Goldstein 2000; Saltzman & Byrd 2000; Nam & Saltzman 2003; Nam 2007b; Goldstein, Chitoran u. a. 2007; Goldstein u. a. 2009). Auf dieser Basis entstand die Silben-Kopplungshypothese (coupling hypothesis of syllable structure), wie sie auch in Hermes & Mücke (2016) beschrieben ist.

Die Organisation von lautlichen Einheiten in Silben und deren Konstituenten Onset (Silbenanlaut), Nukleus (Silbenkern) und Koda (Silbenauslaut) ist eine grundlegende Eigenschaft phonologischer Systeme vieler Sprachen (u.a. Lenerz 2002). Abbildung 3.3 zeigt im Rahmen des Autosegmental Metrischen Modells einen Strukturbaum für das Wort <Trost>, hier mit den Konstituenten Onset (O), Reim (R), Nukleus (N) und Koda (K). Im dargestellten Fall handelt es sich um eine rechtsverzweigende Onset-Reim Struktur mit einem Reim, der sich weiter in Nukleus und Koda verzweigt (vgl. Lowenstamm 1979; Lass 1984); es sind je nach Theorie auch andere Domänenspezifikationen möglich. Der Vokal /o:/ bildet als sonorstes Element den Nukleus und somit das Zentrum der Silbe. Die Konso-

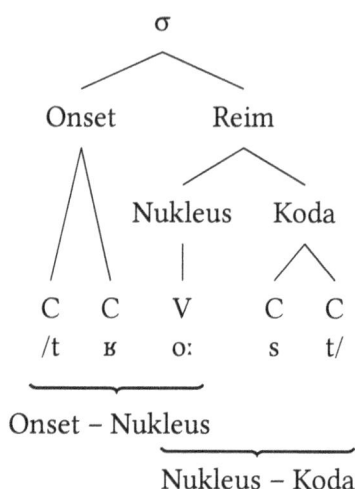

```
                        σ
                       / \
                  Onset   Reim
                   /\      /\
                  /  \    /  \
                 /  Nukleus  Koda
                /    |       /\
               C  C  V      C  C
              /t  ʁ  o:      s  t/
              _____/
           Onset – Nukleus
                   _____/
                  Nukleus – Koda
```

Abbildung 3.3: Strukturbaum für <Trost> als CCVCC-Sequenz mit sub-
silbischen Konstituenten im Rahmen des Autosegmental-Metrischen
Modells.

nanten gruppieren sich um den Nukleus, das initiale Cluster /tʁ/ als ein verzwei-
gender Onset und finales /st/ als komplexe Koda. In dieser Analyse zählen alle
konsonantischen und vokalischen Elemente zur Silbe; weder phonotaktische Beschränkungen noch die Sonoritätshierarchie werden bei <Trost> im Deutschen
verletzt, sofern innerhalb der jeweiligen Theorie angenommen wird, dass Plosive
weniger sonor sind als Frikative.

Solche Silbendomänen können mit Hilfe der Silbenkopplungshypothese in die
physikalischen Prinzipien der gesturalen Organisation übersetzt werden (Goldstein, Chitoran u. a. 2007; Nam, Goldstein & Saltzman 2009). Dabei geht man
bei der Silbenkopplungshypothese davon aus, dass konsonantische und vokalische Konstriktionsgesten paarweise über gekoppelte Oszillatoren verbunden
sind. Zwischen diesen Oszillatoren gibt es unterschiedliche Kopplungsstärken,
die sich aus den unterschiedlichen Target-Spezifikationen der relativen Phasen
ergeben. Diese Target-Spezifikationen sind direkt aus der Domänenzugehörig-
keit der oralen Geste innerhalb der Silbe ableitbar.

3.3.1 CV und VC Silben

Für die Onset-Nukleus-Relation wird ein stabiler In-Phase-Modus ($0°$) angenommen. Abbildung 3.4 (links) zeigt einen Kopplungsgraphen für die CV-Silbe der
englischen Äußerung <pa> (vgl. Mücke u. a. 2012). Die Oszillatoren, die mit den

<pa> /pa:/   <Arp> /a:p/

```
┌─────────────────────────┐      ┌─────────────────────────┐
│ GLO (wide)              │      │            GLO (wide)   │
│    │                    │      │                │        │
│ LP (clo lab)            │      │            LP (clo lab) │
│    │                    │      │          ‒ ‒ ‒ ‒        │
│ TB (narrow pharyngeal)  │      │ TB (narrow pharyngeal)  │
└─────────────────────────┘      └─────────────────────────┘
```

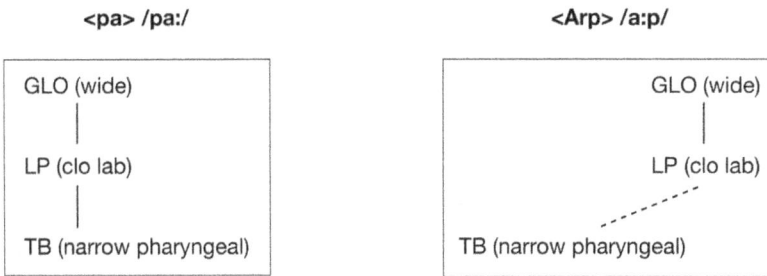

Abbildung 3.4: Kopplungsgraphen für CV <pa> und VC <Arp>. Graue Verbindungslinien markieren die In-Phase (0°) und schwarze gestrichelte Pfeile die Anti-Phase (180°) Zielspezifikationen. GLO =Glottis, LP = Lippenöffnung, TB = Zungenrücken.

oralen Konstriktionsgesten für den Konsonanten und Vokal assoziiert sind, sind in-phase gekoppelt. Da beide Oszillatoren bei 0° auch die Aktivität der artikulatorischen Geste auslösen, werden die Gesten gleichzeitig (synchron) initiiert. Abbildung 3.4 (rechts) hingegen zeigt den Kopplungsgraph für die englische VC-Silbe <Arp>. Hier wird von einem Anti-Phase-Modus ausgegangen. Die mit den oralen Gesten für C und V assoziierten Oszillatoren sind sequentiell (180°) gekoppelt und aktivieren die Gesten somit phasenverschoben (Out-of-Phase). In beiden Fällen, CV und VC, gibt es keinen Wettbewerb zwischen den Kopplungen der Oszillatoren (competition, Goldstein, Chitoran u. a. 2007) und somit entspricht die spezifizierte Zielphase auch der resultierenden finalen Phase. Das bedeutet, dass eine 0° Zielphase bei CV auch einer synchronen Aktivierung und eine 180° Zielphase einer entsprechenden sequentiellen Aktivierung der assoziierten Gesten entspricht.

CV und VC Silben bedienen sich intrinsischer Modi, die nicht gelernt werden müssen. Dabei ist der In-Phase-Modus stabiler als der Anti-Phase-Modus. Aus diesen physikalischen Eigenschaften von gekoppelten Oszillatoren ist der unmarkierte Status von CV-Silben ableitbar (Goldstein, Chitoran u. a. 2007; Nam, Goldstein & Saltzman 2009; Goldstein 2010): Der In-Phase-Modus hat den stärksten Attraktor und ist am leichtesten in der Sprachplanung zugänglich. In vielen Sprachen können in einfachen CV-Onsets Konsonanten ohne Restriktionen mit Vokalen kombiniert werden. Bei gegebener Synchronität sollte jede artikulatorische Aktionseinheit mit einer anderen aufgrund der Stärke des Attraktors ohne Lernen kombinierbar sein. Bei komplexen Onsets, komplexen Kodas und zwischen Nukleus und Koda hingegen bestehen mehr Restriktionen.

Abbildung 3.5 veranschaulicht die In-Phase Kopplung in CV Silben und die Anti-Phase Kopplung in VC Silben noch einmal in vereinfachter Form. Bei die-

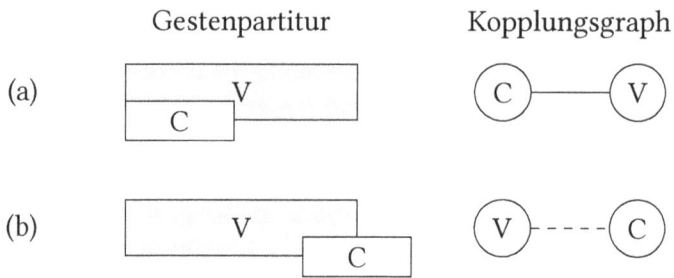

Abbildung 3.5: Vereinfachte Kopplungsgraphen (rechts) und zugehörige Gestenpartituren (link) für CV und VC Silben.

ser Darstellung werden C und V nur als strukturelle Elemente angegeben und keine konkreten Gesten spezifiziert. Rechts in der Abbildung ist jeweils die Kopplung darstellt (In-Phase als durchgezogene und Anti-Phase als gestrichelte Linie). Links in der Abbildung findet sich die zugehörige Gestenpartitur als Response auf den Kopplungsgraphen. Bei einer CV Silbe (Abbildung 3.5 (a) starten C und V gleichzeitig. V hat jedoch eine geringere Eigenfrequenz und wird deshalb als Bewegungseinheit langsamer ausgeführt als C. Auf akustischer Oberfläche entsteht der Eindruck einer Abfolge von C und V, obwohl sie sich artikulatorisch komplett überlagern. Bei einer VC Silbe (Abbildung 3.5 (b)) werden V und C sequentiell aktiviert. Erst startet der Vokal, und dann der Konsonant.

3.3.2 CCV und VCC Silben

Bei komplexen Onsets, die aus zwei Konsonanten bestehen, ist anzunehmen, dass beide Konsonanten in-phase mit dem Vokal assoziiert sind. Das würde aber bedeuten, dass beide Konsonanten synchron starteten und einer den anderen perzeptiv verdeckte. Aus diesem Grund sind die Onset-Konsonanten zusätzlich miteinander out-of-phase gekoppelt. Es entsteht somit ein Wettbewerb zwischen den verschiedenen Kopplungsstärken (In-Phase der Cs mit dem Vokal und exzentrische Phase der Cs untereinander), die zu Beginn der Planung in das System eingegeben werden. Am Ende der Planung stellt die finale Phase einen Kompromiss zwischen den konkurrierenden Kräften der Zielphasen dar (Goldstein, Chitoran u. a. 2007). Als Konsequenz ergibt sich folgender Timing-Unterschied: Wenn ein Konsonant zum Onset hinzugefügt wird, bewegt sich C_1 nach links weg vom Vokal (leftward shift) und C_2 nach rechts hin zum Vokal (rightward shift). Dieses Muster ist als C-Center Effekt bekannt (vgl. Browman & Goldstein 1988; 2000; Goldstein, Chitoran u. a. 2007; Goldstein u. a. 2009; Hermes, Becker u. a. 2008; Marin & Pouplier 2010; Nam 2007b; Nam, Goldstein & Saltzman 2009; Shaw u. a. 2009).

<spa> /spa:/

```
                GLO (wide)
                /        \
TT (crit alv) ········· LP (clo lab)
                \        /
            TB (narrow pharyngeal)
```

<asp> /æsp/

```
                        GLO (wide)
                        /        \
        TT (crit alv) ········· LP (clo lab)
                        /
        TB (wide pharyngeal)
```

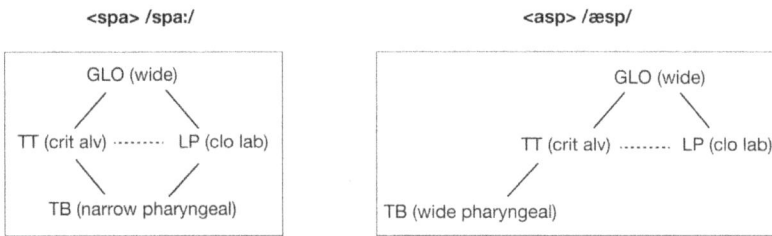

Abbildung 3.6: Kopplungsgraphen für CCV <spa> und VCC <asp>. Graue Verbindungslinien markieren die In-Phase und schwarze Pfeile die exzentrische Target-Spezifikationen. GLO = Glottis, TT = Zungenspitze, TB = Zungenrücken, LP = Lippenöffnung.

Abbildung 3.6 (links) zeigt den Kopplungsgraph für die englische Äußerung <spa> mit komplexem Onset. /s/ und /p/ sind beide In-Phase mit dem Vokal und Anti-Phase (eventuell auch in exzentrischer Phase) zueinander gekoppelt (competitive coupling). Als Konsequenz ergibt sich ein C-Center-Effekt, der statt Synchronizität ein früheres Starten von C_1 und ein späteres Starten von C_2 relativ zum Vokal beinhaltet.

Komplexe Kodas sind in vielen Sprachen durch Out-of-Phase-Kopplungen gekennzeichnet, woraus sich relativ lose Bindungen und erhöhte Variabilität im Signal ergeben. Abbildung 3.6 (rechts) zeigt einen Kopplungsgraphen für die englische Äußerung <asp> mit komplexer Koda (VCC). Nur C_1 ist direkt mit dem Vokal assoziiert. Hierbei handelt es sich um eine Anti-Phase Kopplung (eventuell auch exzentrische Kopplung), die bewirkt, dass der Vokal und C_1 nacheinander gestartet werden. C_2 ist nur mit C_1 aber nicht mehr direkt mit dem Vokal gekoppelt.

Abbildung 3.7 veranschaulicht die Kopplung in CCV und VCC Silben noch einmal in vereinfachter Weise, analog zu Abbildung 3.5. Bei CCV Silben (Abbildung 3.6 (a)) sind zwei Kopplungen zu sehen, die miteinander konkurrieren, weil sie erst einmal inkompatibel sind. Beide Cs sind gleichzeitig zum V getriggert, aber sequentiell zueinander. Der am Vokal angrenzende Konsonant bewegt sich nach rechts auf den Vokal zu, um Platz für den hinzukommenden Konsonanten zu machen. Es ergibt sich ein komplexes Koordinationsmuster. Dieses Muster könnte man auch mit folgendem, sehr vereinfachtem Bild beschreiben: Man stelle sich vor, die Konsonanten wären Menschen, die sich einen Stuhl teilen sollen. Ein Mensch alleine kann auf einem Stuhl mittig Platz nehmen. Kommt ein weiterer Mensch hinzu, so muss der erste von der Mitte wegrutschen und sich seitlich auf den Stuhl setzen, um dem anderen Platz zu machen. Der andere kann sich dann auf die andere Seite setzen, zusammen ragen sie rechts und links über den Stuhlrand hinaus.

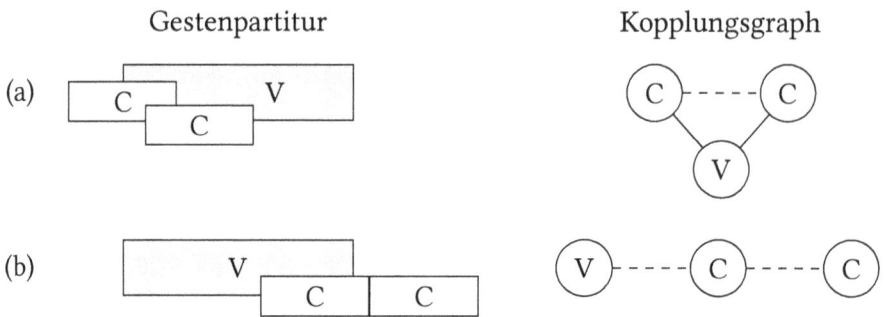

Abbildung 3.7: Vereinfachte Kopplungsgraphen (rechts) und zugehörige Gestenpartituren (link) für CCV und VCC Silben.

Abbildung 3.7 (b) veranschaulicht das weniger komplexe Koordinationsmuster bei VCC Silben. In der Koda sind die Konsonanten einfach sequentiell angeordnet, nur der am Vokal angrenzende Konsonant ist mit diesem gekoppelt. Die Konsonanten stellen eine lose Reihe dar, jeder hat – nehmen wir das Bild mit den Menschen und den Stühlen wieder auf – seinen eigenen Platz.

3.4 Empirische Evidenz für Silbenstruktur im Polnischen

Kinematische Messungen können diagnostisch verwendet werden, um die Zugehörigkeit eines Segments zu einer Silbendomäne zu klären. So gibt es Sprachen, die aus phonologischer Sicht mehrere Konsonanten im Silbenonsets zulassen (komplexe Onsets), und solche, die nur Onsets mit maximal einem Konsonanten generieren (simple Onsets). Es gibt bereits eine größere Anzahl von Studien zu verschiedenen Sprachen mit simplen und komplexen Onsetparse, die die silbenstrukturelle Organisation in wortanlautenden Konsonantenclustern auf der Basis artikulatorischer Daten untersucht haben. Es sollte jedoch angemerkt werden, dass die silbeninterne Koordination nicht unabhängig von segmentalen Einflüssen (Brunner u. a. 2014; Marin 2013; Marin & Pouplier 2014; Pouplier 2012), Einflüssen der prosodischen Struktur (Shaw u. a. 2009; 2011; Gafos u. a. 2014; Hermes u. a. 2017) oder sprecherspezifischer Variation ist. So beziehen sich artikulatorischen Messungen zur Erfassung der Silbenstruktur meist auf Grad der Überlappung zwischen Konsonanten und einem folgenden Silbenanker. Der Grad der Überlappung unterliegt aber neben dem phonologischen Silbenparse auch natürlicher Variationen (Goldstein, Chitoran u. a. 2007). Im Deutschen, beispielsweise zeigt das Cluster /kl/ wie in <Claudia> (/'klaʊdia/) einen größeren Grad an Überlappung zwischen den Konsonanten als /kn/ wie in <Kneipe> (/'knaɪpə/). Vermutlich ist der Überlappungsgrad bei /kn/ geringer, damit die nasale Lösung auditiv nicht maskiert ist. Solche segmental bedingte Unterschiede wie beispielsweise zwischen /kl/ und /kn/ haben einen Einfluss auf die gesturale Koordination in höhere Konstituenten wie der Silbe. Betrachtet man also die einzelnen Studien zur Silbenkoordination, so finden sich in den Messungen immer wieder auch Muster, die dem zugrundliegenden Silbentrigger zu widersprechen scheinen. So zeigen Brunner u. a. (2014) beispielsweise, dass das Cluster /sk/ eine Koordination für komplexe Onsets besitzt, das Cluster /pl/ jedoch nicht. Diese Ergebnisse bieten Raum für Mehrdeutigkeiten in der Interpretation der phonologischen Zuordnung. Für eine ausführliche Diskussion zum Problem der artikulatorischen Messungen für die Ermittlung von Silbenzugehörigkeiten von Konsonantensequenzen aufgrund segmentaler und prosodischer Einflüsse sei auf Hermes u. a. (2017) verwiesen.

Wenngleich die oben genannten Probleme bei den Verfahren zur Silbenmessung auftreten können und bei der Interpretation Berücksichtigung finden müssen, gibt es doch eine Reihe aussagekräftiger Ergebnisse in der Literatur. Evidenzen, die für eine Organisation von Konsonantenverbindungen als komplexe Onsets sprechen, finden sich in den Sprachen Amerikanisches Englisch (Browman & Goldstein 2000; Marin & Pouplier 2010), Französisch (Kühnert u. a. 2006), Georgisch (Goldstein, Chitoran u. a. 2007) und Polnisch (Mücke u. a. 2010). Evidenzen für Sprachen, die keine komplexen Onsets haben, finden sich für Tashlhiyt Berber (Goldstein, Chitoran u. a. 2007; Hermes u. a. 2011a,b) und Marokkanisches Arabisch (Shaw u. a. 2009). Eine Ausnahme bildet Italienisch. Hier konnten Hermes, Mücke, Grice & Niemann (2008) zeigen, dass es wortanlautend zwei distinktive Koordinationsmuster innerhalb einer Sprache gibt. Konsonantensequenzen ohne anlautenden Sibilanten zeigen die sprechmotorische Organisation komplexer Onsets, während Sibilanten in Sibilant-plus-Konsonant-Verbindungen (s-impura; unreines-s) morphosyntaktische Alternationen auslösen und das Parsen von komplexen Onsets nicht erlauben. Eine detaillierte Übersicht über Organisationen von Silbenonsets in verschiedenen Sprachen befindet sich in Hermes u. a. (2017).

Im Folgenden wird die Methodik am Beispiel der Silbenorganisation im Polnischen aus einer Studie von Mücke u. a. (2010) veranschaulicht. Mittels elektromagnetischer Artikulographie (EMMA, AG 100) wurden in dieser Studie die Bewegungsmuster für verschiedene Obstruent-Sonorant-Verbindungen in wortinitialer und wortfinaler Position untersucht. Es wurden drei Sprecher (zwei Frauen und ein Mann) aufgenommen, die jeweils Zielwörter im folgenden Trägersätz produzierten:

(2) Ona mówi __ aktualnie.

lit.: *Sie sagt __ jetzt.*

Jedes Zielwort wurde im Korpus siebenfach wiederholt. Die Struktur der Zielwörter bildete jeweils die folgenden Triaden:

(3) *Wortinitial:* /**kr**/asić, /**r**/abin, /**k**/adisz

    (abschmelzen, Rabbiner, Kaddisch)

(4) *Wortfinal:* WI/**kr**/, ti/**r**/, ti/**k**/

    (WIKR (als Akronym), Laster, Tick)

Um die Bewegungsmuster zu erfassen, wurden die EMMA-Trajektorien für Zungenrücken und -spitze ausgewertet. Dabei wurden Targets für Konsonanten und Vokale annotiert; lokale Maxima und Minima bei Positionsbestimmungen in der vertikalen Dimension entsprechen hierbei Nulldurchgängen in der Geschwindigkeitskurve. Für die Auswertung der Daten wurden jeweils die zeitlichen Abstände zwischen Konsonanten- und Vokaltargets im kinematischen Signal gemessen.

Mücke u. a. (2010) überprüften die folgende Annahme: Wortinitiale Obstruent-Sonorant-Verbindungen sind im Polnischen als komplexe Onsets organisiert und die entsprechenden wortfinalen Cluster zeigen silbenstrukturelle Eigenschaften von komplexen Kodas. Mit komplexer Koda ist hier gemeint, dass mehrere Konsonanten in der Koda zugelassen sind, es wird jedoch nicht wie im Silbenonset ein C-Center Effekt erwartet. Es ergeben sich damit unterschiedliche Kopplungsgraphen für die dynamische Selbstorganisation der Silbenstruktur: Für den Onset werden konkurrierende Zielspezifikationen angenommen (competitive coupling, Abbildung 3.8), während in der Koda die Zielspezifikationen den finalen Phasen einer Out-of-Phase-Kopplung, hier mit Anti-Phase gekennzeichnet, entsprechen sollten (Abbildung 3.9). Die Konsequenzen der Kopplungsgraphen sollten sich im kinematischen Signal als Bewegungen beider Konsonanten in CCV versus

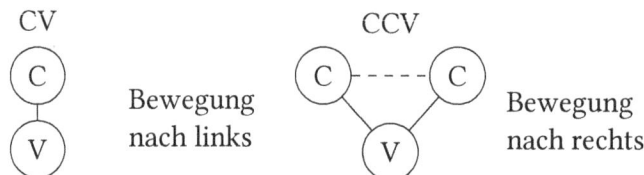

Abbildung 3.8: Hypothetische Kopplungsgraphen für CV und CCV im Polnischen. Durchgezogene Linien markieren die Zielspezifikation In-Phase und gestrichelten Linien Out-of-Phase.

CV zeigen (C_1 bewegt sich nach links und C_2 nach rechts), während in VCC versus VC keine Bewegung des vokalangrenzenden Konsonanten (C_1) messbar sein sollte.

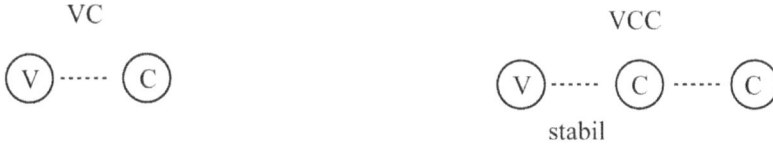

VC

$\quad\quad\quad$ VCC

(V) ······ (C) $\quad\quad\quad\quad\quad\quad\quad\quad$ (V) ······ (C) ······ (C)

$\quad\quad\quad\quad\quad\quad\quad\quad\quad\quad\quad\quad\quad\quad\quad\quad\quad\quad$ stabil

Abbildung 3.9: Hypothetische Kopplungsgraphen für VC und VCC. Gestrichelte Linien markieren die Out-of-Phase Zielspezifikationen.

Im Folgenden sind die Ergebnisse für Konsonantenverbindungen in wortinitialer und -finaler Position aufgeführt.

3.4.1 Onset-Messung im Polnischen für CV und CCV

Für die Onset-Messungen werden die Triaden /kr/asić, /r/abin, /k/adisz untersucht (vgl. Beispiel 3.11). Dabei wird jeweils der zeitliche Abstand der konsonantischen Targets relativ zum Folgevokal berechnet. Diese Abstände werden für /k/ und /r/ in /kr/asić mit /k/ und /r/ in /r/abin und /k/adisz/ vergleichen. Die Messvariable sind in Abbildung 3.10 veranschaulicht. Auf der linken Seite der Graphik ist die Messung für die „Leftmost-C Variable" und auf der rechten Seite für den „Rightmost-C Variable" initialer Konsonanten abgebildet. Bei der „Leftmost-C Variable" geht man davon aus, dass sich der Abstand von /k/ relativ zum Folgevokal vergrößern müsste, wenn man /k/V und /kr/V vergleicht. So shiftet /k/ nach links weg vom Vokal und der Grad der Überlappung zwischen /k/ und V abt. Umgekehrt verhält es sich bei der „Rightmost-C Variable". Hier geht man davon aus, dass sich im Falle einer komplexen Onset-Struktur der Abstand von /r/ relativ zum Folgevokal verringern müsste, wenn man /r/V und /kr/V vergleicht. Hier shiftet /r/ nach rechts in Richtung Folgevokal und der Grad der Überlappung zwischen /r/ und V nimmt zu.

Die Abbildung 3.11 zeigt die Ergebnisse für die zeitlichen Abstandsmessungen für wortinitiale Konsonantenverbindungen für die drei Sprecher (JSf, JSm, NL) und den Mittwelwert aller drei Sprecher (mean). Es handelt sich um eine Messung des Konsonanten am rechten Clusterrand (right-edge, rightmost C) relativ zum folgenden Vokal. Die grauen Balken zeigen die zeitlichen Abstände für Target /r/ relativ zum Target /a/ in </r/abin>. Die schwarzen Balken zeigen die zeitlichen Abstände von /r/ relativ zu /a/ in </kr/asić>.

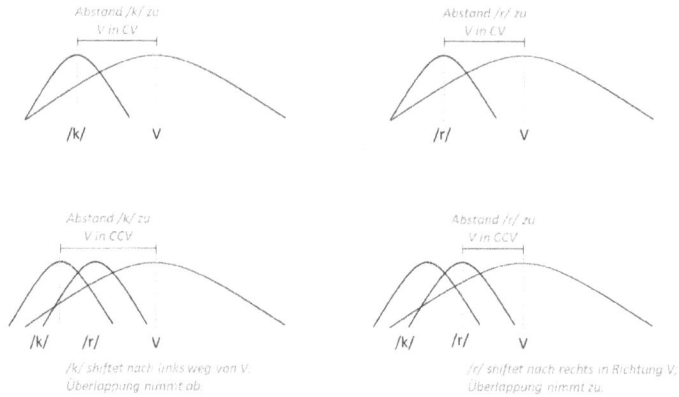

Abbildung 3.10: Variablen für die Onset-Messungen „Leftmost-C" (linke Abbildung) und „Rightmost-C" (rechte Abbildung) für CV versus CCV.

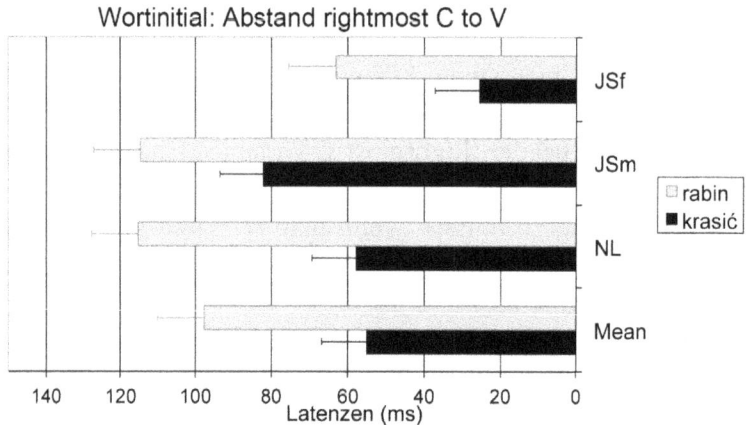

Abbildung 3.11: Durchschnittliche Werte (Latenzen in ms) für das Erreichen des konsonantischen Targets /r/ relativ zum nachfolgenden Vokal in <rabin> (schwarze Balken) und <krasić> getrennt nach Sprechern.

Es zeigt sich für alle drei Sprecher ein Bewegungsmuster, das typisch für die Organisation komplexer Onsets, CCV, im Vergleich zu einfachen Onsets, CV, ist. Die Latenzen zwischen dem rechten Konsonanten und dem folgenden Vokal verringern sich deutlich, d. h. der Konsonant bewegt sich auf den nachfolgenden Vokal zu. Wird ein Konsonant hinzugefügt, verschiebt sich also der vokalangrenzende Konsonant (rightmost C, rightward shift) nach rechts auf das Vokaltarget zu. Es gibt keine Stabilität des rechten Clusterrandes. Vielmehr scheint eine Stabilität des Clusterzentrums relativ zum Vokal vorzuliegen.

Abbildung 3.12 veranschaulicht diese Zentrumsorganisation des Konsonantenclusters (center stability). Die schwarzen Balken zeigen die Verschiebung des rechten Konsonanten auf den Vokal zu, die grauen Balken die Verschiebung des linken Konsonanten vom Vokal weg, in CCV versus CV. Dabei wurden die jeweiligen zeitlichen Abstände für die Targets des Konsonanten relativ zum Vokal voneinander subtrahiert. Verkleinert sich der Abstand zwischen C und V, handelt es sich um eine Rechtsverschiebung (positive Werte) und vergrößert sich der Abstand, um eine Linksverschiebung (negative Werte).

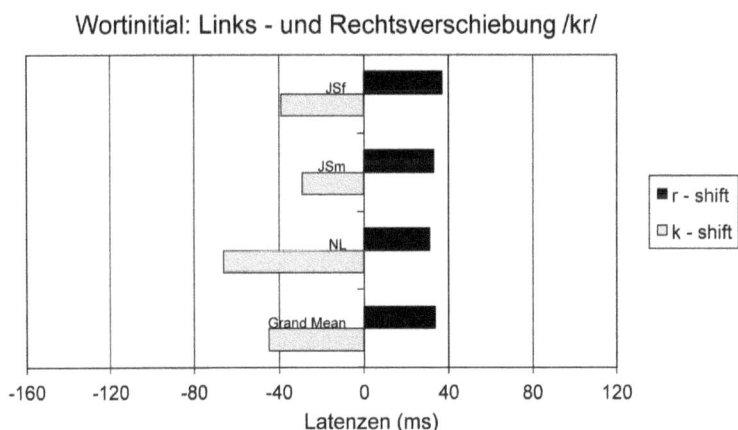

Abbildung 3.12: Durchschnittliche Werte (Latenzen in ms) für die Rechtsbewegung von /r/ in <rabin> versus <krasić> (schwarze Balken) und die Linksbewegung von /k/ in <krasić> versus <kadisz> (graue Balken).

Für die Rechtsbewegung wurde die CV-Latenz für /r/ relativ zu /a/ in <krasić> und <rabin> subtrahiert. Für die Linksbewegung wurde die CV Latenz für /k/ relativ zu /a/ in <krasić> und <kadisz> subtrahiert. Für /r/ zu /a/ ergibt sich eine Verkürzung der Abstände und somit eine Bewegung nach rechts auf den Vokal zu (Rechtsverschiebung um $43ms$ für alle Sprecher gemittelt, wie bereits in Abbildung 3.10 beschrieben). Für /k/ zu /a/ ergibt sich entsprechend eine Vergrößerung der Latenzen und somit eine Linksbewegung weg vom Vokal um $-44ms$ für alle Sprecher gemittelt.

3.4.2 Kodamessung im Polnischen für VC und VCC

Für die Koda-Messungen werden die Triaden WI/kr/, ti/r/ und ti/k/ untersucht (vgl. Beispiel 3.12). Dabei wird jeweils der zeitliche Abstand der konsonantischen Targets relativ zum vorhergehenden Vokal berechnet. Verglichen werden die Abstände für /k/ und /r/ in WI/kr/ mit /k/ und /r/ in ti/r/ und ti/k/. Abbildung 3.13 veranschaulicht die entsprechenden Messvariablen, die sich diesmal auf die Koda beziehen. Auf der linken Seite der Graphik ist die Messung für die „Rightmost-C Variable" und auf der rechten Seite für den „Leftmost-C Variable" finaler Konsonanten abgebildet. Bei der „Rightmost-C Variable" geht man davon aus, dass der Abstand von /k/ relativ zum vorhergehenden Vokal stabil bleiben müsste, wenn man V/k/ und V/kr/ vergleicht. Im Gegensatz zum Onset sollte hier keine C-Center Organisation bestehen. Vergleicht man /r/ relativ zum vorhergehenden Vokal V/r/ und V/kr/, so müsste /r/ nach rechts weg vom vorhergehenden Vokal shiften. Der zeitliche Abstand zwischen /r/ und dem vorhergehendem Vokal sollte größer werden, da der Konsonant an die Sequenz einfach angehängt wird.

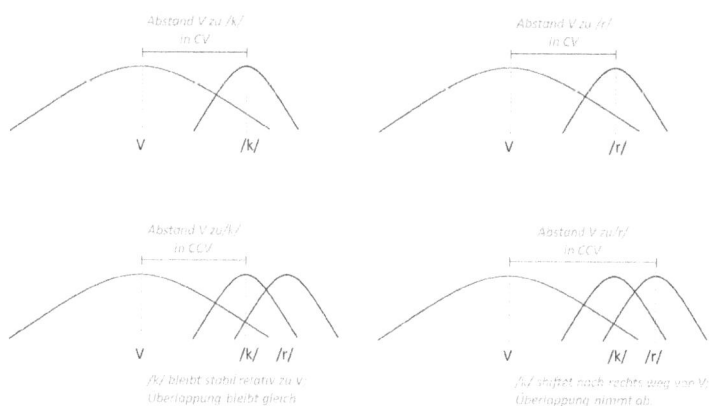

Abbildung 3.13: Variablen für die Koda-Messungen „Leftmost-C" (linke Abbildung) und „Rightmost-C" (rechte Abbildung) für VC versus VCC.

Für Konsonantenverbindungen in wortfinaler Position wurden Alignierungsabstände (zeitliche Distanzen) vom Target des Konsonanten am linken Rand des Clusters (leftmost C) relativ zum vorangehenden Vokaltarget erfasst. Die Ergebnisse sind in dem Balkendiagramm in Abbildung 3.14 dargestellt.

Wortinitial: Abstand V to leftmost C

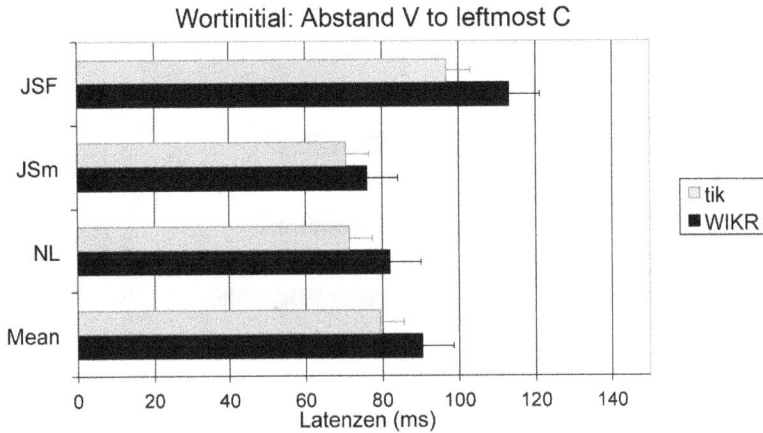

Abbildung 3.14: Durchschnittliche Werte (Latenzen in ms) für das Erreichen des konsonantischen Targets /k/ relativ zum vorangehenden Vokal in <tik> (schwarze Balken) und <krasić> getrennt nach Sprechern.

Es zeigt sich für alle drei Sprecher ein Bewegungsmuster, das von dem im Onset abweicht. Die Latenzen zwischen dem linken Konsonantenrand der Koda und dem vorangehenden Vokal zeigen bei einer Testung von VC versus VCC keine signifikanten Unterschiede ($p \leq 0.05$). So verändern sich die Mittelwerte in <tik> versus <WIKR> nur geringfügig. Wird ein Konsonant wortfinal hinzugefügt (VCC versus VC), so bleibt der linke Clusterrand relativ zum vorangehenden Vokal stabil (left edge stability, leftmost C).

In Abbildung 3.15 ist diese Stabilität des linken Randes der Konsonantenverbindung noch einmal veranschaulicht. Die grauen Balken zeigen die Stabilität von C_1 (/k/) relativ zum vorangehenden Vokal. Es wurden die zeitlichen Abstände von /k/ relativ zum Vokal in <WIKR> und <tik> subtrahiert. Die zeitlichen Muster unterscheiden sich nur geringfügig zwischen VCC und VC, um durchschnittlich um $10ms$ für alle Sprecher gemittelt.

Für die Rechtsbewegung von C_2 (/r/) wurden die zeitlichen Abstände in <WIKR> und <tik> substrahiert. Positive Werte markieren die Verschiebung nach rechts weg vom vorangehenden Vokal. Die Verschiebung ist stark und zeigt im Durchschnitt eine Zunahme der Latenz um $96ms$ für alle Sprecher gemittelt. Wird ein Konsonant hinzugefügt, so verändert er das Verhältnis zwischen VC nicht.

Wortfinal: Links - und Rechtsverschiebung /kr/

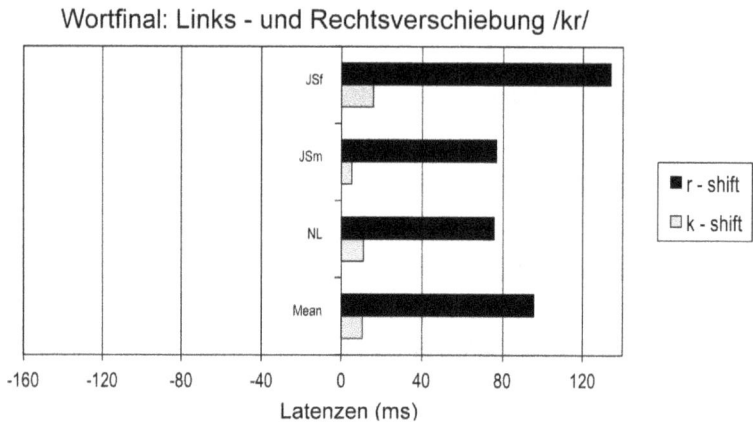

Abbildung 3.15: Durchschnittliche Werte (Latenzen in ms) für die Stabilität von /k/ in <tik> versus <WIKR> (graue Balken) und die starke Rechtsbewegung von /r/ in <tir > versus <WIKR> (schwarze Balken).

3.4.3 Interpretation der Daten

Abbildung 3.16 zeigt schematisch die Organisation von konsonantischen und vokalischen Gesten für wortinitiale (links) und wortfinale (rechts) Cluster im Polnischen. Die Abbildung basiert auf den zeitlichen Abstandsmessungen vom Target des Konsonanten relativ zum Target des Vokals.

Abbildung 3.16: Schematische Repräsentation der Organisation von Konsonanten und Vokalen, links für eine Zentrumstabilität (center-stability) in wortinitialer Position und rechts für eine Stabilität des linken Randes (left-edge stability) in wortfinaler Position.

In wortinitialer Position CCV versus CV findet zugunsten einer Stabilität des Zentrums relativ zum nachfolgenden Vokal eine Verschiebung von C_1 und C_2 relativ zum folgenden Vokal statt. Diese Verschiebung kann als Evidenz für konkurrierende Zielspezifikationen im Kopplungsgraph der mit den Gesten assoziierten Oszillatoren gewertet werden. Im Vergleich zu Synchronizität in CV-Silben startet C_1 früher (leftward shift) und C_2 später (rightward shift). Im Vergleich CV zu CCV verkürzt sich der Abstand des rechten Konsonanten (rightmost C, right edge, hier /r/) relativ zum Vokal, während er sich für den linken Konsonanten (leftmost C, left edge, hier /k/) vergrößert. Es liegt eine Stabilität für die Koordination der Konsonantenverbindung als Einheit mit einem einzelnen Zentrum (center stability) vor. Insbesondere die Messung für C am rechten Rand der Konsonantenverbindung ist ein wichtiger Indikator für die Organisation des Clusters. Veränderte sich dieser Abstand am rechten Rand zwischen CV und CCV nicht, so wäre von einer Stabilität des rechten Randes auszugehen (right edge stability, C_2 und V starten auch in einer CCV-Verbindung synchron), die gegen eine Annahme komplexer Onsets spräche.

Bei wortfinalen Clustern findet sich eine Stabilität des linken Cluster-Randes relativ zum vorangehenden Vokal in VC versus VCC (left edge stability). Zwischen VC und V C_1C_2 findet sich keine Verschiebung von C_1 hin zu dem vorangehenden Vokal. Dieses sind Evidenzen für die Annahme, dass im Kopplungsgraph der mit den Gesten assoziierten Oszillatoren keine konkurrierenden Zielspezifikationen vorliegen. Nur C_1 ist direkt mit dem Vokal in einer Out-of-Phase-Spezifikation gekoppelt. Über die genaue Art der Kopplung von C_2 mit C_1 lassen sich aufgrund der Daten jedoch keine konkreten Aussagen machen, d. h. die genaue Art der Out-of-Phase-Spezifikation lässt sich nicht ableiten. Damit kann die Silbenzugehörigkeit von C_2 in der wortfinalen Obstruent-Sonorant-Verbindung (es liegt zumindest eine Sonoritätsverletzung vor) nicht direkt mit kinematischen Bewegungsmustern geklärt werden.

4 Parametermanipulationen

4.1 Parameter im Task-Dynamic-Modell

Im Task-Dynamic-Modell (Browman & Goldstein 1986) werden die Parameter Masse m und Dämpfung b für die Systemobjekte (Traktvariablen) konstant definiert (vgl. Kapitel 1.1 und 1.2). Steifheit k und Target x_0 hingegen sind variabel, und auch die Phasenbeziehung zwischen zwei Gesten (Koordination von dynamischen Zuständen zwischen Gesten, intergestural phasing) ist spezifizierbar. Somit bilden Steifheit, Target und Phase die Schlüsselparameter des Systems, mit deren Hilfe der Einfluss der prosodischen Struktur auf die phonetische Realisierung von Prominenz und Position in ihren wesentlichen Grundzügen abbildbar sein sollte (Kelso & Tuller 1987; Kelso u. a. 1985; Munhall u. a. 1985; Beckman u. a. 1992; Hawkins 1992; Harrington u. a. 1995; Byrd 2000; Cho 2002; 2006); für einen kritischen Überblick vgl. Fuchs u. a. (2011).

Abbildung 4.1 gibt ein Beispiel für relevante Landmarken im kinematischen Signal. Bei einer Verschlussbewegung sind Onset (Anfangspunkt der Bewegung) und Target (Zielpunkt der Bewegung) bestimmbar. An beiden Extrempositionen – Onset und Target – ist die Geschwindigkeit der Bewegung *NULL*. Bewegt sich ein Artikulator auf sein Ziel zu, so beschleunigt er zunächst, um die Höchstgeschwindigkeit (peak velocity, pVel) für die Ausführung dieser Aufgabe zu erreichen. Die Höchstgeschwindigkeit stellt eine weitere relevante Landmarke im Signal dar. Nach Erreichen der Höchstgeschwindigkeit bremst die Bewegung vor dem Ziel wieder ab. Die Zeit zwischen Onset und pVel stellt die Beschleunigungsphase (acceleration phase, $\Delta_{time2peak}$) dar, und die Zeit zwischen pVel und Target die Abbremsphase (deceleration phase). Das Intervall zwischen Onset und Target ist Δ_{Dauer} der Gesamtbewegung. Der Weg, den der Artikulator von seiner Ausgangsposition zur Zielposition zurücklegt, ist als $\Delta_{Amplitude}$ der Bewegung (displacement) gekennzeichnet.

Bei den vier gängigen Strategien zur Parametermanipulation im dynamischen System handelt es sich um die Modifikationen (a) Target, (b) Steifheit, (c) Reskalierung als Kombination aus Target und Steifheit und (d) Gestischer Überlappungsgrad. Diese Strategien sind im Folgenden unter Berücksichtigung ihrer ki-

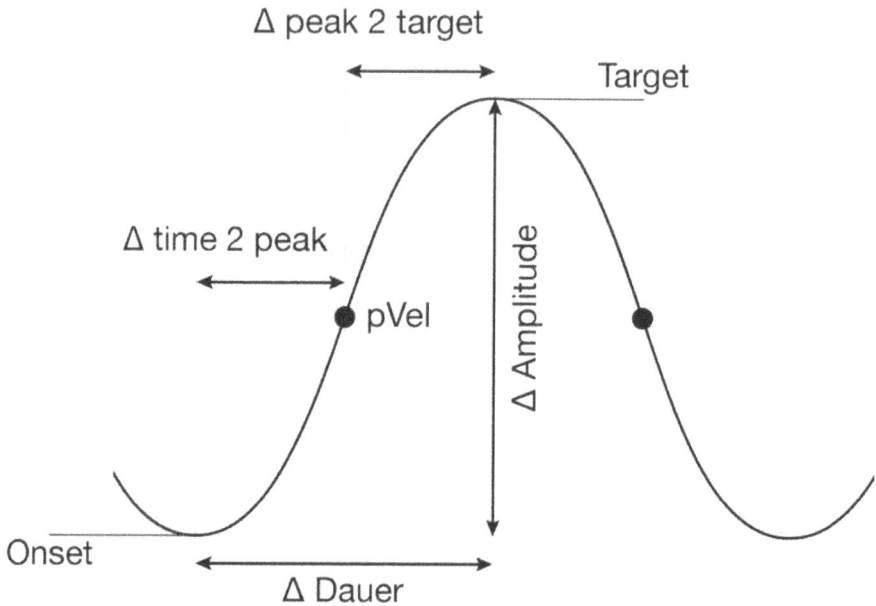

Landmarken

Abbildung 4.1: Landmarken und Messintervalle im kinematischen Signal.

nematischen Konsequenzen nach Beckman u. a. (1992) und Cho (2002) in den Abbildungen 4.2, 4.3, 4.4 und 4.5 schematisiert.

Target: Das Target x_0 ist ein räumlicher Parameter, der der Gleichgewichtslage der Feder entspricht. Ist die Gleichgewichtslage erreicht, kommt die Feder zur Ruhe. Eine Veränderung des Targets stellt eine räumliche Modifikation dar. Im kinematischen Signal führt sie zu einer Veränderung von $\Delta_{Amplitude}$ (Displacement). Der Wert der Δ Amplitude im physikalischen Signal reflektiert im Feder-Masse-Modell die Differenz zwischen momentaner Objektposition und neuem Target $(x - x_0)$. Targetmodifikationen lassen sich, sofern es das Messverfahren zulässt, auch über das Intervall zwischen Endpunkt der Bewegung (Target) und Gaumenkontur des Sprechers ermitteln. Bei einem größeren Target (oder einem Target-Overshoot) steigt $\Delta_{Amplitude}$. Proportional zu $\Delta_{Amplitude}$ steigt die Höchstgeschwindigkeit

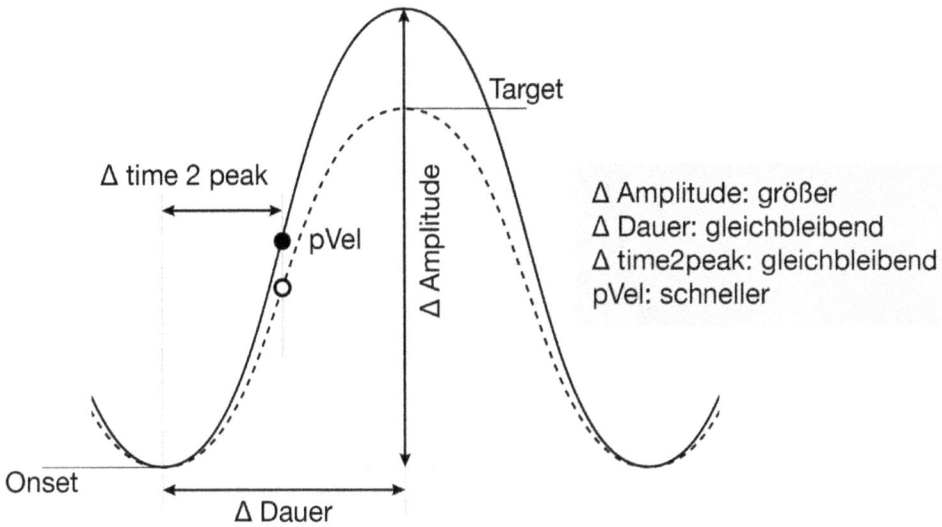

Abbildung 4.2: Manipulation des Targets in Anlehnung an Beckman u. a. (1992: 71) und Cho (2002: 17).

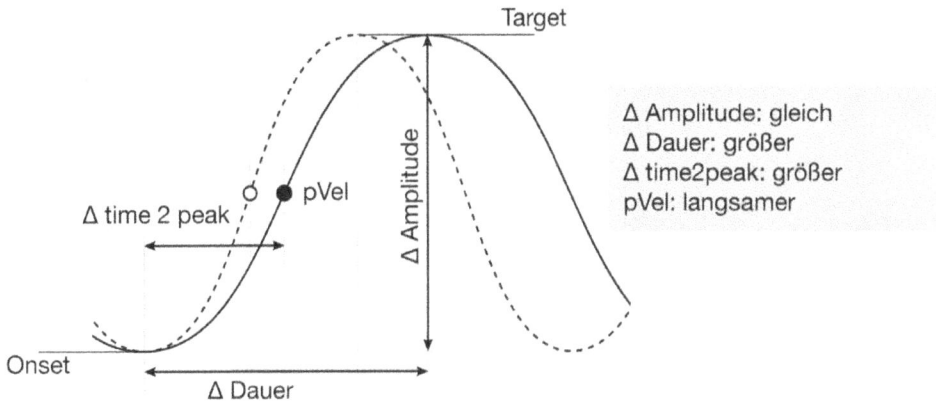

Abbildung 4.3: Manipulation der Steifheit in Anlehnung an Beckman u. a. (1992: 71) und Cho (2002: 17).

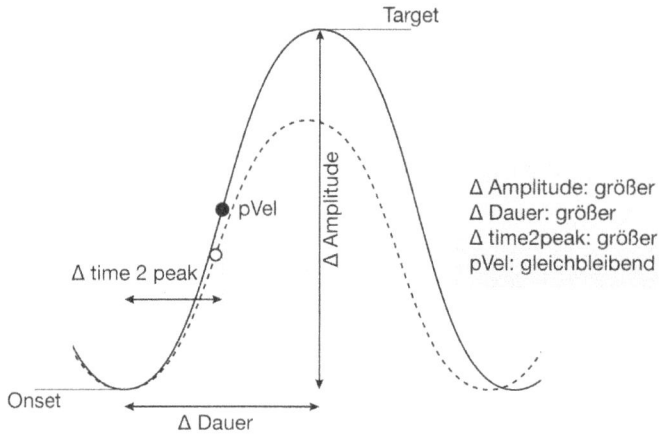

Target

Δ Amplitude

pVel

Δ time 2 peak

Onset

Δ Dauer

Δ Amplitude: größer
Δ Dauer: größer
Δ time2peak: größer
pVel: gleichbleibend

Reskalieren: Target & Steilheit modifiziert

Abbildung 4.4: Manipulation von Steifheit und Target als Reskalierung der Gesamtbewegung in Anlehnung an Cho (2002: 17).

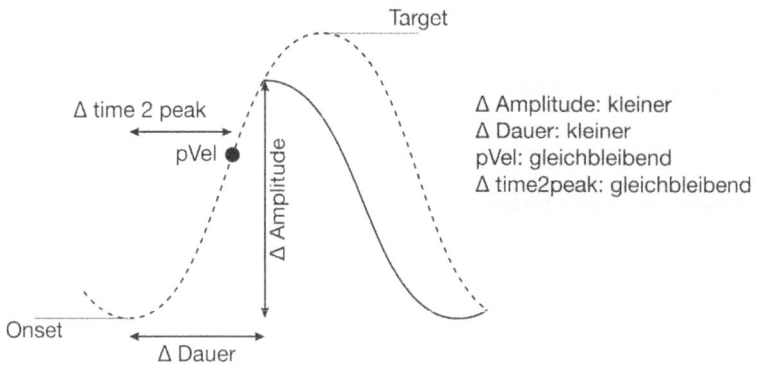

Target

Δ time 2 peak

pVel

Δ Amplitude

Onset

Δ Dauer

Δ Amplitude: kleiner
Δ Dauer: kleiner
pVel: gleichbleibend
Δ time2peak: gleichbleibend

Phase: Trunkieren der Bewegung

Abbildung 4.5: Manipulation der Phase, die zur Trunkierung der Bewegung führt. Schema in Anlehnung an Beckman u. a. (1992: 71) und Cho (2002: 17).

(pVel), während Δ_{Dauer} der Bewegung unverändert bleibt. Das Zeitintervall für die Beschleunigungsphase ($\Delta_{time2peak}$) und auch die mit ihr assoziierte Steifheit der Geste bleiben bei einer reinen Modifikation des Targets unverändert.

Steifheit: Die Steifheit k ist ein sehr abstrakter Kontrollparameter, der eine Veränderung der Oszillationsfrequenz bewirkt. Im Rahmen des Feder-Masse-Modells bezieht sie sich direkt auf die Federsteifheit (vgl. Kapitel 1). Sie hat aber kein direktes Korrelat in der physikalischen Welt, d. h. sie muss aus der Messung abgeleitet werden. Ein Absenken der Steifheit führt zum einen zu einer Verlangsamung der Bewegung und zum anderen beeinflusst es das Verhältnis zwischen Höchstgeschwindigkeit (pVel) und $\Delta_{Amplitude}$. Die Gesamtdauer der Bewegung (Δ_{Dauer}) und die Dauer der Beschleunigungsphase ($\Delta_{time2peak}$) werden größer, während Δ_{Target} unverändert bleibt. Wird jedoch die Steifheit herabgesetzt, aber die Dauer des gesturalen Aktivierungsintervalls (Δ_{Dauer}) beibehalten, so kann es zu einem Target undershoot kommen. Beckman u. a. (1992) geben beispielsweise geringere Steifheit als relevanten Kontrollparameter für die Unterscheidung von akzentuierten und nicht-akzentuierten Silben im Englischen an. Es gibt unterschiedliche Messungen im physikalischen Signal, die mit Steifheit assoziiert sind. Nach Munhall u. a. (1985) lässt sich Steifheit k als Verhältnis zwischen Maximalgeschwindigkeit (pVel) und $\Delta_{Amplitude}$ berechnen (vgl. auch Hawkins 1992; Beckman u. a. 1992; Roon u. a. 2007). Als Wert ergibt sich eine Annäherung an die Eigenfrequenz oder Eigenperiode der Geste.

$$\text{Steifheit}(k) = \frac{pVel\left(\frac{mm}{ms}\right)}{Amp\,(mm)} \tag{4.1}$$

Eine weitere Möglichkeit ist, die Steifheit mit Messungen der Beschleunigungsphase ($\Delta_{time2peak}$) des gestischen Aktivierungsintervalls als reinen Zeitparameter gleichzusetzen. Bei einer Verlangsamung der Bewegung vergrößert sich $\Delta_{time2peak}$ (vgl. Cho 2002; 2006; Byrd & Saltzman 1998). Diese Form der Berechnung ist jedoch keine „echte" Steifheitsberechnung im Sinne eines Feder-Masse-Modells, weil sie den räumlichen Parameter nicht mit einbezieht. Insbesondere in der prosodischen Literatur hat sie sich jedoch bewährt, weil längere Beschleunigungsphasen häufig mit einer lokalen Verlangsamung der Artikulationsbewegungen einhergehen (localized hyperarticulation, vgl. Kapitel 5).

Fuchs u. a. (2011) weisen darauf hin, dass Steifheitsberechnungen aus dem physikalischen Signal problematisch sind. Die Berechnungen basieren auf der Annahme, dass Steifheit und Dämpfung während der gesamten Aktivierungsdauer der Geste konstant sind. Im physikalischen Signal hingegen finden sich insbesondere bei Langvokalen, Sibilanten oder Geminaten Plateaus (Fuchs u. a. 2011: 1068), die gegen diese Annahme sprechen, und sie schlussfolgern:

> (...) the relation between gesture duration and stiffness always becomes less strong when gesture duration increases. (Fuchs u. a. 2011: 1074)

Die Leistungsfähigkeit der traditionellen Steifheitsberechnungen Maximalgeschwindigkeit/Amplitude (Munhall u. a. 1985) und Time-To-Peak-Intervall (Cho 2002; 2006; Byrd & Saltzman 1998) sind unterschiedlich und abhängig vom Datensatz. Insbesondere bei unsymmetrischen Gesten, d. h. wenn Beschleunigungs- und Abbremsphase unterschiedlich lang dauern, ist das Time-To-Peak-Intervall problematisch, weil es nur die Beschleunigungsphase in die Messung miteinbezieht.

Reskalierung: Die Reskalierung (rescaling, resizing) einer Bewegung beinhaltet die Veränderungen der Parameter Target und Steifheit. Die Abbildung 4.4 zeigt ein Beispiel für eine lineare Reskalierung, bei der jeweils Target und Steifheit proportional verändert werden. Diese Manipulation führt im physikalischen Signal zu einem proportionalen Anstieg von $\Delta_{Amplitude}$ und Δ_{Dauer}. Mit dem Anstieg von Δ_{Dauer} der Gesamtbewegung steigt auch die Dauer für die Beschleunigungsphase $\Delta_{time2peak}$ an. Die Höchstgeschwindigkeit pVel bleibt jedoch unverändert (Cho 2002; 2006; Byrd u. a. 2000).

Phase: Die Manipulation der Phase beeinflusst die Koordination zwischen zwei Gesten und somit deren Überlappungsgrad. Wird beispielsweise in einer C_1C_2-Sequenz die Geste für C_2 früher aktiviert, so löst diese die vorangehende Konstriktionsbewegung für C_1 früher ab (Ablösephase, vgl. auch Kröger 1998). Es kommt zur Trunkierung der Bewegung für C_1 durch C_2 (Target undershoot). Die Parameter innerhalb der Aktivierung von C_1 bleiben unverändert: die Beschleunigungsphase $\Delta_{time2peak}$ und die Höchstgeschwindigkeit pVel werden nicht modifiziert. Jedoch erreicht C_1 durch eine verfrühte Ablösung durch C_2 sein Target nicht mehr (Beckman u. a. 1992; Harrington u. a. 1995). Eine Ausnahme bilden Konstriktionsbewegungen, die ein Plateau beinhalten. Wird die Aktivierung einer Geste nach dem Erreichen der Maximalposition für das Plateau durch eine andere Geste abgelöst, so erreicht $\Delta_{Amplitude}$ ihren durch das Target spezifizierten Maximalwert und lediglich Δ_{Dauer} des Signals sinkt (Byrd u. a. 2000; Cho 2002; 2006).

Harrington u. a. (1995) führen aus, dass die Strategien häufig nicht allein aufgrund einer kinematischen Datenbasis trennbar seien. So sind Modifikationen der Parameter Phase und Rescaling ähnlich in ihren kinematischen Konsequenzen. Sowohl bei einer Trunkierung (Phase) als auch bei einem Shrinking (Rescaling) von Vokalen in unakzentuierter Position ergäbe sich eine Verkleinerung von $\Delta_{Amplitude}$ und Δ_{Dauer} bei gleichbleibenden Maximalgeschwindigkeiten. Unterscheidungen wären hier vermutlich nur über die Beschleunigungsphase $\Delta_{time2peak}$ möglich.

> However, a major difficulty in establishing evidence for truncation, at least from jaw movement data, is in knowing what constitutes a truncated vowel. For example, although a truncated vowel is likely to be accompanied by a reduction in both duration and displacement, together with minimal changes in the peak velocity of movement, these articulatory characteristics are also compatible with making the vowel "smaller" by linear rescaling (analogous to looking at a movement waveform through a zoom lens, and zooming out, producing smaller durations and displacements, but maintaining the same overall shape, and therefore the same peak velocities). (Harrington u. a. 1995: 307)

Cho (2006) zeigt in einer Studie zur Akzent- und Positionsmarkierung im Englischen, dass die durch das Task-Dynamic-Modell propagierten Parameter im kinematischen Signal kaum in reiner Form auftreten und die Enkodierung prosodischer Struktur durch das supralaryngale System weitaus komplexer ist als angenommen:

> As was the case for Accent effect, the boundary-induced kinematic variations were not fully accounted for by any single dynamical parameter setting. (...) the results regarding movement kinematics suggest that speech mechanisms are more complex than has been assumed. (Cho 2006: 539, 545)

Mücke & Grice (2014) zeigen in Analysen zur supralaryngalen Fokusmarkierung im Deutschen, dass bei der Markierung der prosodischen Struktur von multiplen Parametern auszugehen ist (vgl. Kapitel 6).

4.2 Modellierungen sprechmotorischer Parametervariationen am Beispiel der Tiefen Hirnstimulation

Im Folgenden wird ein Beispiel gegeben, wie artikulatorische Daten parametrisiert werden können. Das Beispiel stammt aus einer Studie zur Tiefen Hirnstimulation von Mücke, Becker u. a. (2014). Die Studie beschäftigt sich mit der Frage, wie sich unter der Tiefen Hirnstimulation (deep brain stimulation, DBS) bei Patienten mit Essentiellem Tremor (ET) die artikulatorischen Muster verschlechtern und inwieweit diese Verschlechterungen quantifizierbar sind. Im Rahmen eines dynamischen Systems wie dem Task-Dynamic-Modell können die Störungen der Artikulation mit einer Veränderung der Parameterspezifikationen des motorischen Systems unter Stimulation verstanden werden, während die das kognitive System steuernden Parameter (die das System modulierenden Differenzialgleichungen) unverändert bleiben. Eine entsprechende akustische Analyse findet sich in Mücke, Becker u. a. (2014).

4.2.1 Hintergrundwissen zur Tiefen Hirnstimulation

Diese Studie ist in Zusammenarbeit mit der Abteilung Neurologie, Klinikum der Universität zu Köln entstanden (Forschungsgruppe Brain Modulation and Speech Motor Control, bestehend aus Kölner Neurologen und Phonetikern). Die ET-Patienten sind am Klinikum der Universität zu Köln neurochirurgisch behandelt worden. Sie erhielten Implantate für eine chronische Tiefe Hirnstimulation, die Impulse an den Nucleus ventralis intermedius (VIM) abgeben. Der VIM gilt im Tremor Netzwerk als Relaisstation zwischen Zerebellum und Motorkortex und dient deshalb als klassische neuroanatomische Zielregion im Gehirn für DBS bei Essentiellem Tremor-Patienten (Schnitzler u. a. 2009). VIM-DBS wird bei gegen Medikamente resistentem Tremor eingesetzt, vor allem bei ET und Parkinson (tremordominanter Typ), vgl. Benabid u. a. (1996).

Essentieller Tremor (ET) ist eine Bewegungsstörung, die sich häufig durch Haltetremor und/oder Intentionstremor der oberen Gliedmaßen wie den Händen ausdrückt, aber auch andere Körperregionen wie Kopf oder Stimme betreffen kann (Deuschl & Elble 2009). Die genaue Pathophysiologie von ET wird noch in der einschlägigen Literatur debattiert (Elble 2013; Raethjen & Deuschl 2012; Louis 2009; Rajput u. a. 2012). ET ist vermutlich keine monosymptomatische Erkrankung (Elble 2013), sondern wird häufig eng mit beispielsweise zerebellaren Symptomen in Verbindung gebracht, was vermuten lässt, dass sich hier auch Probleme bei der Koordination von sprachlichen und nicht-sprachlichen Aufgaben ergeben können.

Bei chronischer VIM-DBS werden Elektroden und ein Impulsgeber in Schädel und Brust implantiert. Durch Stimulation (on-DBS) oder Deaktivierung (off-DBS) werden elektrische Impulse in einer variablen Stromfrequenz an das Hirnareal VIM abgegeben, vgl. die Abbildungen 4.6. Während durch diese Behandlung der Tremor, der als Bewegungsstörung bei den Patienten auftritt, häufig erfolgreich unterdrückt wird, klagen viele Patienten über Nebenwirkungen in Form einer Verschlechterung der Sprechmotorik (Benabid u. a. 1996; Krack u. a. 2002). Tatsächlich gilt die stimulationsinduzierte Dysarthrie als häufiger Nebeneffekt der thalamischen/subthalamischen Stimulation (Flora u. a. 2010; Krack u. a. 2002) mit ernsten Folgen für Lebensqualität und soziale Zugehörigkeit, denn Patienten klagen, dass die auftretenden Sprechverschlechterungen denen von verwaschener Sprache unter Alkoholkonsum ähneln. Es sei hier angemerkt, dass Dysarthrie mehr als ein einzelnes artikulatorisches Subsystem beeinträchtigen kann, d. h. Atmung, Stimmgebung und supralaryngeale Artikulationsmuster können gestört sein (Victor u. a. 2001; Raphael u. a. 2011).

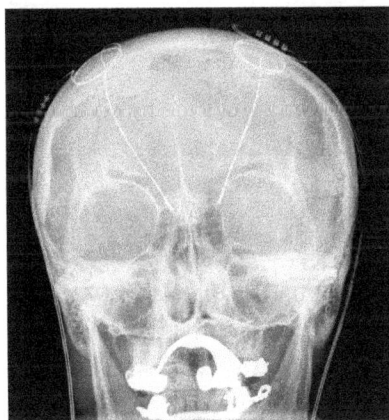

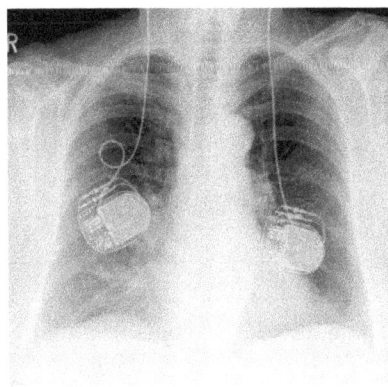

Abbildung 4.6: Röntgenaufnahmen der DBS Implantate bei Morbus-Parkinson-Patienten am Schädel (Sondenverlauf) und Thorax (Impuls-geberaggregate) von Hellerhof (lizensiert auf Wikimedia Commons, CC BY-SA 3.0, Hellerhoff).

4.2.2 Akustische Parameter

Zunächst einmal lässt sich die akustische Ebene bei den Patienten betrachten. Häufig werden in solchen Fällen schnelle Silbenwiederholungsaufgaben (orale Diadochokinese, DDK) mit Patienten und Kontrollsprechern aufgenommen.

DDK bestehen aus schnellen Wiederholungen von CV-Silben auf einem Atemzug, bei denen meist Plosive und Vokale kombiniert werden wie /papapa/, /tatata/ oder /kakaka/. Die Idee dahinter ist, dass eine schlechte Koordination des glottalen und oralen Systems (Kent u. a. 1999; Weismer 1984; Ackermann & Ziegler 1991; Pützer u. a. 2007) sowie unvollständige orale Verschlussbildungen/orale Okklusionen (vgl. Ziegler & von Cramon 1983; Kent u. a. 1999; Logemann & Fisher 1981; Weismer 1984; Ackermann u. a. 1995; Kent & Rosenbek 1982; Schweitzer 2005) Merkmale sind, die häufig bei Dysarthrie auftreten. Diese pathologischen Merkmale sind gut messbar im akustischen Signal, beispielsweise durch Erfassen von Stimmbeteiligung oder Friktion während der intendierten stummen Verschlussphase bei stimmlosen Plosiven, und eröffnen somit die Möglichkeit zu testen, ob Störungen der Sprechmotorik unter Anwendung von VIM-DBS vermehrt auftreten.

> The precision of stop consonant production can be determined in part by measures of the acoustic energy during the intended occlusive phase, or stop gap [...]. In general, normal production of a voiceless stop consonant is associated with a virtually silent gap. But some dysarthric speakers [...] tend to produce energy during the gap. This energy is typically one of two forms: turbulence noise (spirantization) generated at the site of oral constriction because of an incomplete occlusion, and voicing energy, which often occurs because of poor coordination between laryngeal and supralaryngeal actions. (Kent u. a. 1999: 157–158)

Bleibt man bei der Messung im Bereich der Silbendomäne, so kann beispielsweise als pathologisches Merkmal eine mögliche Verlangsamung der Sprechgeschwindigkeit als Hinweis auf eine Dysarthrie untersucht werden. Hierbei werden Silbendauern als ein akustisches Korrelat für die Messung der Artikulationsrate verwendet (vgl. Crystal & House 1990). Das wurde beispielsweise in einer Studie von Kronenbuerger u. a. (2009) für ET-Patienten mit VIM-DBS durchgeführt. Es wurden drei Patientengruppen untersucht: ET Patienten ohne zusätzliche zerebellare Einschränkungen, ET Patienten mit zusätzlichen zerebellaren Einschränkungen und ET Patienten mit Tiefer Hirnstimulation im Thalamus. Sie fanden, dass Patienten mit zusätzlichen zerebellaren Dysfunktionen längere Silbendauern aufweisen als solche, die keine zerebellaren Einschränkungen aufweisen. Darüber hinaus wurde aber kein Einfluss der Stimulation auf die Artikulationsrate ermittelt. Sie folgern, dass die Tiefe Hirnstimulation keinen Einfluss auf die Sprechmotorik hat. Mit dieser Interpretation muss man jedoch vorsichtig sein. Bedeutet dieses Ergebnis wirklich, dass die Stimulation generell keinen

Effekt auf die Sprechmotorik hat oder wurde nur nicht der passenden Parameter untersucht?

Tatsächlich ändern sich die Ergebnisse, wenn Messungen im subphonemische Bereich miteinbezogen werden. Pützer u. a. (2007) untersuchten Effekte der Tiefen Hirnstimulation (VIM-DBS) für Multiple-Sklerose-Patienten (MS). In ihrer Studie schlossen sie lokale Parameter der Konsonantenproduktion in die Analyse mit ein. Hier zeigten sich bei Sequenzen wie /papapa/, /tatata/ und /kakaka/ erkennbare Stimulationseffekte, die zu dem Eindruck von „verwaschener Sprache" führen. Sie fanden eine stimulationsinduzierte Defizienz in der Produktion von Plosiven, u.a. verifizierbar durch aperiodische Energie während der konsonantischen Konstriktion, die aus einem unvollständigen oralen Verschluss resultiert. Auch Mücke, Becker u. a. (2014), die mit Hilfe eines vergleichbaren Untersuchungsparadigmas den Effekt von VIM-DBS auf die Sprechmotorik bei Essentiellen Tremor Patienten untersuchten, fanden bei schnellen Silbenwiederholungsaufgaben Probleme bei der Konsonantenproduktion. So zeigten auch hier unter Stimulation die intendierten stimmlosen Verschlussphasen der Plosive /pa/, /ta/ und /ka/ vermehrt aperiodische Energie, die auf einen unvollständigen Verschluss im Mundraum deuten. Der Effekt ist dramatisch, denn Friktion trat nahezu doppelt so oft in der on-DBS-Kondition verglichen mit off-DBS auf, und führt zu einer kritischen Verschlechterung in der Produktion von Plosiven.

Die folgenden beiden Abbildungen veranschaulichen die Probleme im subphonemischen Bereich. Sie zeigen Beispiele für eine /ka/-Produktion im akustischen Signal mit und ohne artikulatorische Störungen. In Abbildung 4.7 ist während des konsonantischen Vollverschlusses der Luftstrom wie zu erwarten zeitweilig unterbrochen, was sich in Form eines steilen Energieabfalls (stummer Schall) manifestiert. Der Verschlussphase folgen die Verschlusslösung und Aspiration, dann setzt der Vokal ein.

Die Abbildung 4.8 zeigt das Beispiel einer Silbenproduktion von /ka/ mit artikulatorischen Störungen während der Konsonantenproduktion. Hier liegt Friktion in Form von aperiodischer Energie während der Konstriktion vor. Während ein vollständiger oraler Verschluss zu einer stummen Phase auf der akustischen Oberfläche führen sollte, sind die aerodynamischen Konsequenzen eines undichten Verschlusses geräuschverursachende Turbulenzen des nur unvollständig blockierten Luftstroms.

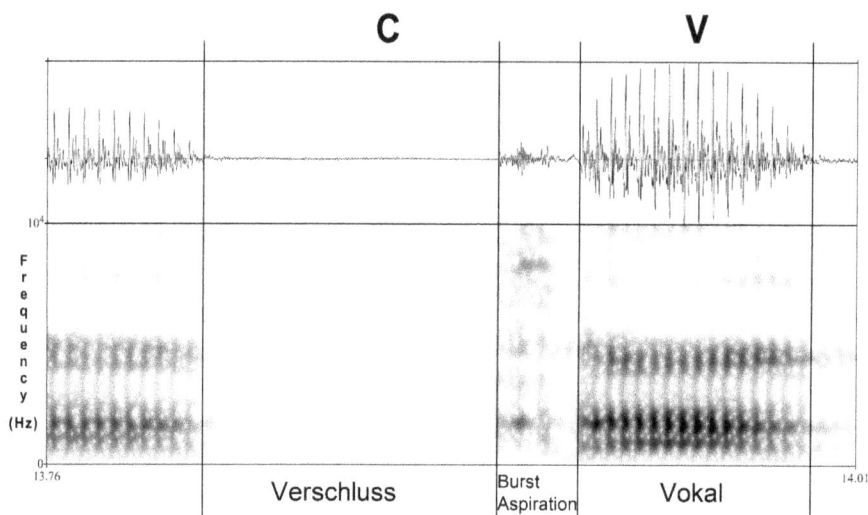

Abbildung 4.7: Beispiel für einen Silbenzyklus /ka/ mit akustischer Wellenform (oben) und Spektrogramm (unten) ohne artikulatorische Störung. Abbildung von Mücke, Becker u. a. (2014) adaptiert.

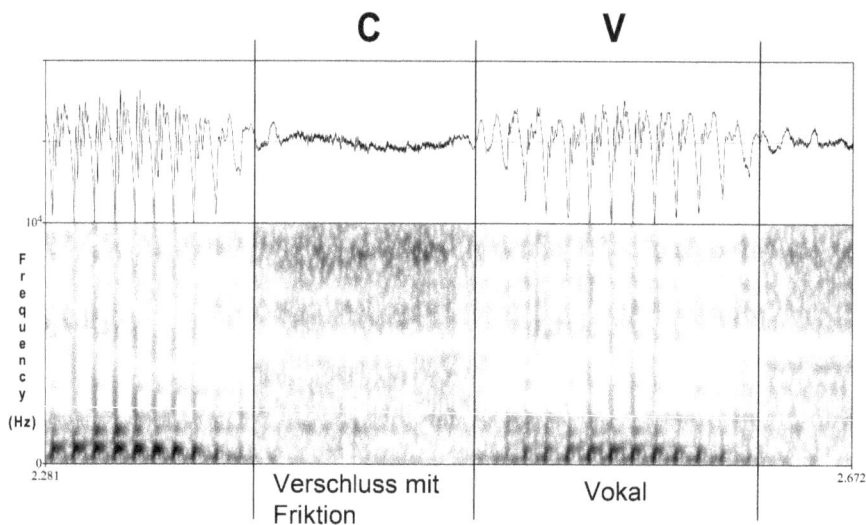

Abbildung 4.8: Beispiel für einen Silbenzyklus /ka/ mit akustischer Wellenform (oben) und Spektrogramm (unten) mit artikulatorischer Störung. Abbildung von Mücke, Becker u. a. (2014) adaptiert. Es tritt aperiodische Energie im Verschluss auf.

4.2.3 Artikulatorische Parameter

Besser noch kann die Sprechmotorik direkt auf artikulatorischer Ebene untersucht werden. Im Folgenden soll am Beispiel eines Sprechers mit ET und VIM-DBS gezeigt werde, wie unvollständige konsonantische Verschlüsse im kinematischen Signal erfasst und mittels artikulatorischer Parameter abgebildet werden können. Die Aufnahmen wurden mittels 3D-Elektromagnetischer Artikulographie am I*f*L-Phonetik an der Universität zu Köln durchgeführt. Es handelt sich um ein Verfahren zur Erfassung von Bewegungsmustern der Sprechwerkzeuge wie Unter- und Oberlippe, Kiefer und Zunge. Das Verfahren gibt Aufschluss über Hohlraumkonfigurationen im Sprechtrakt bei der Produktion erlernter Lautmuster, die auf akustischer Oberfläche nicht direkt ableitbar sind. Im Kopfbereich des Sprechers wird dabei ein inhomogenes Magnetfeld erzeugt, innerhalb dessen die Sensoren beim Sprechen lokalisierbar sind, vgl. Abbildung 4.9.

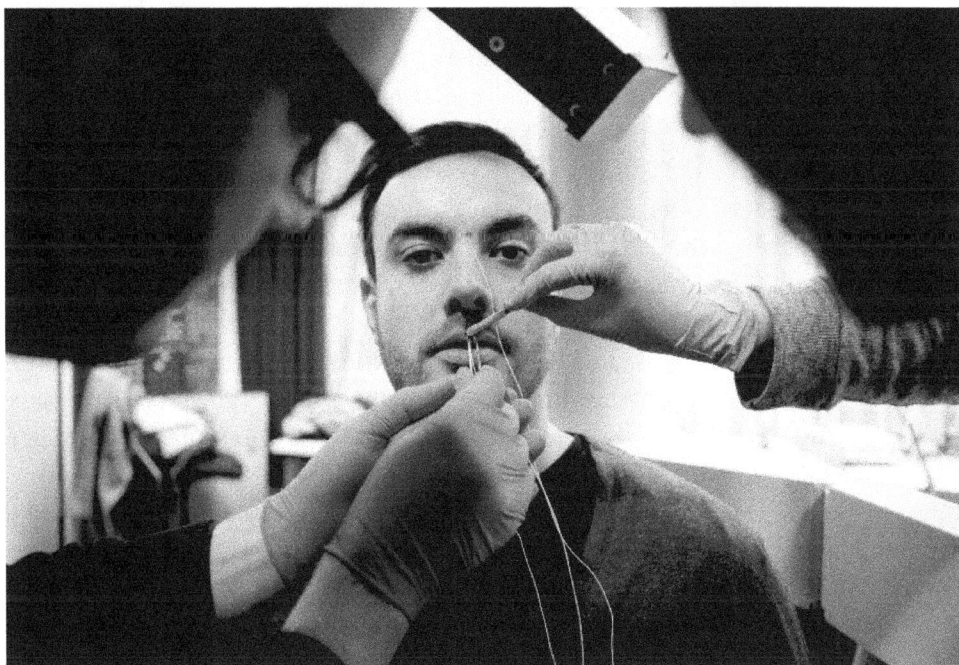

Abbildung 4.9: Beispiel für das Befestigen der Sensoren mit Hilfe von medizinischem Gewebekleber, Foto von Fabian Stürtz 2014.

Es wurden im Rahmen dieser Studie insgesamt 12 ET Patienten mit VIM-DBS und 12 gesunde Kontrollsprecher im selben Alter aufgenommen. Die Aufnahmen wurden mit einem 3-D Carstens AG501 (16 Kanäle, vgl. Abbildung 4.9) durchgeführt. Dem Sprecher wurden Sensoren auf Unter- und Oberlippe, Kiefer, Zungenspitze, -blatt und –rücken platziert. Darüber hinaus wurden drei Sensoren an der Nasenwurzel und hinter den Ohren als Referenz verwendet, um Kopfbewegungen aus dem Gesamtdatensatz herauszurechnen, die insbesondere bei Patienten mit Essentiellem Tremor bei ausgeschalteter Stimulation stark vorhanden sein können. Als Sprachmaterial wurden orale DDK-Aufgaben verwendet, bei denen die Patienten schnelle Silbenwiederholungen von Plosiv-Vokal-Sequenzen auf einem egressiven Atemzug produzieren sollten. Wie bei Pützer u. a. (2007) wurden stimmlose Plosive mit stimmhaften Vokalen alterniert, um die Koordination des glottal-oralen Systems innerhalb der Silbenzyklen zu testen. Hinzu kommt eine Variation der Artikulationsstelle zur Alternierung der Beteiligung von Mundlippen, Zungenspitze und -rücken als primäre Konstriktoren zwischen den Sprachaufgaben in /papapa/, /tatata/ und /kakaka/. Es sei jedoch angemerkt, dass DDK-Aufgaben nicht direkt mit natürlicher Satzproduktion verglichen werden können, da dich die Patienten bei DDK an eine neue motorische Aufgabe, die schnelle Silbenwiederholung, adaptieren müssen (Staiger u. a. 2017).

Die artikulographische Aufnahmen der Patienten bestanden jeweils aus zwei aufeinanderfolgenden Sessions, einmal mit eingeschalteter (DBS-ON) und einmal mit ausgeschalteter Stimulation (DBS-OFF) in randomisierter Form. Zwischen dem Ein- bzw. Ausschalten der Stimulation und dem Beginn der zweiten Session wurde 20 Minuten gewartet, damit der Patient sich an den jeweiligen Zustand gewöhnen konnte. Die ganze Zeit, also vom Beginn der ersten Session bis zum Ende der zweiten Session, blieben die Sensoren an den Artikulatoren befestigt, um eine Vergleichbarkeit der Daten zu gewährleisten.

Die aufgezeichneten artikulographischen Positionsdaten wurden auf ein zweidimensionales kartesisches Koordinatensystem abgebildet (vgl. Hoole 1999), aus dem wiederum die Artikulationsbewegungen des Sprechers auf mittsagittaler Ebene ableitbar sind. Die Daten wurden bei der Aufnahme mit 1250 Hz gesampelt und bei der Datenaufbereitung dann zwecks Glättung auf 250 Hz downgesampelt sowie mit einem 40Hz Tiefpassfilter gefiltert, vgl. auch Mücke, Becker u. a. (2014). Abbildung 4.10 veranschaulicht die Bewegungstrajektorien für die Unterlippe bei der Produktion von /papapa/ eines Sprechers. Es handelt sich bei der gestrichelten Kontur um zehn Silbenwiederholungen von /pa/ im DBS-OFF Zustand (Stimulation ist ausgeschaltet) und bei der schwarzen Kontur zehn Silbenwiederholungen im DBS-ON Zustand (Stimulation ist angeschaltet). Auf der x-Achse ist die Zeit in ms und auf der y-Achse die Bewegungsauslenkung (displacement) aufgetragen. Große Werte auf der y-Achse indizieren, dass die Lippen während des Plosives /p/ verschlossen sind, niedrige Werte indizieren eine Öffnung der Lippen während der Vokalproduktion.

/papapa/ - ET Patient mit Tiefen Hirnstimulation ON/OFF

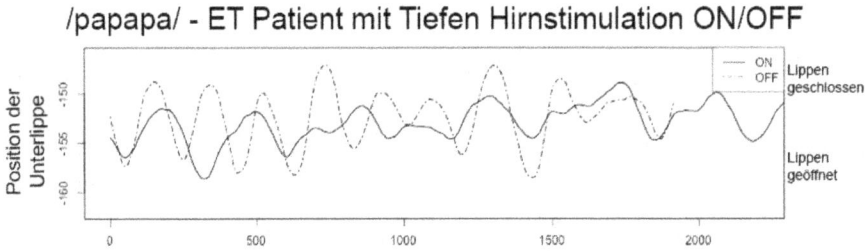

Abbildung 4.10: Bewegungstrajektorien der Unterlippe während der Produktion von /papapa/ Silben im DBS-OFF (gestrichelte Linien) und DBS-ON Zustand (schwarze Linien) eines ET Patienten mit Tiefer Hirnstimulation.

Die hier gezeigten Bewegungsabläufe veranschaulichen, dass die Silbenzyklen sowohl im DBS-OFF, als auch im DBS-ON unregelmäßig verlaufen, d. h. hier findet sich vermutlich ein erster Hinweis auf eine durch die zerebellare Dysfunktion induzierte Dysarthrie. Die Bewegungsabläufe verschlechtern sich jedoch deutlich unter der Stimulation. Im DBS-ON Zustand haben die Silbenzyklen längere Dauern und kleinere Amplituden (Displacements) und teilweise sind die Silbenzyklen sind nicht mehr klar voneinander zu trennen. Um die Störung in der Silbenwiederholung zu verdeutlichen, zeigt Abbildung 4.11 zehn schnelle Silbenwiederholungen von /papapa/ eines gesunden Sprechers, der in demselben Alter wie der Patient ist. Die Silbenwiederholungen sind nicht nur deutlich schneller, sondern auch deutlich regelmäßiger in der räumlichen und zeitlichen Ausführung.

/papapa/ - Kontrollsprecher

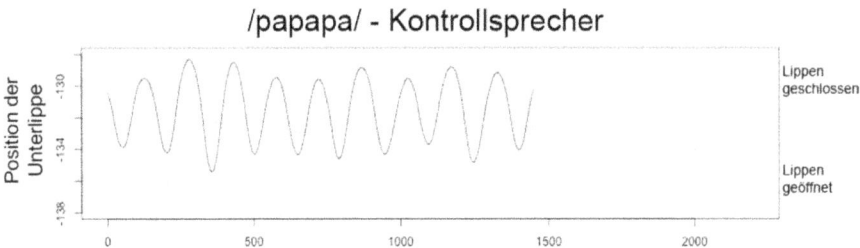

Abbildung 4.11: Bewegungstrajektorien der Unterlippe während der Produktion von /papapa/ eines gesunden Kontrollsprechers.

Es sei jedoch angemerkt, dass nicht alle Patienten eine so starke Störung der Artikulation aufweisen, wie oben in der Abbildung dargestellt. Die Beeinträchtigung der Lippen und Zungenbewegungen variiert zwischen den Sprechern. Im

Folgenden soll anhand eines Fallbeispiels gezeigt werden, wie die Artikulationsbewegungen parametrisiert werden können. Es handelt sich um einen 73jährigen
ET Patienten mit VIM-DBS, der mehrere Monate vor der Aufnahme eine bilate-
rale VIM-DBS-Stimulation erhalten hatte, d. h. es wurden ihm zwei Elektroden
implantiert. Er zeigte zum Zeitpunkt der Aufnahme bereits zusätzliche zerebellare Dysfunktionen, die häufig mit Essentiellem Tremor einhergehen. Der Sprecher
ist Muttersprachler des Deutschen mit westfälischem Regiolekt.

Zunächst werden die konsonantischen Verschlussgesten für /p/, /t/ und /k/ in
den /papapa/, /tatata/, /kakaka/ Sequenzen annotiert. Die Lippengeste bezeichnet
die Bewegung der Unterlippe von der maximalen Öffnung des vorangehenden
Vokals bis zum maximalen Verschluss im initialen Konsonanten. Start- und Zielpunkt (Onset und Target) der Lippenbewegung sind anhand von Nulldurchgängen der Geschwindigkeitskurve (erste Ableitung der Positionskurve) bestimmbar. Beim Start und beim Ziel des Aktivierungsintervalls für die Öffnungsgeste
beträgt die Geschwindigkeit der Lippenbewegung Null. Eine weitere Landmarke
ist die Maximalgeschwindigkeit der Verschlussgeste (peak velocity, pVel). Diese
ist anhand der Beschleunigungskurve (zweite Ableitung der Positionskurve) bestimmbar. Ist die Maximalgeschwindigkeit der Bewegung erreicht, beträgt deren
Beschleunigung Null. Abbildung 4.12 zeigt ein Annotationsschema für die konsonantische Verschlussgeste mit Bestimmung von Onset, Maximalgeschwindigkeit
und Target des Verschlusses.

Basierend auf den Landmarken Onset, pVel und Target werden die folgenden
vicr Messvariablen bestimmt, um die zeitlichen und räumlichen Eigenschaften
der Öffnungsgeste zu erfassen, vgl. Kapitel 4.1.

(a) Die Dauer der Verschlussgeste vom Onset bis zum Target der Bewegung, in
    ms.

(b) Die Amplitude (maximale Auslenkung, auch Displacement) der Verschluss-
    geste vom Onset bis zum Target der Bewegung, in mm.

(c) Das Maximalgeschwindigkeit (pVel) der Verschlussgeste, in mm/s.

(d) Die Steifheit

$$\left(\frac{pVel}{Displacement} \right)$$

der Verschlussgeste als Verhältnis zwischen Maximalgeschwindigkeit und
Amplitude (nach Munhall u. a. 1985).

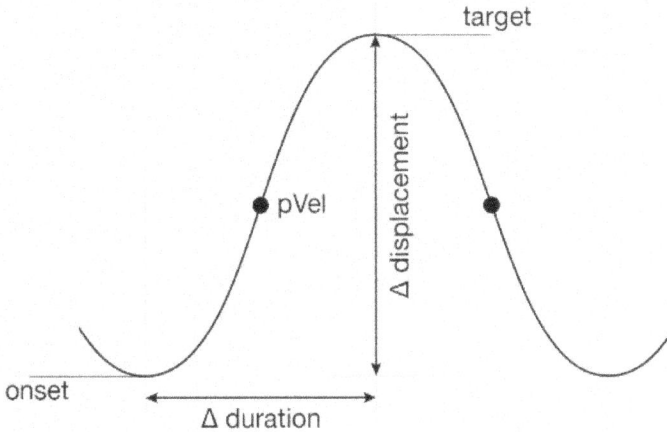

Abbildung 4.12: Annotationsschema für die konsonantische Verschlussgeste mit Bestimmung von Onset, Maximalgeschwindigkeit und Target des Verschlusses.

Die Ergebnisse sind in Tabelle 4.1 in Form von Mittelwerten und zugehörigen Standardabweichungen dargestellt. Die Abbildungen 4.13 (a-d) zeigen die entsprechenden Balkendiagramme für die einzelnen Messungen (a) Dauer der Geste, (b) Amplitude, (c) Maximalgeschwindigkeit und (d) Steifheit, separat nach DBS-OFF (ausgeschalteter Stimulation) und DBS-ON Kondition (eingeschaltete Stimulation). Da es sich nur um einen Sprecher mit relativ wenigen Datenpunkten handelt, wird hier eine rein deskriptive Statistik verwendet.

Es zeigt sich, dass die Dauer der Verschlussgeste unter Stimulation deutlich zunimmt. Für bilabiale Plosive /p/ verlängern sich die Dauern um 76 ms, für alveolare Plosive /t/ um 71 ms und für velare Plosive /k/ um 59 ms. Gleichzeitig verringert sich die Steifheit (die relative Geschwindigkeit) für alle drei Artikulationsstellen. Sie sinkt für /p/ um 6,5, für /t/ um 6 und für /k/ um 5,1 ab. Die Gründe hierfür sind jedoch in den labialen und lingualen Subsystemen unterschiedlich. So verhalten sich beispielsweise /p/ und /t/ gegenläufig: Bei /p/ verringert sich die Amplitude (Displacement) leicht, d. h. die Unterlippe legt tendenziell einen kürzeren Weg von durchschnittlich 1 mm unter Stimulation zurück (da es sich nur um die Trajektorie der Unterlippe handelt, kann nicht geklärt werden, ob die Oberlippe kompensiert). Dagegen sinkt aber die Maximalgeschwindigkeit der Unterlippe um 51 mm/sec dramatisch ab. Dadurch, dass die Maximalgeschwindigkeit nichtproportional zur Amplitude (Displacement) abnimmt, sinkt die mit

Tabelle 4.1: Mittelwerte und zugehörige Standardabweichungen (in Klammern) für die Messungen (a) Dauer der Geste, (b) Amplitude, (c) Maximalgeschwindigkeit und (d) Steifheit, getrennt nach DBS-OFF und DBS-ON (1 Sprecher).

	DBS	/pa/	/ta/	/ka/
Dauer (*ms*)	OFF	97 (5,9)	103 (14,9)	115 (40,5)
	ON	173 (28,6)	174 (19,3)	174 (36,5)
Amplitude (*mm*)	OFF	7 (1,7)	4 (1,0)	4 (1,3)
	ON	6 (1,5)	6 (1,4)	5 (2,0)
Max. Geschwindigkeit (*mm/s*)	OFF	117 (29,0)	72 (22,8)	64 (17,3)
	ON	66 (22,3)	75 (15,6)	55 (26,7)
Stiffness	OFF	17,3 (1,3)	19,3 (2,4)	15,9 (2,2)
	ON	10,8 (2,1)	13,3 (3,4)	10,8 (2,8)

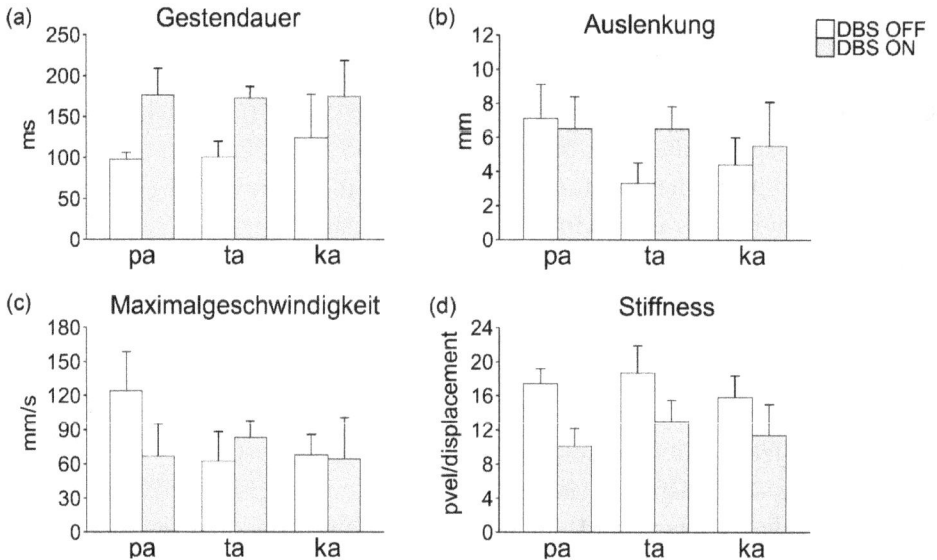

Abbildung 4.13: Mittelwerte und zugehörige Standardabweichungen in Klammern für die Messungen (a) Dauer der Geste, (b) Displacement, (c) Maximalgeschwindigkeit und (d) Steifheit, getrennt nach DBS-OFF und DBS-ON (1 Sprecher).

der Eigenfrequenz der Bewegung assoziierte Steifheit. Der Weg ist relativ zur erreichten Maximalgeschwindigkeit größer geworden, und es braucht eine längere Zeit, um das Ziel zu erreichen.

Bei der Zungenspitzenbewegung in /t/ findet sich ein nicht-proportionaler Anstieg von Amplitude (Displacement) relativ zur Maximalgeschwindigkeit im DBS-ON; der Weg, den die Zungenspitze vom Verschlussbeginn bis zum Ziel zurücklegt ist im DBS-ON durchschnittlich 2 mm länger, aber die Bewegung in ihrer Maximalgeschwindigkeit nur 3 mm/sec schneller. Auch dieses Verhältnis führt zu einer Absenkung der Steifheit, denn die Maximalgeschwindigkeit hat nicht genügend zugenommen, um das weiter entfernte Ziel in gleicher Zeit zu erreichen und somit dauert die gesamte Bewegungsausführung länger im DBS-ON als im DBS-OFF. Beim Zungenrücken in /k/ nimmt die Amplitude (Displacement) um 1 mm zu und die Geschwindigkeit um 9 mm/sec ab. Auch hier sinkt die Steifheit und mit ihr steigt die Gesamtdauer der Bewegungsauslenkung, denn der Weg ist nicht nur weiter, sondern auch die Maximalgeschwindigkeit geringer geworden.

Wir haben es hier vermutlich mit multiplen Parametermodifikationen zu tun, die sich innerhalb der artikulatorischen Subsysteme unterschiedlich ausdrücken. Wenngleich Gesamtdauern der konsonantischen Verschlussgesten stets zunehmen und die damit verbundene Steifheit abnimmt, zeigen sich doch deutliche Unterschiede. So werden nicht alle Bewegungseinheiten in ihrem Aufwand reduziert. Vielmehr vergrößern sich teilweise Amplituden und Maximalgeschwindigkeiten im lingualen System, was zunächst mit einem größeren Artikulationsaufwand verbunden ist und vermutlich einer größeren Öffnung des Vokaltraktes während der transvokalischen Öffnung geschuldet ist (die transvokalische Öffnung des vorangehenden Vokals ist ja der Ausgangspunkt des nun folgenden konsonantischen Verschlusses). Dennoch steigt die Präzision in der Konsonantenproduktion nicht an, und es kommt zur Friktion auf akustischer Oberfläche während der intendierten stummen Phase in /p/, /t/ und /k/. Vermutlich liegt die Ursache darin, dass schnelle Silbenwiederholungen (orale Diadochokinese) keine natürliche Sprache darstellen. Es handelt sich vielmehr um neuartige Bewegungsaufgaben, an deren sprechmotorische Anforderungen sich der Sprecher erst adaptieren muss (Ziegler 2002). Diese Adaption gelingt den Patienten nur bedingt und es kommt insbesondere unter Stimulation zu einer unökonomischen Ausführung der sprechmotorischen Aufgabe mit erhöhtem Artikulationsaufwand bei gleichzeitig abnehmender Präzision.

4.3 π-Geste als „artikulationsloser" Parameter

Neben Konstriktionsgesten, die linguistisch relevante Verschlüsse innerhalb des Sprechtrakts für die Produktion von Konsonanten und Vokalen festlegen, gibt es auch „artikulationslose" Gesten. Diese artikulationslosen Gesten werden beispielsweise verwendet, um Effekte der prosodischen Struktur auf die textuelle Schicht abbilden zu können. Der Aufbau der prosodischen Struktur wird in Kapitel 5 genauer dargelegt. Es sei hier aber bereits angemerkt, dass bei einer solchen Struktur u.a. Grenzen zwischen linguistischen Konstituenten wie Silbe, Wort oder Phrase angenommen werden. Diese Grenzen sind unterschiedlich stark. Während zwischen zwei Silben innerhalb eines Wortes eine kleine Grenze besteht, wird zwischen zwei Phrasen eine große Grenze angenommen. Solche Grenzen haben einen Einfluss auf die temporalen Eigenschaften von Konstriktionsgesten und werden mit Hilfe von prosodischen Gesten (π-Geste) modelliert (Saltzman & Byrd 1999; Byrd u. a. 2000; Byrd & Saltzman 2003; Byrd 2003).

Die π-Geste ist eine artikulationslose Geste ohne eigene Traktvariable (Byrd & Saltzman 2003; Byrd 2003). Sie hat ähnlich wie Konstriktionsgesten ein intrinsisch definiertes Aktivierungsintervall und kann mit Konstriktionsgesten aller Art – darunter auch Intonationsgesten – überlappen. Sie markiert die prosodischen Grenzen, an denen sie implementiert ist. Dabei bewirkt die Verlangsamung der Taktung einer Äußerung (clock slowing), dass die lokalen Ausführungsgeschwindigkeiten von Konstriktionen vor einer Grenze verlangsamt und nach einer Grenze wieder beschleunigt werden. Dabei kann sie nur solche Konstriktionen modifizieren, die in ihr Aktivierungsintervall fallen, d. h. mit denen sie überlappt.

Abbildung 4.14 gibt ein Beispiel für die Modifikation einer $C_1 \# C_2$ Sequenz durch die π-Geste. Es handelt sich um das Beispiel /m#z/ in der deutschen Äußerung „Es wurde warm. Sonne schien durchs Fenster." Während dem Konstriktionslevel konkrete Traktvariablen (LA = Lip Aperture; TT = Tongue Tip) zur Ausführung der Bewegungsaufgaben zugeordnet sind, bleibt die π-Geste artikulationslos. Ihr Einfluss auf den Konstriktionslevel ist während ihrer maximalen Aktivierung an der Grenze am stärksten. In der abgebildeten Gestenpartitur beeinflusst sie am stärksten die Lösung von C_1 und die Verschlussbildung von C_2.

Wie stark ist der Einfluss der π-Geste an der jeweiligen Grenze? Das hängt von der maximalen Auslenkung der π-Geste ab. Diese Auslenkung kann nach dem Modell aus der Stärke der prosodischen Grenze abgeleitet werden und möglicherweise damit auch die Domänengröße der π-Geste.

The π-gesture's maximum level of activation is determined by the prosodic boundary strength (boundary strength could, for example, be viewed as the number of aligned domain edges). (Byrd & Saltzman 2003: 160)

Es werden nicht mehrere π-Gesten für die Erhöhung der Stärke übereinander gelagert, sondern nur eine π-Geste pro Grenze verwendet. Im Falle einer Pause zwischen zwei Phrasen werden zwei aufeinanderfolgende π-Gesten benötigt, um sowohl die Finalität der ersten Grenze als auch den Beginn der nachfolgenden Grenze über die Pause hinweg modellieren zu können. Die π-Geste kann für eine konkrete Modellierung in Form, Stärke und Alignierung modifiziert werden.

Die π-Geste beeinflusst den Takt einer Äußerung und bewirkt damit per Definition ausschließlich *temporale* Veränderungen im Sinne von längeren Gesten. Folglich überlappen Konstriktionsbewegungen weniger und werden somit nicht trunkiert. Spatiale Modifikationen jeglicher Art entstehen also indirekt aus den temporalen Modifikationen, hier dem geringeren Überlappungsgrad zwischen Gesten.

Byrd & Saltzman (2003: 161–163) machen die folgenden Annahmen für die Implementierung der π-Geste und deren Effekte auf koaktive Konstriktionsgesten:

π-Geste (1): Konstriktionsgesten aller Art werden verlangsamt, wenn sie während des Zeitraums der Aktivierung der π-Geste durch Überlappung aktiv sind.

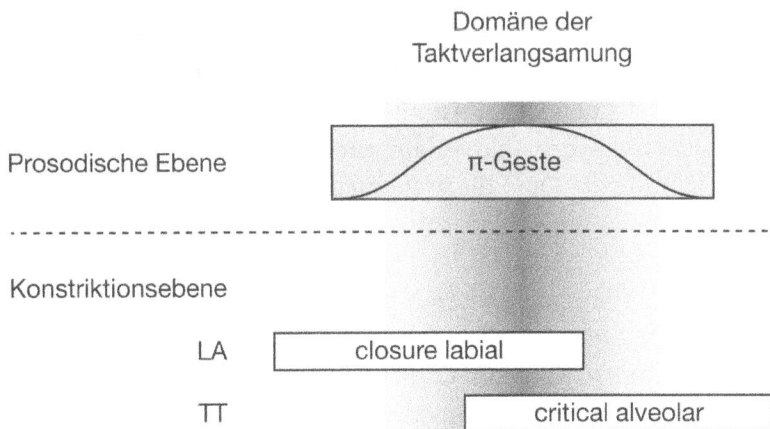

Abbildung 4.14: Schematische Abbildung für den Einfluss der π-Geste auf Konstriktionsgesten vor und nach einer Grenze $C_1'\#C_2'$, adaptiert von Byrd & Saltzman (2003: 160)).

π-Geste (2): Der Grad der Verlangsamung ist am höchsten, wenn die π-Geste ihre maximale Aktivierung an der prosodischen Grenze erreicht hat.

π-Geste (3): Effekte sind auf die Konstriktionsgesten beschränkt, die sich nahe einer prosodischen Grenze finden.

π-Geste (4): Die π-Geste hat prinzipiell dieselben dynamischen Effekte auf die Konstriktionsgesten der linken und rechten Seite einer prosodischen Domäne. Je nach konkreter Koordination der π-Geste mit den Konstriktionsgesten können sich aber die Stärke des Effekts und die kinematischen Charakteristika unterscheiden.

Da die Ebene des Taktgebers und die der Konstriktionsgesten miteinander bidirektional gekoppelt sind, handelt es sich bei den zeitlichen Modifikationen nicht um Effekte einer externen globalen Taktung. Vielmehr handelt es sich um ein intrinsisch basiertes Modell, bei dem die prosodische Ebene als Einflussnehmer auf die lokale Taktfrequenz und die Ebene der Konstriktionsgesten mit intrinsischen Dauerverhältnissen ein einziges dynamisches Kollektiv höherer Ordnung bilden (Byrd & Saltzman 2003: 156). Die Verlangsamung des Äußerungstakts (clock slowing) ist nach diesem Modell nicht durch ein unidirektionales Herabsetzen der Steifheit von Konstriktionsgesten innerhalb einer Domäne oder durch die Implementierung eines prosodisch gesteuerten Fensters im Sinne eines Zeitlupeneffekts determiniert, sondern vielmehr multidirektionaler Art.

Die genaue Domäne der π-Geste ist jedoch unklar. Sie kann in ihrer Ausdehnung stark variieren (Byrd u. a. 2006). Cho (2006: 543–544) zeigt auf, dass auch Vokale vor und nach einer Grenze modifiziert werden können. In einer $C_1V_1\#$ C_2V_2-Sequenz können beispielsweise alle konsonantischen und vokalischen Gesten dieser Sequenz von der Taktverlangsamung betroffen sein (vgl. Kapitel 5). Des Weiteren stellt Cho (2006) die Frage nach spatialen Modifikationen, die im π-Gestenmodell nur aus einer Reduktion des Überlappungsgrades ableitbar sind. Diese spatialen Modifikationen finden aber regelhaft statt und werden möglicherweise im Zusammenhang mit weiteren prosodischen Strukturen auch direkt angesteuert.

Kim & Nam (2010) und Kim (2011) haben die π-Geste adaptiert und erstmals auf lexikalische Wortbetonung angewendet. Sie haben Onset-Nukleus-Relationen im argentinischen und peruanischen Spanisch untersucht. In unbetonten Silben sind die Dauerverhältnisse in CV-Silben vergleichbar, während systematische Unterschiede in betonten CV-Silben auftreten. Unter Wortbetonung sind auf artikulatorischer Ebene die Konstriktionsbewegungen für C im peruanischen im Vergleich zum Vokal von längerer Ausführungsdauer als im argentinischen Spanisch. Auf akustischer Oberfläche führt das zu unterschiedlichen Segmentdauern: $C_1 > C_2$ und $V_1 < V_2$ (vergleiche Abbildung 4.15).

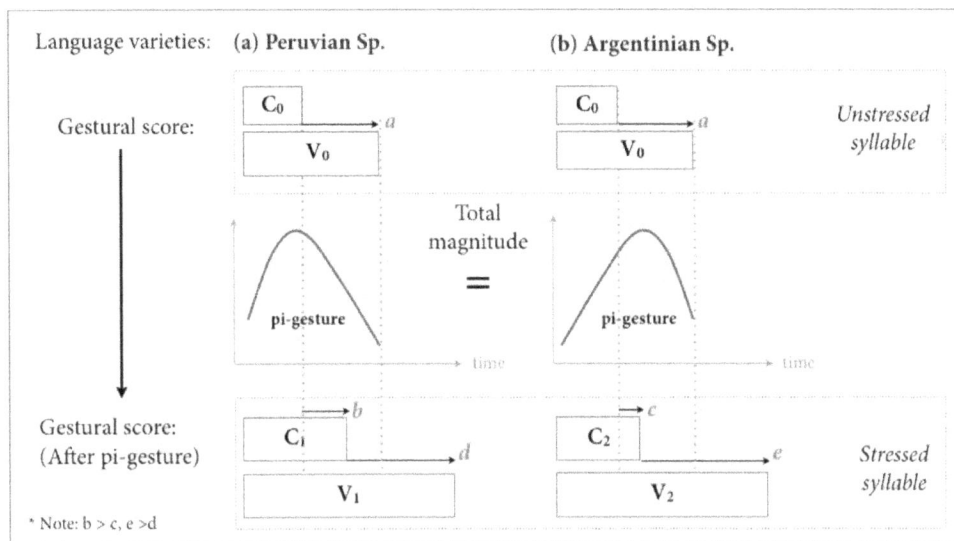

Abbildung 4.15: Einfluss der π-Geste auf die Onset-Nukleus-Relation im peruanischen und argentinischen Spanisch; computergestützte Simulation in der artikulatorischen Synthese TADA (Task Dynamics Application) aus Kim (2011: 151).

Diese systematischen Unterschiede können mit Hilfe der π-Geste modelliert werden, die in lexikalisch betonten Silben mit den oralen Konstriktionsgesten gekoppelt wird. Die π-Geste hat dabei unterschiedliche Formen: Im peruanischen Spanisch ist der Anstieg der π-Geste schneller (höhere Steifheit). Der maximale Level der Aktivierung ist noch während des Konsonanten erreicht und bewirkt eine temporale Dehnung des Konsonanten (die Effekte der π-Geste auf die Verlangsamung des Taktes ist während ihrer maximalen Aktivierung am stärksten). Im argentinischen Spanisch hingegen steigt die π-Geste weniger steil an (weniger steif), sodass ihre maximale Aktivierung auf den Vokal und nicht auf den vorangehenden Konsonanten fällt.

Auch Bombien u. a. (2010) vermuten, dass die π-Geste auf durch prominenzinduzierte Effekte der prosodischen Stärke angewendet werden könnte (vgl. Kapitel 5). In einer EPG-Studie zu wortinitialen C_1C_2-Sequenzen im Deutschen zeigen sie, dass C_1 stärker durch die Grenze und C_2 stärker durch die Wortbetonung gelängt werden (die Effekte der Wortbetonung waren in ihren Daten schwächer und weniger konsistent als die der Position). Sie zeigen aber auch, dass die segmentale Komposition der Clustersequenz bereits einen starken Einfluss auf die Koordination zwischen Gesten haben. So überlappen unabhängig von der prosodischen Struktur die konsonantischen Plateaus in /kl/-Sequenzen stärker als /kn/-Sequenzen. Ein Vergleich von prosodischer Stärke darf demnach nicht zwischen unterschiedlichen Clustertypen durchgeführt werden.

5 Prosodische Analyse

Um die Wechselwirkung zwischen Artikulation und prosodischer Struktur zu verstehen, wird in diesem Kapitel eine Einführung in die Grundlagen der prosodischen Stärkung mit den entsprechenden Definitionen gegeben. Die Enkodierung der prosodischen Struktur geschieht auf verschiedenen Ebenen. Dabei besteht in vielen Sprachen, und hier vor allem in westgermanischen Sprachen, eine enge Verflechtung u.a. zwischen der Markierung von Akzent bzw. Tonakzent auf Äußerungsebene (accent), Wortakzent auf lexikalischer Ebene (stress) und Phrasengrenzen (boundary). Tonakzent und Wortakzent bestimmen die Prominenz (prominence) und Phrasengrenzen die Position (position) einer Konstituente in einer Phrase.

Die Unterscheidungen von Prominenz und Position basieren auf der Auffassung des Autosegmental-Metrischen-Modells, dass sich kleinere prosodische Konstituenten, wie die Silbe oder Wörter, in größere übergeordnete Einheiten wie die Intonationsphrase gruppieren (vgl. Übersicht in Shattuck-Hufnagel & Turk 1996; Beckman 1996; Gussenhoven 2004; Keating u. a. 2004), denen tonale Ereignisse (Tonakzente, Grenztöne) zugewiesen werden. Gemeinsam ergeben sie die prosodische Struktur einer bestimmten Sprache.

Der genaue Aufbau einer prosodischen Hierarchie ist nicht nur sprach- sondern auch theoriespezifisch, insbesondere die Annahmen von Konstituenten auf Höhe eines intermediären, unterhalb der Intonationsphrase befindlichen Levels. Grice (2006) skizziert eine vereinfachte (theorie- und sprachübergreifende) prosodische Hierarchie, vgl. Abbildung 5.1, und beschreibt den Aufbau dieser Hierarchie wie folgt:

- Eine Äußerung (U; Utterance) setzt sich aus mindestens einer Intonationsphrase (IP; Intonational Phrase) zusammen.

- Eine IP setzt sich aus mindestens einer kleinen Phrase zusammen (XP; Smaller Phrase).

- Eine XP setzt sich aus mindestens einem phonologischen Wort (W; Word) zusammen.

- Ein phonologisches Wort setzt sich aus mindestens einer Silbe (s; Syllable) zusammen.

Es sei hier kurz angemerkt, dass auf die kleine Phrase in dem Schema nach Grice (2006) mit XP verwiesen wird, weil dieser Level unterschiedliche Strukturen zeigen kann, die beispielsweise einer Phonologischen Phrase, Intermediärphrase oder Akzentphrase entsprechen.

Abbildung 5.2 zeigt ein Beispiel für eine Oberflächenrepräsentation der englischen Äußerung <Too many cooks spoil the broth> aus Gussenhoven (2004). Gussenhoven nimmt an, dass sich die Äußerung in zwei Intonationsphrasen aufteilt. In seiner Analyse bekommt jede Intonationsphrase initiale und finale Grenztöne zur Markierung der Grenzen zugewiesen, sowie Akzenttöne zur Markierung von prosodischen Köpfen in der Intonationsphrase.

Die prosodische Struktur wird nicht nur auf tonaler Ebene durch suprasegmentale Merkmale wie die Grundfrequenz, sondern auch auf nicht-tonaler Ebene durch Modifikationen des supralaryngalen Systems markiert. Die Enkodierung durch das supralaryngale System wird als prosodische Stärkung bezeichnet (prosodic strengthening) und ist von Cho (2006) wie folgt definiert:

(...) robust phonetic phenomena in the vicinity of prosodic boundaries have led to a growing awareness that it is no longer fruitful to describe the

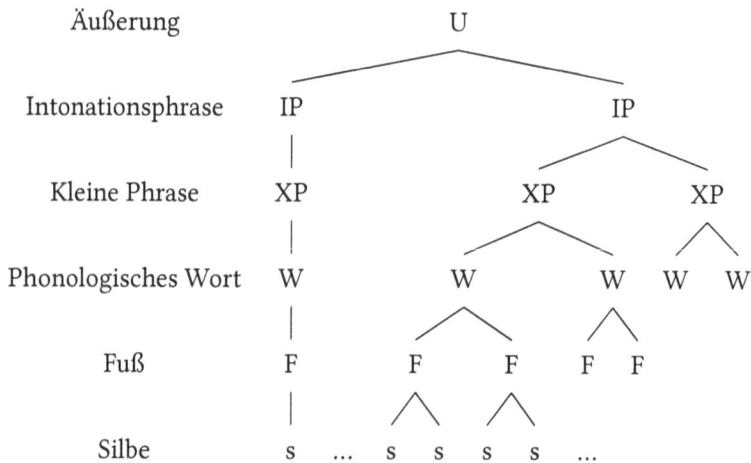

Abbildung 5.1: Vereinfachte prosodische Hierarchie (nach Grice 2006: 779).

sound properties of a language without adequately taking into account the interface between prosodic structure and phonetics. Accordingly, the focus of recent laboratory work has been on more diverse prosodic locations, including domain-initial and -final positions, as well as manifestation of prosodic structure in articulatory variation, as well as stressed (pitch-accented) syllables (de Jong1991, 1995, Cho2002). These three positions have been shown to give rise to some type of strengthening of articulatory properties of features or gestures (also known as prosodic strengthening), which is taken to be an articulatory signature of prosodic structure (vgl. Cho 2006: 520–521).

Die prosodische Stärkung umfasst die Beschreibung temporaler und spatialer Modifikationen in der Artikulation. Eine Teilstrategie ist die prosodische Längung (prosodic lengthening), die ausschließlich temporale Modifikationen berücksichtigt (meist an Grenzen; bei Akzenten auch als accentual lengthening bezeichnet). Darüber hinaus hat die prosodische Stärkung eine phonologische

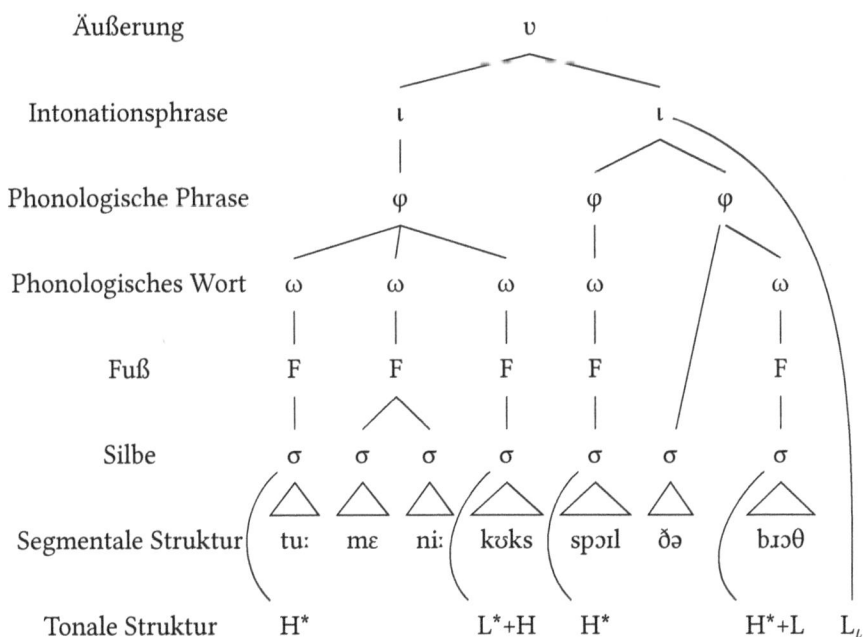

Abbildung 5.2: Oberflächenrepräsentation der englischen Äußerung <Too many cooks spoil the broth> (nach Gussenhoven 2004: 124).

Basis und bezieht sich in ihrem Wirkungsbereich überwiegend auf die Stärkung von Merkmalen (feature enhancement, Cho 2005: 3867 und Cho 2006: 521) oder gesturalen Deskriptoren in prosodisch starken Positionen.

Prosodische Stärkung dient der Kontrastbildung auf syntagmatischer (Enkodierung prosodischer Struktur) und paradigmatischer Achse (Enkodierung lexikalischer Kontraste in kommunikativ „wichtigen" Positionen, die fokussierte und/oder neue Informationen enthalten). Für die Stärkung werden auf Ebene der Artikulation Eigenschaften von Merkmalen und Gesten in Abhängigkeit des phonologischen Systems räumlich oder zeitlich modifiziert, wenn auch in unterschiedlichem Ausmaß (Cho (2005: 3867), Cho & McQueen (2005) und Cho (2006: 521)). Es werden beispielsweise bei Vokalen nicht alle Ortsmerkmale verstärkt. So findet sich bei de Jong u. a. (1993), Harrington u. a. (2000) und Cho (2005) für Akzentmarkierung bei kontrastivem Fokus im Englischen für geschlossene Vokale eine Stärkung des Ortsmerkmals [±hinten], aber nicht von [+hoch]. Auch bei Konsonanten, z. B. bei Plosiven, können die verstärkten Parameter variieren. So zeigen sich systematische, durch die Phonologie abgeleitete kinematische Muster für die Markierung stimmloser Plosive [±spread glottis] durch Variationen der VOT (Voice Onset Time, Stimmeinsatzzeit) an prosodisch starken Grenzen im Englischen und Niederländischen (Cho & McQueen 2005). Im Englischen vergrößert sich die VOT [+spread glottis] an prosodisch starken Positionen, während sie sich im Niederländischen verringert [-spread glottis]. Kuzla & Ernestus (2007) zeigen jedoch, dass es Unterschiede zwischen den Sprachen in der Enkodierung der prosodischen Struktur durch die Hervorhebung konsonantischer Merkmale gibt. In einer Studie zu Plosiven im Deutschen führe die Stärkung der Verschlussdauer und nicht die der VOT zu konsistenten Mustern. Es sei hier kurz angemerkt, dass das Merkmal [±spread glottis] auch mit [±aspiriert] übersetzt werden kann, aber nicht mit dem Merkmal für Stimmbeteiligung [±stimmhaft] gleichzusetzen ist. So bezieht sich [±spread glottis] auf das Vorhandensein einer Aspirationsphase nach der Verschlusslösung (die Stimmlippen werden hierfür gespreizt) und nicht auf das prinzipielle Vorhandensein von Stimmhaftigkeit während des Verschlusses (vgl. Hall 2011).

Prosodische Stärkung kann jedoch nur dann realisiert werden, wenn es die Segmente zulassen. So gibt es Segmente, die koartikulatorisch resistent sind und keinen großen Spielraum für prosodische Modifikationen erlauben (coarticulatory resistance, vgl. Hardcastle & Hewlett 1999; Tabain 2001; Recasens & Espinosa 2009; Iskarous & Kavitskaya 2010). Bestimmte Segmente sind anfällig für kontextuell bedingte Variation, während andere Laute den Einfluss adjazenter Laute blocken. Insbesondere die Laute mit einem hohen Grad an koartikulatorischer

Resistenz verfügen meist auch über einen hohen Grad an koartikulatorischer Aggressivität (coarticulatory aggressiveness), d. h. sie beeinflussen die benachbarten Laute statt selbst beeinflusst zu werden.

Recasens & Espinosa (2009) haben gezeigt, dass für den Grad der koartikulatorischen Resistenz verschiedene artikulatorische Beschränkungen verantwortlich sind (articulatory constraints; DAC Model: degree of articulatory constraint). Dabei spielen Ort und Art der Konstriktion eine Rolle. So zeigen Recasens & Espinosa (2009) für Zungenbewegungen im Katalanischen, dass Palatalität und Friktion bei intervokalischen Konsonanten zu einem höheren Grad an koartikulatorischer Resistenz führen als beispielsweise Lateralität. Der Grad der koartikulatorischen Resistenz wird mit Hilfe des Grades der koartikulatorischen Überlappung zwischen zwei Gesten kinematisch ermittelt (coarticulatory overlap, vgl. Iskarous & Kavitskaya 2010). Um den Einfluss der prosodischen Struktur auf die supralaryngale Artikulation zu messen, muss demnach der Grad der koartikulatorischen Resistenz beachtet werden: ein offener Vokal /a/ wird in vergleichbarer prosodischer Position vermutlich mehr Variation als ein geschlossener Vokal /i/ zeigen.

Des Weiteren stellt für die Modellierung der unterschiedlichen prosodischen Faktoren die Erfassung der unterschiedlichen Domänengrößen der Modifikationen eine besondere Herausforderung dar. Diese ist für die prosodische Grenze eng definiert und wirkt sich nur auf die grenz-adjazente Kinematik aus (π-Geste, vgl. Kapitel 4.3). Bei der Akzentmarkierung hingegen scheint – vermutlich in Abhängigkeit der Fokusstruktur – die Domäne wesentlich größer und variabler zu sein. Cho & McQueen (2005) zeigen für das Niederländische auf, dass sie mehr als einen Fuß umfassen kann. Während die Grenzmarkierung durch Anwendung der π-Geste (prosodische Geste) gut abbildbar ist, ist die Modellierung von Akzenten und zugehöriger Fokusstruktur noch weitgehend ungelöst (vgl. Kapitel 6).

5.1 Akzentinduzierte Stärkung

In der Literatur wird die artikulatorische Markierung von Wortakzent und Tonakzent häufig nicht getrennt. Die Strategien sind vergleichbar, und zumeist sind es die lexikalisch starken Silben, die den Tonakzent tragen. Während der Wortakzent auf die artikulatorische Stärkung der lexikalisch starken Silbe und die Schwächung der lexikalisch schwachen Silbe begrenzt ist, kann sich der Tonakzent in seiner artikulatorischen Stärkung über mehrere starke und schwache Silben ausbreiten und mit dem Wortakzent auf intra-gesturaler und inter-gesturaler Ebene interagieren (vgl. Turk & Sawusch 1997; Turk & White 1999; de Jong 2004; Cho 2005; Cho & McQueen 2005; Cho 2006; Cho & Keating 2009).

5.1.1 Hyperartikulation und Sonoritätsexpansion

In dem H&H-Modell führt Lindblom (1990) das Konzept der Hyperartikulation ein und verweist auf den adaptiven Charakter gesprochener Sprache. Je nach Sprechstil und Einschätzung des Hörers durch den Sprecher nutzt der Sprecher ein Kontinuum von Hypo- zur Hyperartikulation (Liberman & Mattingly 1985; Farnetani & Recasens 2010). Der Sprecher bringt in Abhängigkeit des kommunikativen Nutzens ein unterschiedliches Maß an artikulatorischem Aufwand auf. Bei sehr sorgfältigem Sprechen ist der Aufwand hoch und die Sprache hyperartikuliert. Dabei nimmt der Grad an Überlappung zwischen den Gesten ab und das Maß an Koartikulation wird reduziert (Hyperartikulation). Bei verschliffenem Sprechen hingegen ist der Aufwand niedrig und die Sprache hypoartikuliert. Der Überlappungsgrad zwischen zwei Gesten nimmt zu, und somit treten mehr Reduktions- und Assimilationserscheinungen auf der akustischen Oberfläche auf (Hypoartikulation; vgl. auch de Jong u. a. 1993; Kröger 1998).

Während das physiologische Kontrollsystem aus Gründen der Artikulationsökonomie eine Minimierung des artikulatorischen Aufwandes anstrebt, kann dagegen die linguistische Struktur einen höheren Aufwand erfordern. Aus diesem Spannungsfeld entsteht eine enorme Spannweite an konkreten Realisierungsformen, die in Form von Parametermodifikationen im Rahmen eines Feder-Masse-Modells abbildbar sind (vgl. Kapitel 4). Verändert man die die Werte nur eines gestischen Parameters, so verändern sich die damit verbundenen zeitlichen und räumlichen Eigenschaften des artikulatorischen und akustischen Signals (vgl. Saltzman 1986; Saltzman & Kelso 1987; Saltzman & Munhall 1989; Browman & Goldstein 1989; 1992a). Entsprechende Parametermodifikationen wären beispielsweise Veränderungen im Target einer Geste (extremere oder präzisere Zielpositionen für Hyperartikulation), Steifheit (Verringerung der relativen Geschwindigkeit für Hyperartikulation), Reskalierung der Geste (Kombination aus extremerer Zielposition und Verringerung der Ausführungsgeschwindigkeit für Hyperartikulation) und Phasing (weniger Überlappung zwischen zwei Gesten für Hyperartikulation).

Die akzentinduzierte Stärkung verwendet – abgesehen von der Platzierung eines Tonakzents – unterschiedliche artikulatorische Strategien: die lokalisierte Hyperartikulation und die Sonoritätsexpansion. Hierzu gibt es unterschiedliche Studien, u.a. zu Vokalproduktion im Englischen (vgl. Beckman u. a. 1992; de Jong u. a. 1993; Harrington u. a. 2000; Erickson 2002; Cho 2005), Italienischen (Avesani u. a. 2007) und Französischen (Dohen u. a. 2006). Die lokalisierte Hyperartikulation nimmt primär Einfluss auf die Kontrastbildung der paradigmatischen Achse (Stärkung von Ortsmerkmalen). Die Sonoritätsexpansion hingegen agiert auf der syntagmatischen Achse, um beispielsweise den vokalischen Nukleus vom Silbenrand oder eine starke von einer schwachen Silbe abzugrenzen (Stärkung der intrinsischen Sonorität, vgl. de Jong u. a. 1993; Harrington u. a. 2000). Häufig wird die Hyperatikulation mit unterschiedlichen Zungenkonfigurationen (z. B. extreme Vokalpositionen) in Verbindung gebracht, während für die Sonoritätsexpansion die Lippenbewegungen untersucht werden (eine größere Lippenöffnung führt dazu, dass mehr Energie vom Mundraum abgestrahlt werden kann). Bei genauerer Betrachtung existiert jedoch keine klare Abgrenzung zwischen den Strategien. So betrifft erstens bei Labialen die Hyperartikulation auch direkt die Lippen. Zweitens wirkt die Hyperartikulation aufgrund ihres Wechsels mit Hypoartikulation auch auf der syntagmatischen Achse und kodiert somit prosodische Struktur wie die Hervorhebung des Kopfes einer prosodischen Phrase (Dohen u. a. 2006). Drittens kann Sonorität als ein weiteres distinktives Merkmal [+sonorant] aufgefasst werden, das hyperartikuliert wird (vgl. de Jong 1995; Harrington u. a. 2000; Cho 2005).

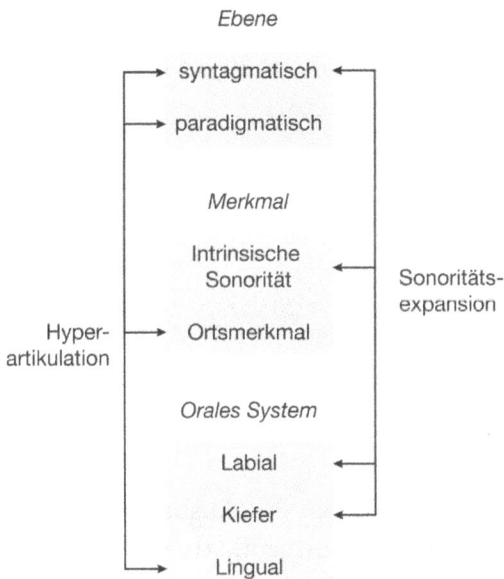

Abbildung 5.3: Schaubild über die Wirkungsfelder von Hyperartikulation und Sonoritätsexpansion.

Der Wechsel von Hyper- und Hypoartikulation kann jedoch nicht nur dem globalen Sprechstil zugeordnet werden, sondern auch lokal innerhalb einer Äußerung stattfinden. So markiert der Sprecher für den Hörer wichtige Information beispielsweise bei der Akzentuierung eines Wortes und verstärkt durch lokalisierte Hyperartikulation den lexikalischen Kontrast (de Jong u. a. 1993; de Jong 1995). Die lokalisierte Hyperartikulation wird im Folgenden am Beispiel der Produktion von offenen Vokalen im Tashlhiyt Berber verdeutlicht, eine Sprache, die im Süden von Marokko gesprochen wird. Das Besondere an dieser Sprache ist, dass es keine Restriktionen für den Silbennukleus gibt. Vielmehr können alle Konsonanten – und somit auch Obstruenten – silbische Funktion übernehmen (vgl. Dell & Elmedlaoui 1985; Ridouane 2008; Hermes u. a. 2011b). Dabei kommt es zu vokallosen Äußerungen, die beispielsweise nur aus Obstruenten bestehen können. Die folgenden Daten stammen aus einer Studie von Diercks (2011).

Diercks (2011) untersucht die Produktion von /a/ im Targetwort <inna> in akzentuierter und unakzentuierter Testbedingung. Insgesamt enthält die Studie 233 Tokens eines männlichen Sprechers, die einen offenen Vokal /a/ in akzentuierter und unakzentuierter Position der prosodischen Hierarchie enthalten. Das jeweilige Targetwort ist Bestandteil des Trägersatzes <Inna __bahra.>, vgl. Beispiel 1 und 2. In Abhängigkeit vom nachfolgenden Wort trägt <inna> einen Akzent oder ist unakzentuiert. Hat das Folgewort einen vokalischen bzw. sonorantischen Nukleus, so trägt <inna> bei der dargestellten Äußerungsstruktur keinen Akzent. Ist der Nukleus jedoch nicht-sonorantisch, so fällt der Akzent auf <inna> (vgl. die tonale Analyse von Grice u. a. 2011).

(1) Unakzentuierte Testbedingung:

    <Inna GZMT bahra.>

    (Er sagte oft: Zerreiße es.)

(2) Akzentuierte Testbedingung:

    <INNA tbdgt bahra.>

    (Er sagte oft: Du bist nass.)

Abbildung 5.4 zeigt Ergebnisse für die akustischen Messungen des Zielwortes <inna>. Es handelt sich um eine Formantkarte mit dem ersten und zweiten Formanten für den Vokal /a/ (in Hz). In akzentuierter Position zeigt sich für /a/ eine Anhebung des ersten Formanten (F1) um durchschnittlich 58 Hz (vgl. schwarz durchgezogene Ellipse). Eine solche Anhebung von F1 korreliert mit einem größeren Öffnungsgrad, d. h. der Vokal wird offener realisiert. Der zweite Formant (F2) hingegen verändert sich im Mittel kaum, d. h. der Vokal zeigt akustisch keine Rück- oder Vorverlagerung der Artikulationsstelle.

Abbildung 5.5 veranschaulicht die zugehörigen kinematischen Daten (elektomagnetische Artikulographie) für den Zungenrücken bei der Produktion des of-

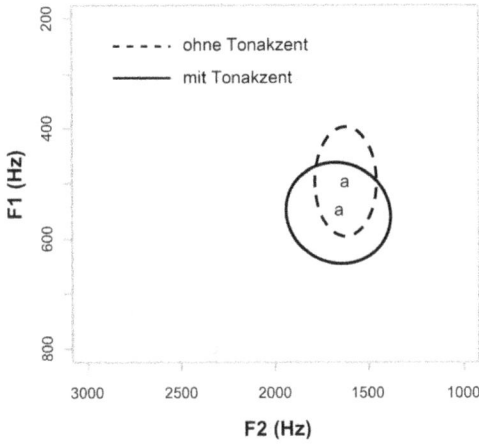

Abbildung 5.4: Formantkarte F1 und F2 (in Hz) für die Produktion von /a/ in <inna> in akzentuierter (durchgezogene Ellipse) und unakzentuierter (gestrichelte Elipse) Position in Tashliyt Berber (nach Diercks 2011).

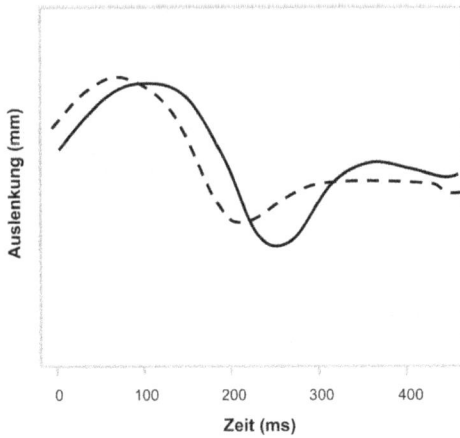

Abbildung 5.5: Gemittelte Trajektorien für den Zungenrücken in <inna>, vertikale Position. Bei hohen Werten ist der Zungenrücken angehoben, bei niedrigen Werten abgesenkt (nach Diercks 2011). Die gestrichelte Trajektorie bildet den Bewegungsverlauf des Zungenrückens in unakzentuierter Position ab, die durchgezogene Trajektorie in akzentuierter Postion.

fenen Vokals /a/. Es handelt sich um gemittelte Trajektorien, die die vertikale Bewegung des Zungenrückens vom /i/ zum /a/ in <inna> abbildet. Es zeigt sich, dass in akzentuierter Position (gestrichelte Trajektorie) der Zungenrücken weiter abgesenkt wird und eine größere Bewegungsauslenkung stattfindet. Der Vokal /a/ wird in prominenter Position offener realisiert.

Die dargestellten Modifikationen von /a/ stehen im Einklang mit der Strategie der lokalisierten Hyperartikulation. Fällt der Tonakzent auf <inna>, so wird die Spezifikation des Ortsmerkmals [+tief] von /a/ verstärkt. Der Vokal wird mehr in Richtung Peripherie des Vokalraums artikuliert, um den Kontrast zu anderen Vokalen, die potentiell im selben Kontext vorkommen könnten, zu vergrößern (Harrington u. a. 2000: 41). Die Stärkung des lexikalischen Kontrastes hilft dem Hörer, eine Silbe als Kopf einer Intonationsphrase zu interpretieren und ein wichtiges Wort wahrzunehmen (de Jong u. a. 1993: 210).

Die dargestellten Modifikationen für /a/ stehen aber auch im Einklang mit der Sonoritätsexpansion. So wird eine Stärkung des Öffnungsgrades der Zunge zumeist von einer größeren Kieferöffnung und einer größeren Öffnung zwischen den Lippen begleitet. Diese Strategie führt dann auch zu einer Erhöhung der abgestrahlten Schallfülle und somit zu einer Erhöhung der intrinsischen Sonorität (Sievers 1876) des jeweiligen Lautes (Beckman u. a. 1992). Durch Modifikationen des supralaryngalen Systems wird der Vokaltrakt stärker und länger geöffnet, um einen lauteren und besser hörbaren Vokal zu produzieren (Harrington u. a. 2000). Umgekehrt wird bei Konsonanten der Vokaltrakt stärker geschlossen, um Konsonanten von den nachfolgenden Vokalen abzuheben (Cho 2005); vgl. auch Vennemann (1988) zur konsonantischen Stärke als reziproke Skala zur Sonorität. Die größere Öffnung bei /a/ verstärkt also den Kontrast zwischen Vokal und vorhergehendem Konsonanten und somit deren beider Funktionen innerhalb der Silbe als Nukleus und Silbenrand. Außerdem verstärkt sie den Kontrast zwischen einer Akzentsilbe und den angrenzenden unakzentuierten Silben.

5.1.2 Hyperartikulation und Sonoritätsexpansion im Konflikt

Insbesondere bei geschlossenen Vokalen können Hyperartikulation und Sonoritätsexpansion konfligieren. So würde beim Vokal /i/ die Ortsspezifikation [+vorn] und [+hoch] eine Verengung des Sprechtraktes bedeuten, um den paradigmatischen Kontrast durch Hyperartikulation zu verstärken. Gleichzeitig würde die Stärkung der intrinsischen Sonorität des Nukleus /i/ zum Silbenrand eine stärkere Öffnung des Vokaltraktes bedeuten und antagonistisch zur Hyperartikulation wirken (Harrington u. a. 2000). Für die Frage nach dem Ausmaß der Realisierung der Strategien macht es also durchaus Sinn neben offenen Vokalen (kumulative

Effekte) auch geschlossene Vokale zu untersuchen (Konflikt der Strategien, Cho 2005).

de Jong u. a. (1993: 210) untersuchen die die Zungenkonfigurationen des geschlossenen Hinterzungenvokals /ʊ/ im Zielwort <put> für das Englische. Der Vokal /ʊ/ ist als [+hoch] und [+hinten] spezifiziert. Sie beziehen drei Testkonditionen für die Phrasenposition des Targetwortes in die Untersuchung mit ein: unakzentuiert, akzentuiert pränuklear und akzentuiert nuklear. Die Autoren finden eine systematische Rückverlagerung des Zungenrückens in akzentuierter versus unakzentuierter Position für die Hyperartikulation des vokalischen Merkmals [+hinten]. Aber auch innerhalb des Akzents gibt es graduelle Abstufungen. So ist die Rückverlagerung des Zungenkörpers stärker in nuklearer als in pränuklearer Position der prosodischen Hierarchie (Shattuck-Hufnagel & Turk 1996). Der Nukleus der Intonationsphrase würde somit am stärksten hyperartikuliert. Es findet demnach nicht nur eine Stärkung des lexikalischen Kontrastes statt, sondern auch auf der syntagmatischen Achse eine Enkodierung der Akzentstärken. In einer weiteren Studie untersucht de Jong (1995) Zungenpositionen und Kieferbewegungen, auch für /ʊ/ in <put>. Diesmal beschreibt er jedoch nur Nuklearakzent versus Hintergrund. Er findet in Nuklearakzenten (kontrastiver Fokus) eine Rückverlagerung des Zungenrückens für die Hyperartikulation von [+hinten] bei gleichzeitiger Maximierung der Kieferöffnung für die Expansion der Sonorität. An diesem Beispiel lässt sich noch ein weiterer Aspekt verdeutlichen. So werden geschlossene Vokale nicht mit einer Verstärkung des Merkmals [+hoch] realisiert, sondern mit einer Rückverlagerung des Zungenrückens [+hinten]. Das liegt vermutlich daran, dass es bei einer erhöhten Zungenposition zu einer geräuschverursachenden Engebildung käme und der Vokal zum Frikativ würde.

Harrington u. a. (2000) untersuchen offene und geschlossene Vokale /a/ und /i/ im Australischen Englisch. Sie testen die Stimuli <Dr. Barber> und <Dr. Beaber> in nuklear akzentuierter Position (kontrastiver Fokus) und in postnuklear deakzentuierter Position. Für /a/ zeigt sich in prominenter Position die erwartete stärkere Absenkung von Kiefer und Zungenrücken als kumulativer Effekt. Für den Vokal /i/ zeigen sich starke sprecherspezifische Variationen. Ein Sprecher konnte Hyperartikulation und Sonoritätsexpansion so vereinbaren, dass die jeweiligen Targets nacheinander erreicht wurden. Zunächst wurde für /i/ in kontrastivem Fokus der Kiefer für die Sonoritätsmarkierung stärker abgesenkt und dann die Zunge für die Hyperartikulation des Merkmals [+vorn] vorverlagert.

Die Beobachtungen von de Jong u. a. (1993) und Harrington u. a. (2000) zur Sonoritätsexpansion und Hyperartikulation von geschlossenen Vokalen werden von Cho (2005) für das Englische bestätigt. So wird /i/ weiter vorn, aber nicht weiter geschlossen realisiert. Er zieht das Fazit, dass durch akzentinduzierte Stärkung nur die Ortsmerkmale verstärkt werden, die nicht direkt mit der Sonoritätsexpansion konfligieren.

Bei der Untersuchung von kontrastivem Fokus im Französischen untersuchen Dohen u. a. (2006) Lippen- und Kieferbewegungen bei der Produktion gerundeter Vokale. Ihrer Studie nach ist die Lippenrundung (lip protrusion, Lippenvorstülpung) der stärkste hyperartikulierte Parameter, um fokale Positionen von prä- und postfokalen Positionen zu unterscheiden. Sie beschreiben die Verwendung zweier Strategien, die sprecherspezifisch sind: absolut und differentiell. Bei der absoluten Strategie ist nur die fokale Position hyperartikuliert, während die prä- und postfokale Position eine „neutrale" Artikulation zeigen. Bei der differentiellen Strategie ist die fokale Position hyperartikuliert und die postfokale Position hypoartikuliert. Bei genauerer Betrachtung kann dieses Phänomen auch als postfokale Kompression auf nicht-tonaler Ebene (vgl. auch Xu 2011 zur tonalen postfokalen Kompression) zur Markierung der prosodischen Struktur eingeordnet werden, die auf syntagmatischer Achse operiert.

5.2 Grenzinduzierte Stärkung

An prosodischen Grenzen wird die Artikulation vor (domäneninitial) und nach (domänenfinal) der Grenze verstärkt. Die Domäne der Grenzmarkierung ist in ihrer phonetischen Manifestation lokal an die Grenze selbst gebunden. Je stärker die Grenze ist, desto stärker ist ihr Effekt auf die Realisierung der grenzbenachbarten Konstriktionen (vgl. Fougeron & Keating 1997 und Cho & Keating 2009 für kumulative Effekte bei der Stärkung domäneninitialer Konsonanten).

Neuere Studien zeigen, dass die prosodische Stärkung neben temporalen auch spatiale Modifikationen beinhalten kann. Diese Modifikationen betreffen häufig sowohl die domäneninitiale als auch die domänenfinale Position, beispielsweise bei der V#C-Artikulation im Englischen. Dennoch variieren die Angaben über den Grad und die Domäne der Stärkung. Bei einer C_1V_1-Sequenz herrscht Konsens, dass in jedem Fall V_1 und C_2 von einer temporalen und eventuell auch räumlichen Stärkung betroffen sind. Je nach Untersuchungsgegenstand können diese Modifikationen dann auch C_1 und V_2 betreffen (u.a. Beckman & Edwards 1990; Edwards u. a. 1991; Beckman u. a. 1992; Fougeron & Keating 1997; Fougeron 2001; Byrd & Saltzman 2003; Tabain 2003; Tabain u. a. 2003; Cho 2005; 2006; Kuzla & Ernestus 2007; Cho & Keating 2009).

5.2.1 Domäneninitiale Stärkung

Konsonanten am linken Rand einer Domäne werden prosodisch verstärkt, jedoch ist die Realisierung einer solchen Stärkung vermutlich sprachspezifisch. So haben Fougeron & Keating (1997) für das Englische, Fougeron 2001 für das Französische und Keating u. a. (2004) für das Koreanische und Taiwanesische systematisch größere Bewegungsauslenkungen in Form von größeren Zungen-Gaumen-Kontakten im EPG (Elektropalatographie) gefunden. In phrasen-initialer Position werden Konsonanten mit stärkeren Bewegungsauslenkungen realisiert (längere Dauer der konsonantischen Plateaus häufig begleitet von stärkeren räumlichen Kontakten zwischen Zunge und Gaumen) als in phrasenmedialer Position. Für wortinitiale Konsonantencluster im Deutschen hingegen finden Bombien u. a. (2010) zwar einen Zusammenhang zwischen der Grenzstärke und der Dauer der Plateaus; sie finden aber keine Hinweise auf größere, räumliche Bewegungsauslenkungen im EPG. In einer $C_1 C_2$ V-Sequenz wird C_1 stärker von der Position (Grenze) und C_2 stärker von der Prominenz (lexikalischer Wortakzent) beeinflusst.

Vergleichende Studien zum Niederländischen und Englischen haben gezeigt, dass die Stärkung eine phonologische Basis hat (Cho & McQueen 2005). So wurde die VOT im Englischen an starken Grenzen länger und im Niederländischen kürzer. Die systematisch längere VOT im Englischen entspricht der Stärkung des laryngalen Merkmals [+spread glottis] an prosodisch starken Grenzen, während die gegenläufige Verkürzung der VOT im Niederländischen der Stärkung des Merkmals [-spread glottis] entspricht. In beiden Sprachen wurden die Plosive mit längeren Verschlussdauern an prosodisch starken Grenzen realisiert.

Kuzla & Ernestus (2007) untersuchen für das Deutsche die prosodische Verstärkung von Plosiven an Grenzen. Sie finden eine systematische Längung der Verschlussdauern von grenzinitialen Plosiven. Die VOT jedoch nimmt, obwohl die meisten Varianten des Deutschen für den fortis-lenis-Kontrast zwischen Plosiven laryngal mit [+spread glottis] spezifiziert sein sollten, an starken Grenzen ab. Sie diskutieren ihre Ergebnisse im Hinblick auf die Frage, ob es sich dabei um Merkmalshervorhebung (feature enhancement) oder Fortisierung (fortition) handelt. Die Fortisierung ist die gegenläufige Strategie zur Lenisierung (lenition) und beinhaltet die Idee, einen Plosiv in seiner Artikulationsart stärker hervorzuheben. So können beispielsweise im Zuge von Assimilationsprozessen Frikative als Plosive realisiert werden. Kuzla & Ernestus (2007) finden keine einheitliche Antwort, um welche Strategie es sich handelt. Vielmehr können sie in ihrer Studie zeigen, dass bei der domäneninitialen Verstärkung von Konsonanten unterschiedliche phonetische Messungen in Betracht gezogen werden sollten, da es nicht unbedingt laryngale Merkmale sind, die prosodisch verstärkt werden. Es sei hier jedoch angemerkt, dass die Untersuchungen von Verschlussdauern grenzinitialer Plosive häufig methodisch problematisch sind. An großen Grenzen wie einer Intonationsphrase ist der Beginn des Verschlusses häufig nicht im akustischen Signal bestimmbar. So ist in diesen Fällen nicht klar, ob der stumme Schall der Verschlussphase dem Plosiv oder einer eventuell vorangehenden Pause zuzuordnen ist. Annotationskriterien wie „die zweite Hälfte der stummen Phase zählt zum Plosiv, die erste Hälfte zur vorangehenden Pause" sind stark hypothetisch und wenig reliabel.

Auch Vokale können nach einer Grenze prosodisch gestärkt werden. So finden Tabain (2003) und Tabain u. a. (2003) für /a/ an prosodisch starken Grenzen temporale und spatiale Modifikationen in Form von größeren Bewegungsamplituden der Zunge und des Kiefers in domänenfinaler Position. Für /i/ finden sie vor allem eine temporale Modifikation.

Ähnliches bestätigt sich für Vokale im Französischen. So untersuchen Georgeton & Fougeron (2014) die Akustik und Lippenkinematik von zehn Vokalen im Französischen, /i, e, ɛ, a, y, ø, oe, u, o, ɔ/, jeweils an kleinen und großen Grenzen (wortinitial und Intonationsphraseninitial). Es zeigt sich ein systematischer Unterschied im Öffnungsgrad der Lippen: So zeigen alle Vokale größere Lippenöffnungen an großen Grenzen im Vergleich zu kleinen Grenzen. Der Effekt ist jedoch stärker und robuster für die ungerundeten als für die gerundeten Vokale, wodurch nach Georgeton & Fougeron (2014) der Kontrast zwischen dem Merkmal [±gerundet] prosodisch gestärkt wird.

5.2.2 Domänenfinale Stärkung

Beckman & Edwards (1990), Edwards u. a. (1991) und Beckman u. a. (1992) beschreiben das Phänomen der finalen Längung (final lengthening, preboundary lengthening) prosodischer Konstituenten im Englischen am Beispiel von CVC Silben. Mit Hilfe von Messungen der Kieferbewegungen (transvokalische Öffnung des Kiefers und anschließender Verschluss in geschlossenen Silben wie /pɑp/) kommen sie zu dem Schluss, dass in finaler Position überwiegend temporale Modifikationen auftreten, die sich parametrisch in Steifheitsvariationen der Geste ausdrücken können (vgl. auch Wightman u. a. 1992). So werden final häufig Gesten gelängt, aber es finden sich keine zusätzlichen räumlichen Modifikationen. Eine geringere Steifheit der entsprechenden Geste führt genau zu diesem Effekt: Langsamere Artikulation mit gleichbleibender Zielposition. Dieser Effekt wird in der Literatur auch schon mal als domänenfinale Schwächung (statt Stärkung) bezeichnet, da spatiale Modifikationen auszubleiben scheinen.

Es ist jedoch unklar, ob finale Grenzmarkierung nicht doch auch Modifikationen spatialer Art beinhalten kann. Cho (2005) untersucht beispielsweise akzentuierte und nicht-akzentuierte CV-Silben im Englischen vor prosodischen Grenzen. Für /ɑ/ in Silben wie /bɑ/ findet er sowohl temporale als auch spatiale Modifikationen in Form von größeren Bewegungsauslenkungen für den Zungenrücken und die Lippenöffnung. Der Kiefer hingegen wird nur durch den Akzent, nicht aber durch die Grenze modifiziert. Er schlussfolgert, dass in finaler Position nicht nur eine temporale, sondern auch systematisch eine spatiale Stärkung im Sinne der Sonoritätsexpansion und der lokalisierten Hyperartikulation von Ortsmerkmalen stattfindet. Dies würde erst sichtbar, wenn über den Kiefer hinaus das labiale und linguale System in die Untersuchung miteinbezogen würden. So sei der Kiefer vermutlich weniger sensitiv für die Markierung prosodischer Grenzen.

> (...) the results of the present study do indicate that domain-final articulation is marked not only by temporal expansion but also by the enhancement of sonority and place features at a higher prosodic boundary—that is, by strengthening as well as lengthening. (...) The data presented in this paper show that among the three articulators that were examined, it is only the jaw maxima that do not show expanded articulation for domain-final /ɑ/ (...), showing less sensitivity of the jaw to prosodic boundaries. (Cho 2005: 3876)

Weitere Evidenzen für die Kombination aus zeitlicher und räumlicher Stärkung domänenfinaler Vokale im Englischen stammen von Fougeron & Keating (1997). Sie finden für finale Vokale und die folgenden domäneninitialen Konsonanten eine extremere linguale Artikulation. Diese Stärkung von Vokalen in ihrer gesamten Bewegungsauslenkung führt grenzübergreifend zu einer deutlicheren V-zu-C-Artikulation. Fougeron & Keating (1997: 3728) führen an, dass prosodische Stärke als ein alternativer Ansatz zur Deklination, wie sie in anderen Studien beschrieben ist, betrachtet werden könnte.

Di Napoli (2012) untersucht Glottalisierungen in wortfinalen Vokalen im Italienischen (Nord- und Zentralitalien). Sie zeigt in ihrer Studie, dass Glottalisierungen besonders häufig vor prosodischen Grenzen auftreten und als Grenzmarker benutzt werden. Dabei handelt es sich um eine Stärkung vor einer prosodischen Grenze, weil mit der Glottalisierung das Merkmal [+constricted glottis] vor der Grenze eingefügt werde.

Abbildung 5.6 zeigt ein Beispiel für die Insertion einer Glottalisierung vor einer Phrasengrenze. Die Realisierung stammt von einem zentralitalienischen Sprecher aus der Studie von Di Napoli (2012). Das Zielwort <faro> (Leuchtturm) steht in phrasenfinaler Position (vgl. Beispiel 3). Der Trägersatz gliedert sich in zwei Phrasen und lautet mit eingebettetem Zielwort:

(3)   Zielwort <faro> in phrasenfinaler Position:

[Dico la parola faro] [a Gianni]

(Ich sage das Wort Leuchtturm zu Gianni).

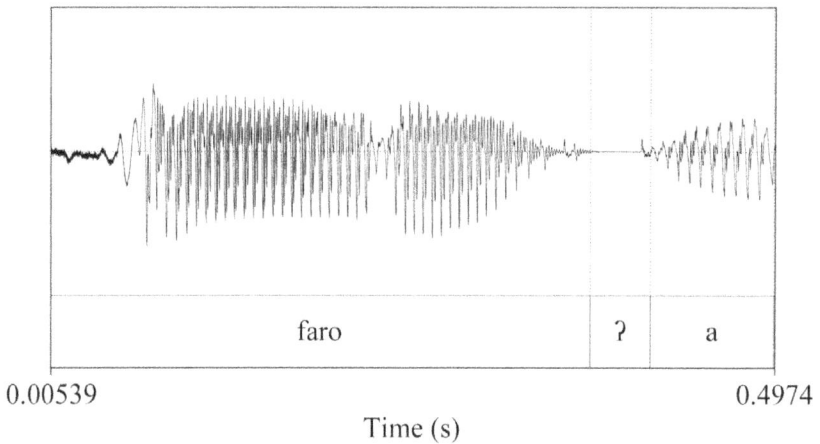

faro	ʔ	a

0.00539   0.4974

Time (s)

Abbildung 5.6: Realisierung der italienischen Äußerung <Dico la parola faro a Gianni> (Ich sage das Wort Leuchtturm zu Gianni). Vor der Phrasengrenze bzw. nach dem Zielwort <faro> tritt als prosodische Stärkung eine Glottalisierung auf /ʔ/ (aus Di Napoli 2012).

Im Oszillogramm tritt nach der Realisierung von <faro> eine Glottalisierung in Form von irregulären Schwingungen auf, die hier als Glottalverschluss /ʔ/ annotiert sind.

Im Gegensatz zur phrasenfinalen Position treten in phrasenmedialer Position diese Glottalisierungen nicht auf. Im folgenden Trägersatz befindet sich das Zielwort <faro> medial in einer Phrase:

(4)   Zielwort <faro> in phrasenmedialer Position:

[Il faro illuminò tutti gli scogli]

(Der Leuchtturm bescheint die felsige Küste).

Die Abbildung 5.7 zeigt das zugehörige Oszillogramm für die Realisierung des Zielworts <faro> in phrasenmedialer Position (aus Di Napoli 2012). Es handelt sich um denselben zentralitalienischen Sprecher wie in der Abbildung 5.6. Nach

<faro> treten hier keine unregelmäßigen Schwingungen auf. Der Übergang von far[o] zu [i]lluminò ist durchgehend quasiperiodisch.

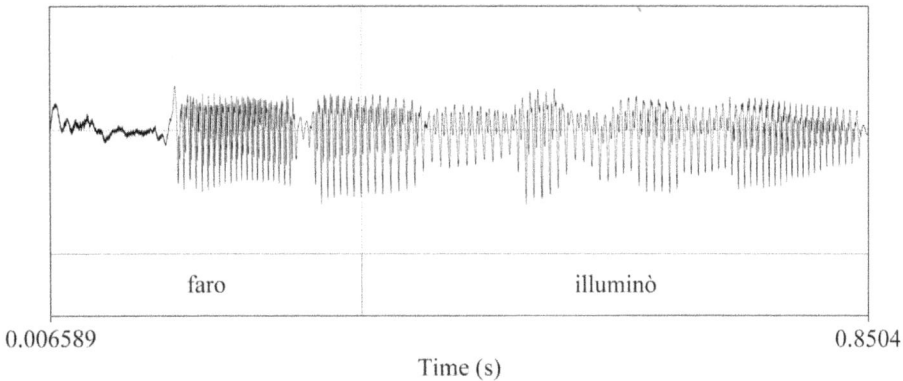

faro	illuminò

0.006589   0.8504

Time (s)

Abbildung 5.7: Realisierung der italienischen Äußerung <Il faro illuminò tutti gli scogli.> (Der Leuchtturm bescheint die felsige Küste).
Phrasenmedial tritt keine Glottalisierung nach dem Zielwort <faro>
auf (aus Di Napoli 2012).

Bei der Merkmalseinfügung im Italienischen handelt es sich um eine räumliche Modifikation, die nicht mit einer Verlangsamung der Bewegungen vor einer Grenze oder einer geringeren Überlappung zwischen Gesten erklärt werden
kann. In diesem Fall würde ein Taktgeber, wie die π-Geste (siehe Kapitel 4), keine ausreichende Lösung bieten. Die Ergebnisse von Di Napoli (2012) zeigen, dass
die prosodische Stärkung vor Grenzen im Rahmen des Gestenmodells noch nicht
ausreichend modellierbar ist.

5.3 Deklination

5.3.1 F0-Deklination

Der Begriff der Deklination wurde vor über vierzig Jahren im Rahmen der IPO
Theorie (Institute für Perception Research, Eindhoven) entwickelt. Er geht auf
t'Hart & Cohen (1967) und t'Hart u. a. (1990) zurück und beschreibt ein Phänomen aus der Intonationsforschung (F0 declination), bei dem der Grundfrequenzverlauf (F0) vom Beginn einer Äußerung hin zum Ende stetig abgesenkt wird
(downward trend of F0), vgl. Abbildung 5.8. Wird eine neue Äußerung begonnen, so wird die Intonationskontur als Grundfrequenzverlauf zurückgesetzt (F0
reset, declination reset). Allgemein bezieht sich die Deklination auf prosodisch
starke Grenzen. Dabei muss es sich nicht um eine Äußerungsgrenze handeln. De-

klination findet sich häufig auch auf Ebene der Intonationsphrasen, wobei der F0-Verlauf dann jeweils beim Beginn einer neuen Intonationsphrase zurückgesetzt würde. Deklinationseffekte können aber sogar auch auf Ebene der Intermediärphrase beobachtet werden.

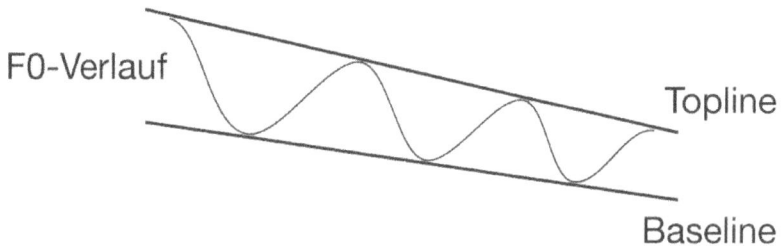

Abbildung 5.8: F0-Deklination adaptiert von Ladd (2008: 76)

Im IPO-Modell wird die Deklination als globaler Effekt betrachtet, der physiologische Ursachen hat. Der Luftdruck nimmt zum Ende einer Äußerung beständig ab und beeinflusst damit die Frequenz der Stimmlippenschwingung. Dennoch handelt es sich beim Absinken des Luftdrucks nicht um ein passives Nebenprodukt der Sprechphysiologie, da der Druck beim passiven Ausströmen der Luft aus der Lunge schneller abfallen müsste als es beim Sprechen der Fall ist. Vielmehr handelt es sich um die dynamische Kontrolle der respiratorischen Muskulatur, um den Luftdruck über eine längere Äußerung hin möglichst zu stabilisieren (Gelfer u. a. 1987: 66).

Abbildung 5.9 und 5.10 geben Beispiele für abfallende F0-Verläufe in Intonationsphrasen des Deutschen (Laborsprache), die nach dem IPO-Modell als Deklination im Sinne einer physiologisch bedingten abfallenden oberen und unteren Bezugslinie (topline, baseline) zum F0-Verlauf über die Phrase hinweg betrachtet werden. Die Bilder sind mit Hilfe der Software Praat entstanden (Boersma & Weenink 2010).

Das Konzept der Deklination ist umstritten. Obwohl sie als universales Phänomen gilt, kann sie nicht in jeder Äußerung bzw. Phrase beobachtet werden (Gilles 2008) und tritt überwiegend in Deklarativsätzen auf. Bei Interrogativsätzen im Niederländischen hingegen zeigt sich, dass die obere Bezugslinie des F0-Verlaufs vom Beginn der Äußerung bis hin zum Ende ansteigt statt abfällt (van Heuven & Haan 2000). Für Entscheidungsfragen im Griechischen finden Arvaniti & Ladd (2009: 66) keine Evidenzen für Deklination. Zwischen langen versus kurzen Entscheidungsfragen finden sich keine physiologisch bedingten Skalierungsunterschiede. Ein weiteres Problem besteht darin, dass Deklination in Spontansprache seltener als in Laborsprache zu beobachten ist (Vaissière 1983).

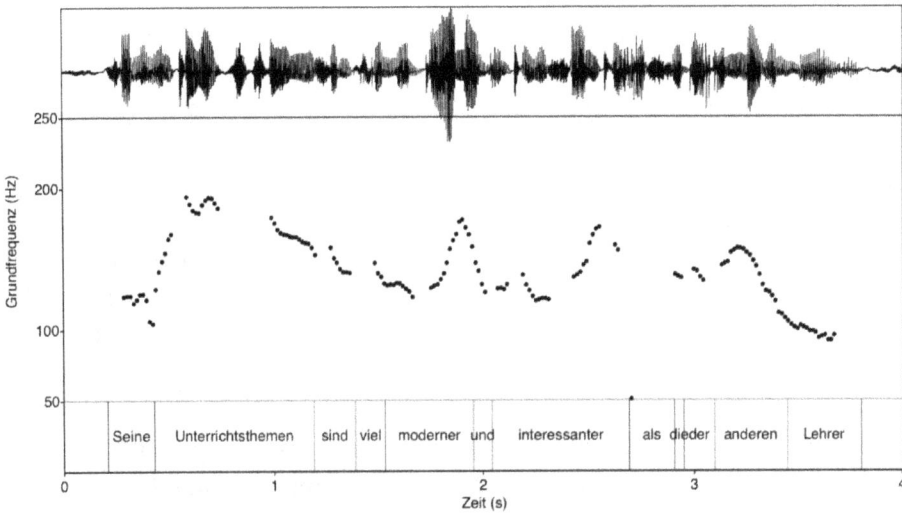

Abbildung 5.9: Abfallender Grundfrequenzverlauf über die Dauer einer Äußerung im Deutschen <Seine Unterrichtsthemen sind viel moderner und interessanter als die der anderen Lehrer>.

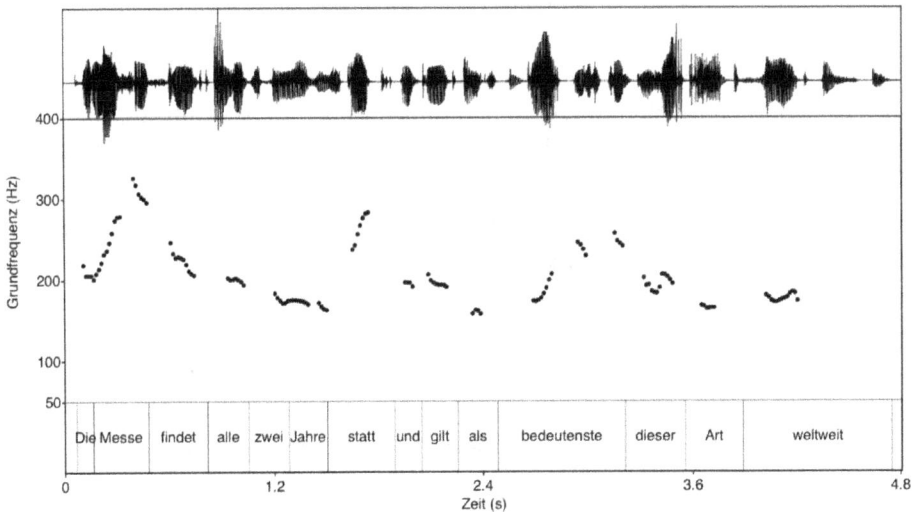

Abbildung 5.10: Abfallender Grundfrequenzverlauf über die Dauer einer Intonationsphrase im Deutschen <Die Messe findet alle zwei Jahre statt und gilt als bedeutendste dieser Art weltweit (...)>.

99

Es ist strittig, ob das globale Phänomen der Deklination überhaupt existiert oder lokale, strukturell-linguistische Eigenschaften zur Partitionierung einer Äußerung reflektiert (u.a. Pierrehumbert 1979; 1980; Ladd 1984; 2008; Möbius 1993; Grabe 1998; Arvaniti & Ladd 2009). So kann eine abfallende F0-Bewegung auch auf Downstep (tonaler Abfall von einer hohen zu einer mittleren Stimmlage) und Final Lowering zurückgeführt werden. Unter einem Downstep versteht man bei Tonakzenttypen den tonalen Abfall von einer z. B. hohen zu einer mittleren Stimmlage. Ein Downstep kann an den verschiedensten Positionen der prosodischen Struktur auftreten und ist nicht an das Phrasenende gebunden. Unter Final Lowering hingegen versteht man ein lokales Phänomen, das auf die letzte Silbe innerhalb einer Phrase beschränkt ist. In Abbildung 5.9 wäre der starke F0-Abfall zu Beginn der Äußerung nicht der Deklination, sondern vielmehr einem Downstep zuzuschreiben.

Vermutlich liegen aber bei solchen „Deklinationseffekten" häufig beide Faktoren – linguistische und physiologische – vor (Arvaniti & Ladd 2009: 44). So ist beispielsweise denkbar, dass die linguistische Funktion sich physiologische Eigenschaften menschlicher Artikulation und Perzeption zu Nutze macht, um diese dann zu phonologisieren.

5.3.2 Supralaryngale Deklination

Das Konzept der F0-Deklination wurde auf die Artikulation des gesamten supralaryngalen Systems übertragen. So zeigen Studien für das Italienische (Vayra & Fowler 1992), dass Bewegungsauslenkungen vom Beginn einer Äußerung bis hin zum Ende schwächer werden. Vayra & Fowler (1992) führen dabei Formantmessungen bei italienischen Eckvokalen, u.a. [a] und [i], in wortbetonter Position durch. In einer akustischen Studie mit einem toskanischen Sprecher fanden sie Evidenzen, dass Vokale zum Äußerungsende hin weniger peripher artikuliert werden. In einem weiteren Experiment mit zwei Sprechern des Norditalienischen (Standardvarietät) führten sie auch kinematische Messungen durch. Bei den Zielwörtern handelte es sich um Logatome wie <bababa> oder <bibabi>, die in Trägersätze eingebettet wurden. Sie konnten nur für offene Vokale, [a], zeigen, dass der Grad der kinematisch gemessenen Kieferöffnung gegen Phrasenende abnimmt (supralaryngeal weakening, Vayra & Fowler 1992). Eine Modifikation des Kiefers für [i] konnten sie nicht nachweisen. Die deklinationsbedingten Modifikationen des supralaryngalen Systems betrafen in ihrer Studie nur Vokale in lexikalisch betonten Positionen (während bei der F0-Deklination der Grundfrequenzverlauf auch bei lexikalisch schwachen Silben abfiel). Interessant ist, dass im Gegensatz zur F0-Deklination die oralen Modifikationen innerhalb eines Wortes relativ schwach waren, so dass davon auszugehen ist, dass deklinationsbedingte Schwächung der Artikulation vorwiegend auf Phrasen- und nicht auf Wortebene stattfindet. Würde jedes Wort am Ende seiner Domäne geschwächt, müssten die Unterschiede zwischen wortinitialen und -finalen Silben jeweils größer sein. Bei einer phrasenbedingten Schwächung ist hingegen davon auszugehen, dass die Artikulation vom Anfang der Phrase bis zu ihrem Ende beständig leicht abnimmt.

Krakow u. a. (1995) untersuchten supralaryngale Deklination am Beispiel von silben-initialen Obstruenten, [s] und [t], im Englischen. Für die Plosive führten sie zusätzlich kinematische Messungen zur Velumshöhe an Reiterationen des Wortes <ten> an Sätzen mit unterschiedlichen Silbenwiederholungen durch.

Tabelle 5.1: Zieläußerungen und Iterationen auf der Silbe <ten> nach Krakow u. a. (1995: 337).

Targetsatz	Iteration	Anzahl σ
Sue saw Sid.	ten ten ten	3
Suzy saw Sid.	ten ten ten ten	4
Suzy saw sad Sid.	ten ten ten ten ten	5
Suzy saw sexy Sid	ten ten ten ten ten ten	6
Suzy saw sad sexy Sid	ten ten ten ten ten ten ten	7
Suzy saw sexy sassy Sid	ten ten ten ten ten ten ten	8
Suzy saw sad sexy sassy Sid	ten ten ten ten ten ten ten ten ten	9

Die Autoren stellten fest, dass die Höhe des Velums vom Äußerungsanfang zum Äußerungsende abnimmt (Schwächung der Velumshöhe, velische Deklination). Die Differenz zwischen der ersten und der letzten Silbe vergrößert sich dabei mit zunehmender Satzlänge, was von den Autoren als Evidenz für eine globale Deklination der supralaryngalen Artikulation gedeutet wurde. Darüber hinaus fanden sie eine Interaktion zwischen Wortbetonung und Satzposition. Bei Betrachtung der Ergebnisse aus heutiger Sicht ist jedoch bemerkenswert, dass die Velumshöhe von äußerungsinitialer zur medialen Position nicht kontinuierlich, sondern sprunghaft abnimmt (vgl. Abbildung 5.11). Dieser Unterschied könnte auch auf domäneninitiale Stärkung der ersten Silbe an einer großen Grenze rückführbar sein und wäre somit strukturell statt physiologisch bedingt.

Beim Vergleich der aufgeführten Studien stellt sich die Frage, ob supralaryngale Deklination tatsächlich ein globales Phänomen ist (vgl. die Diskussion in Fougeron & Keating 1997). Man kann Deklination als globale Schwächung begrei-

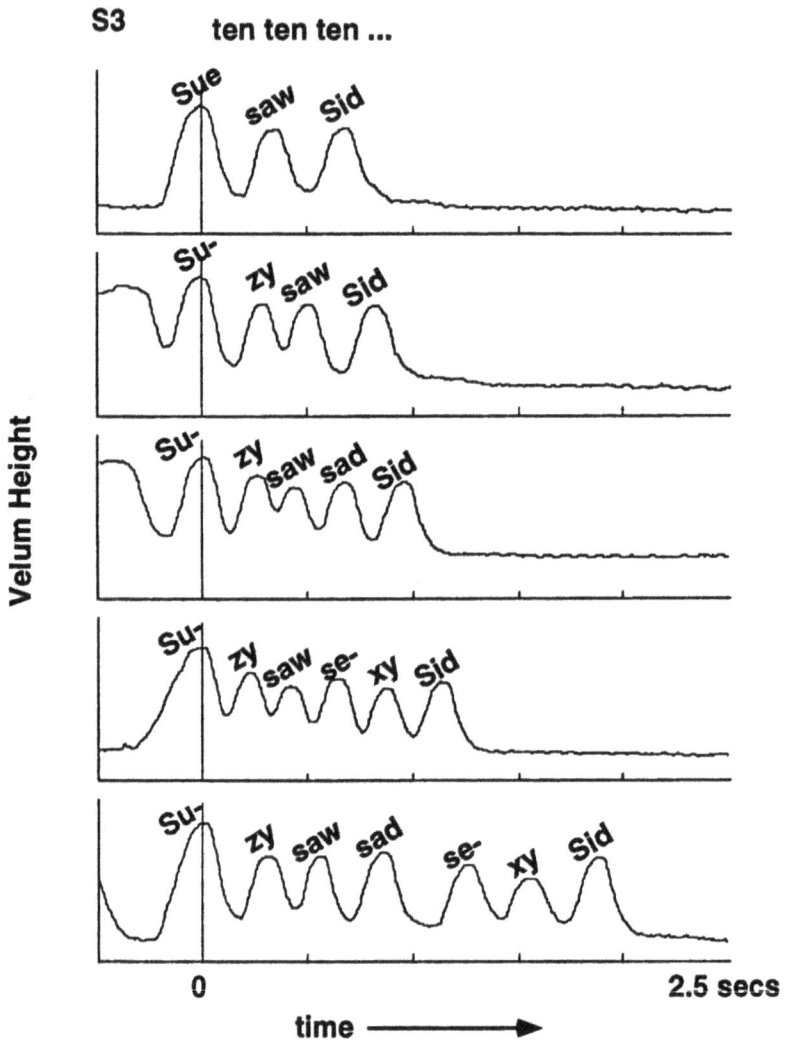

Abbildung 5.11: Velumsbewegungen (Velumshöhe) für Iterationen auf der Silbe <ten> mit drei bis neun Wiederholungen aus Krakow u. a. (1995: 343)

fen und – sofern man lokale finale Dehnung ebenfalls als Schwächung begreift
– beide Strategien derselben Quelle zuordnen. In diesem Falle gäbe es einen einfachen Zusammenhang zwischen Deklination und Grenzmarkierung: Vor prosodischen Grenzen würde aus Gründen der physiologischen Deklination und
der strukturell bedingten finalen Dehnung die Artikulation verlangsamt (Krakow 1989). Dem steht aber die Beobachtung entgegen, dass prosodisch bedingte
Stärkung (oder hier Schwächung) vom strukturellen Aufbau einer Äußerung bestimmt wird, also hierarchisch operiert.

Fougeron & Keating (1997) bieten demnach eine strukturell motivierte Ausle-
gung der Deklination an. Sie betrachten Deklination als Schwächung der Artikulation auf Ebene der prosodischen Domänen. Demnach würde vor einer Domäne die Äußerung lokal geschwächt (domain-final weakening) und danach lokal
gestärkt werden (domain-initial strengthening). In ihrer Studie untersuchen sie
Zungen-Gaumenkontakte in Iterationen englischer Sprecher (EPG) auf der Silbe
<no> und finden keine Evidenz für globale Deklinationseffekte. Vielmehr spre-
chen ihre Daten gegen eine kontinuierliche Schwächung vom Beginn der Äußerung bis hin zu ihrem Ende und für eine lokale Schwächung, die prosodisch-
strukturell bedingt ist.

> We found that the articulation of consonants and vowels varies as a func-
> tion of their position in long sentences. This variation appears to be a lo-
> calized effect at prosodic domain edges, i.e., a strengthening of initial con-
> sonants and final vowels, and not a global declining trend. (Fougeron &
> Keating 1997: 3736)

Die Annahme einer physiologisch bedingten Deklination steht auch im Wi-
derspruch zu Studien wie Cho (2005) und Di Napoli (2012), die in finaler Position
auch spatiale Modifikationen in Form einer Stärkung, also in Form einer Erhöhung des Artikulationsaufwandes, gefunden haben.

6 Studien zur Prominenz-Markierung

Das folgende Kapitel behandelt zwei Studien zur Fokusmarkierung im Deutschen, die jeweils unterschiedliche Konzepte verfolgen und unterschiedliche Messverfahren einsetzen (vgl. Mücke, Grice & Kirst 2008; Mücke & Grice 2014). Es baut auf den Grundlagen der prosodischen Analyse in Kapitel 5 auf. In der ersten Studie, die mit Hilfe von Elektropalatograpie durchgeführt worden ist, geht es um den Grad der Assimilation in Partikelverben im Deutschen in nicht-akzentuierter versus akzentuierter Position (Mücke, Grice & Kirst 2008). Es zeigt sich, dass im engen und kontrastiven Fokus der Grad der gesturalen Überlappung in den Zielsilben weniger stark ist als im Hintergrund. Hier führt die prosodische Stärkung zu einem geringeren Grad von Assimilation. Es zeigt sich auch, dass die Assimilation graduell und nicht kategorial verläuft.

Die zweite Studie, die elektromagnetische Artikulographie als Messverfahren nutzt, basiert auf der Analyse von Mücke & Grice (2014), legt jedoch diesmal das Hauptaugenmerk auf den methodischen Teil, indem ein Vergleich unterschiedlicher Messvariablen durchgeführt wird. In dieser Studie geht es um die Frage, ob die phonologische Spezifikation der Akzentuierung eines Wortes tatsächlich dessen artikulatorische Hervorhebung bedingt. So stellt im Autosegmental-Metrischen Modell die Akzentuierung eine diskrete Kategorie dar. Ein Wort ist entweder akzentuiert oder nicht. Es hat sich aber in der vorliegenden Studie gezeigt, dass es sich bei Akzentuierung und artikulatorischer Markierung um Faktoren handelt, die bis zu einem gewissen Grad unabhängig voneinander betrachtet werden können. Zielwörter im weiten Fokus, beispielsweise, erhalten einen Tonakzent, werden aber nicht artikulatorisch markiert. In dieser Studie gehen wir einen Schritt weiter und vergleichen neben artikulatorischen Muster auch tonale Muster. Das ist wichtig, weil Fokusmarkierung ja primär tonal erfolgt und beide Ebenen, die tonale und die artikulatorische, ineinander spielen. Deshalb sollen die Ebenen hier nicht, wie das traditionell oft der Fall ist, isoliert betrachtet werden.

Da beide Studien sich mit Fokusmarkierung beschäftigen, wird zunächst auf die Elizitation von Sprachdaten innerhalb solcher Experimente eingegangen. Zu prosodischen Grundlagen und Begriffsbestimmungen vgl. Kapitel 5.

6.1 Elizitation: Was ist fokuskontrollierender Kontext?

Als Fokus wird der Teil einer Äußerung bezeichnet, der inhaltlich im Vordergrund steht, also kommunikativ relevante Information enthält (vgl. Lambrecht 1994; Uhmann 1991; Krifka 2008). Dem steht der nicht-fokussierte Teil einer Äußerung gegenüber, der in der Regel aus dem Kontext ableitbar ist.

Hierbei eignen sich beispielsweise Frage-Antwort-Paare als fokuskontrollierender Kontext für Sprachaufnahmen (u.a. Uhmann 1991; Wagner 2012; Krifka 2008; Culicover & Rochemont 1983; Büring 2003). Den Fokus bildet jeweils derjenige Teil der Äußerung, der die Frage beantwortet. Bei den folgenden Beispielen, die für das Deutsche adaptiert sind, werden die akzentuierten Silben durch Großbuchstaben gekennzeichnet (Mücke & Grice 2014).

In Beispiel 1 bildet <Ich treffe mich mit> den Hintergrund, <Mary> bildet den Fokus. Liegt der Fokus nur auf einer einzelnen Konstituente, wird er als *enger Fokus* bezeichnet (vgl. Ladd 1980).

(1) Enger Fokus:

F: Mit wem triffst du dich?

A: [Ich treffe mich mit]$_{Hintergrund}$[MAry]$_{Fokus}$

Beispiel 2 zeigt exemplarisch einen *kontrastiven Fokus*. Dieser kontrastive Fokus beinhaltet hier einen expliziten Kontrast und eine Korrektur des Vorerwähnten (vgl. Wagner 2012). Kontrastiver Fokus zählt im Vergleich zu engem oder weitem Fokus als eigener Fokustyp.

(2) Kontrastiver Fokus:

F: Triffst du dich mit John?

A: Nein, [ich treffe mich mit]$_{Hintergrund}$[MAry]$_{Fokus}$

In den Fällen der Beispiele 1 und 2 erhält das Zielwort <Mary> einen Tonakzent, der mit der lexikalisch betonten Silbe assoziiert ist. In Beispiel 3 ist jedoch ein Fall von *weitem Fokus* dargestellt, bei dem die Fokusdomäne größer als eine Konstituente sein kann (vgl. Ladd 1980). Hier ist die ganze Antwort fokussiert. Dieses Phänomen wird als Fokusprojektion bezeichnet (vgl. Büring 2003; Welby 2003). Der Tonakzent auf <Mary> markiert eine größere Domäne, d. h. das Wort, das den Tonakzent zugewiesen bekommt, stimmt nicht mit der Größe der Fokusdomäne, wie in Beispiel 1 und 2, überein (vgl. Uhmann 1991; Féry 1993).

(3)   Weiter Fokus:

F: Was gibt´s Neues?

A: [Ich treffe mich mit MAry]~Fokus~

In kurzen Dialogen kann also die Frage als fokuskontrollierender Kontext verwendet werden, um eine bestimmte Fokusstruktur in der Antwort zu elizitieren, beispielsweise ob das Zielwort im engen Fokus, weiten Fokus, oder kontrastivem Fokus steht. Es kann auch außerhalb der Fokusdomäne stehen und den Hintergrund bilden, dann erhält es keinen Akzent, vgl. Beispiel 4.

(4)   Hintergrund:

F: Trifft sich Martin mit Mary?

A: [ICH]_Fokus [treffe mich mit Mary]_Hintergrund

Im Autosegmental-Metrischen-Modell stellt die Akzentuierung eine diskrete Kategorie dar. Entweder ist ein Wort akzentuiert (im Fokus) oder nicht (im Hintergrund).

6.2 Assimilation und Fokus: Eine EPG-Studie

6.2.1 Assimilation als graduelles Phänomen

Verschiedene Studien zur Messung des Assimilationsgrades mit Hilfe von Elektropalatographie und elektromagnetischer Artikulographie haben gezeigt, dass Assimilationen häufig partiell auftreten (vgl. Kapitel 2.2.2 zur gesturalen Modellierung von Assimilation). Anhand von alveolar-velaren Sequenzen konnte nachgewiesen werden, dass die alveolare Geste häufig nicht substituiert, sondern zeitlich und räumlich abgeschwächt wird (Barry 1991 und Ellis & Hardcastle 2002 zum Englischen; Kohler 1995, Jaeger & Hoole 2007, Bergmann 2008 und Mücke, Grice & Kirst 2008 zum Deutschen). Das bedeutet, dass die alveolare Geste im kinematischen Signal in alveolar-velaren Sequenz wie /n#g/ in <hiNGeben> meist noch nachweisbar, wenngleich auf akustischer Oberfläche der Nasal an die velare Assimilationsstelle angeglichen scheint. Der Grad der Assimilation kann stark variieren. Es kann zwischen (a) vollständiger Ausführung der Gesten (keine Assimilation), (b) abgeschwächter Ausführung der Gesten (partielle Assimilation) und (c) Ausfall der Gestenausführung (segmentale Substitution) unterschieden werden. In (a) findet keine Assimilation statt und die alveolare Geste wird vollständig realisiert. In (b) wird eine partielle Assimilation vorgenommen, bei der die alveolare Geste räumlich und/oder zeitlich geschwächt ist und in (c) eine Substitution, bei der keine alveolare Geste realisiert wird. Diese drei Strategien werden am Beispiel elektropalatographischer Messungen veranschaulicht.

Bei der Elektropalatographie handelt es sich um ein Messverfahren, mit dem der Zungen-Gaumen-Kontakt im Mundraum erfasst wird. Bei einer solchen Messung trägt der Sprecher einen künstlichen Gaumen, in dem acht Reihen von insgesamt 62 Elektroden eingelassen sind. Die Veränderungen der Zungen-Gaumenkontakte können dynamisch über die Zeit im Abstand von 10 ms pro Frame gemessen werden. Abbildung 6.1 gibt ein Beispiel für einen alveolaren und velaren Vollverschluss im Mundraum, /n/ und /g/ (Reading EPG unter Verwendung der Articulate Assistant© Software). Bei solchen Kontaktprofilen wird die Reihe 1–2 in der Regel als alveolare Zone klassifiziert, Reihe 3–4 als postalveolare Zone, Reihe 5–7 als palatale Zone und Reihe 8 als velare Zone (Gibbon & Nicolaidis 1999). Es können jedoch sprecherspezifische Abweichungen auftreten (Byrd 1996b), so dass für eine Annotation von EPG-Daten sprecherspezifische Kontaktprofile angelegt werden sollten. Das betrifft u.a. velare Konsonanten, bei denen der velare Komplettverschluss häufig erst hinter dem künstlichen Gaumen stattfindet.

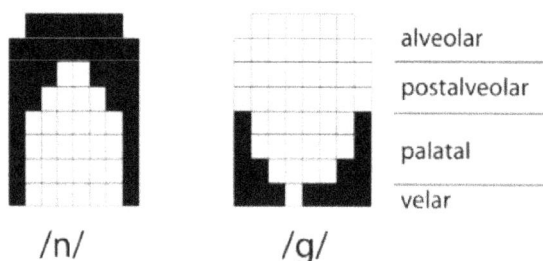

Abbildung 6.1: Zungen-Gaumen-Kontakte für /n / und /g/.

Die Abbildungen 6.2, 6.3 und 6.4 schematisieren die verschiedenen Strategien der Assimilation am Beispiel der /n#g/-Sequenz im deutschen Partikelverb <hiN-Geben> mit den oralen Konstriktionsgesten TT *closure alveolar* für /n/ und TB *closure velar* für /g/. In Abbildung 6.2 findet keine Assimilation statt, und die alveolare Geste wird vollständig realisiert. Für /n/ kann ein alveolares Plateau von Frame 173–200 in der oberen Reihe lokalisiert werden. Es folgt in der unteren Reihe ein velares Plateau für /g/ (Frame 201-230), das während des alveolaren Verschlusses aufgebaut wird (ab Frame 195). Die velare Reihe ist nicht vollständig geschlossen, da der Laut weiter hinten – außerhalb des EPG Messbereichs – gebildet wird.

In Abbildung 6.3 wird eine partielle Assimilation vorgenommen, bei der die

Keine Assimilation

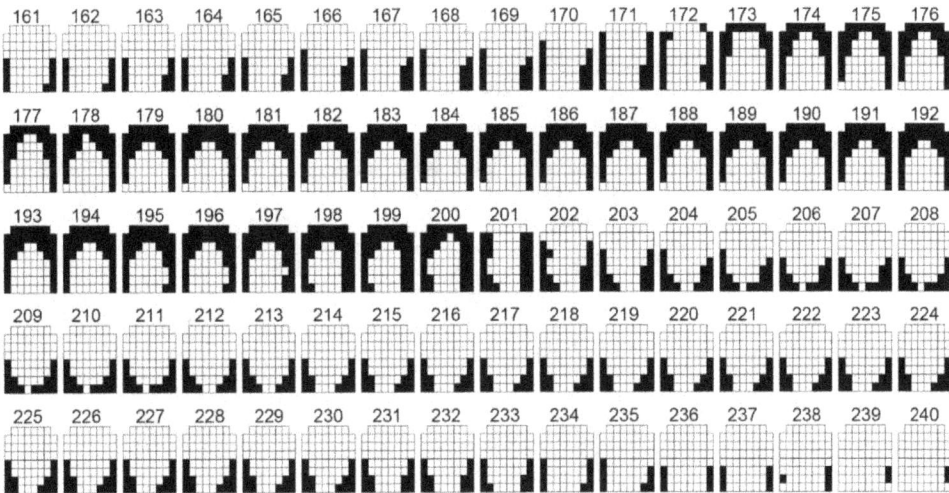

Abbildung 6.2: Zeitlicher Verlauf der Zungen-Gaumenkontakte in <hingeben>. Der alveolare Verschluss für die Sequenz /n#g/ ist vollständig ausgeführt.

Partielle Assimilation

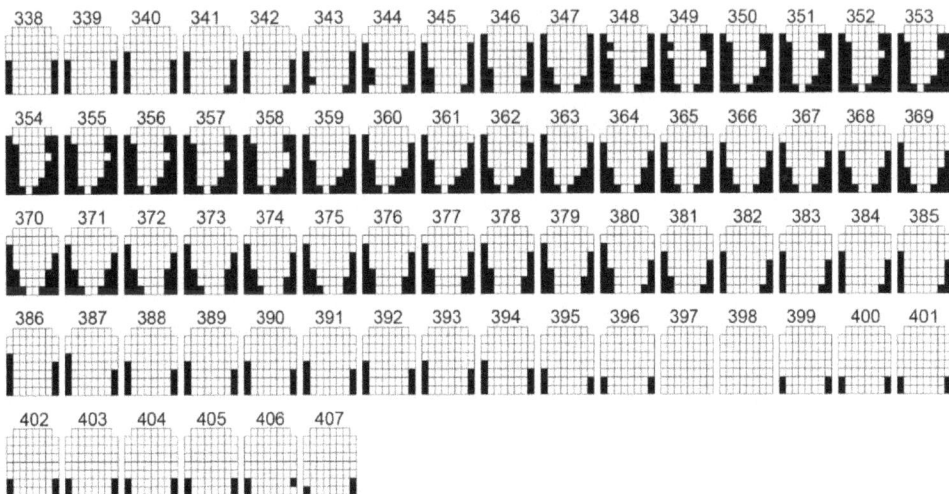

Abbildung 6.3: Zungen-Gaumenkontakte in <hingeben>. Es finden sich Kontakte oben an den Seiten der vorderen Reihen, die auf eine residuale alveolare Geste verweisen.

Substitution

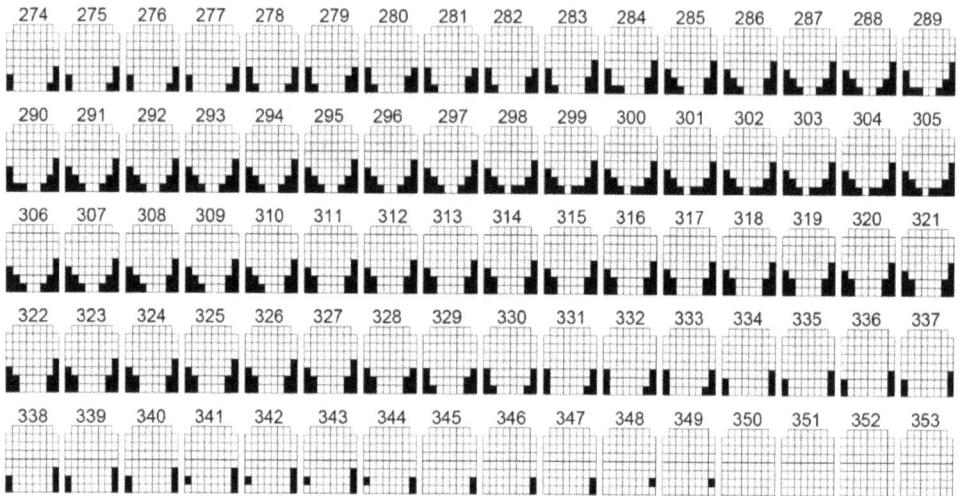

Abbildung 6.4: Zungen-Gaumenkontakte in <hingeben>. Es ist kein alveolarer Verschluss für die /n#g/-Sequenz aufgebaut worden.

alveolare Geste in der /n#g/-Sequenz geschwächt ist. Es findet kein vollständiger alveolarer Kontakt statt. Dennoch zeigt sich ein erhöhter lateraler Kontakt in den vorderen drei Reihen (Frame 344–367), der als Residuum für einen intendierten alveolaren Verschluss interpretiert werden kann (Ellis & Hardcastle 2002: 381). Diese residuale Geste für /n/ überlappt stark mit dem velaren Verschluss für /g/ (für /g/ vgl. Frame 347-375).

Abbildung 6.4 zeigt eine Realisierung ohne alveolare Geste für /n/. Es findet sich nur ein velarer Verschluss für die gesamte /n#g/-Sequenz (Frame 284–310). Diese Realisierung kann als vollständige Assimilation (Substitution) gewertet werden. Es sei hier jedoch kritisch angemerkt, dass es sich auch um ein Artefakt des Messverfahrens handeln kann. So kann das EPG nur Vollkontakte und keine Annäherungen für Bewegungsausführungen erfassen. Eine intendierte alveolare Geste, die stark hypoartikuliert würde, könnte durch das Raster hindurchfallen. Hierzu sind elektromagnetische Aufnahmen aufschlussreich (Jaeger & Hoole 2007).

In den aufgeführten Fällen führt eine Zunahme des Überlappungsgrades zwischen Gesten zu den unterschiedlichen Reduktions- und Assimilationsformen. Die Modellierung ist quantitativer Natur und kann vielfältige Aussprachevariationen ohne zusätzlichen Regelapparat generieren.

6.2.2 Gesturale Überlappung und Fokusstruktur

Mücke, Grice & Kirst (2008) untersuchen in ihrer EPG-Studie den Einfluss von Akzent und der damit verbundenen Fokusstruktur auf den Grad der Assimilation im Deutschen. Eine vergleichbare Studie mit ähnlicher Ausrichtung findet sich bei Bergmann (2012).

Bei den Sprechern in Mücke, Grice & Kirst (2008) handelt es sich um vier weibliche Sprecher (KA, JM, AH, DM) nördlich und einem männlichen Sprecher (PB) südlich der Benrather Isoglosse, im Alter zwischen 23 und 38 Jahren. Das Sprachmaterial bestand aus heterosilbischen N#C-Sequenzen in Partikelverben wie in <hiNGeben> und <hiNKommen> mit einer Morphem- und Silbengrenze zwischen den beiden Konsonanten. In den Stimuli entsprach N einem alveolaren Nasal und C einem velaren Plosiv (N#g, N#k).

Um zu elizitieren, welche Teile einer Äußerung fokussiert sind und welche nicht, wurden Frage-Antwort-Paare als fokuskontrollierender Kontext verwendet (vgl. Uhmann 1991; Wagner 2012; Krifka 2008; Culicover & Rochemont 1983; Büring 2003). Zielwörter waren entweder im Hintergrund der Äußerung und nicht akzentuiert, oder im Vordergrund der Äußerung und akzentuiert. Dabei wurden zwei Akzent-Konditionen getestet: enger Fokus und kontrastiver Fokus. Die Studie umfasst 1440 Mini-Dialoge, von denen ein Auszug aus der Analyse von 300 Teststimuli im Folgenden für Partikelverben mit /n#g/-Sequenzen gezeigt wird (5 Sprecher x 2 Targetwörter x 10 Wiederholungen x 3 Fokusstrukturen). Beginn und Ende der konsonantischen Plateaus in den /n#g/ wurden unter Verwendung sprecherspezifischer Kontaktprofile nach Byrd (1996b) annotiert.

Drei Messungen werden im Folgenden im Zusammenhang mit der Frage nach der artikulatorischen Markierung der Fokusstruktur in den N#C-Sequenzen diskutiert:

(i) alveolare Plateaudauer als Intervall zwischen Start des alveolaren Plateaus für N und Offset,

(ii) velare Plateaudauer als Intervall zwischen Start des velaren Plateaus für C und Offset und

(iii) das Überlappungsintervall zwischen N und C, wobei der Offset des alveolaren Plateaus vom Start des velaren Plateaus subtrahiert wird (negative Werte zeigen an, dass es sich um eine zeitliche Überlappung der Bewegungsausführungen handelt).

Abbildung 6.5 zeigt separat für die fünf Sprecher die Ergebnisse für die Plateaudauermessungen. Auf der x-Achse ist die Dauer des alveolaren und velaren

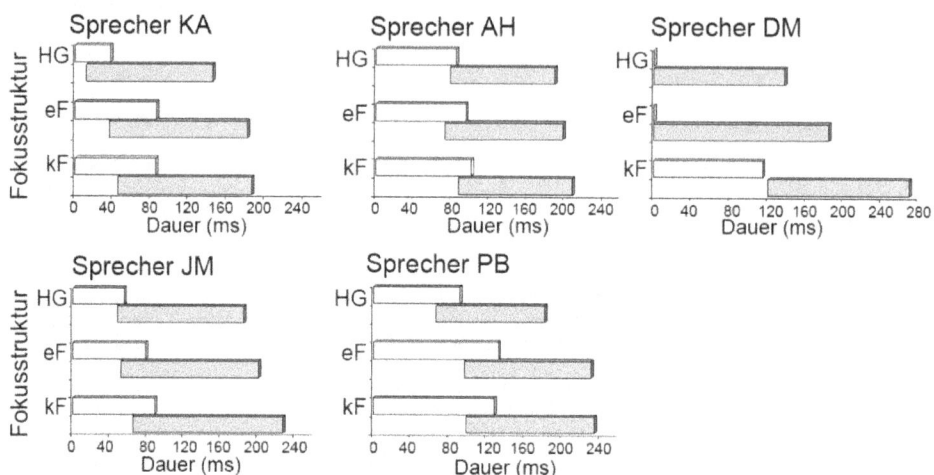

Abbildung 6.5: Koordination des alveolaren (weiß) und velaren Plateaus (grau) für N#C-Sequenzen separat für die einzelnen Sprecher und Fokusstrukturen (HG = Hintergrund, eF = enger Fokus, kF = kontrastiver Fokus).

Plateaus und auf der y-Achse die verschiedenen Fokusstrukturen Hintergrund (HG), enger Fokus (eF) und kontrastiver Fokus (kF) abgetragen. In Tabelle 6.1 sind die zugehörigen Mittelwerte für die alveolaren Plateaudauern und die Überlappung zwischen alveolarem und velarem Plateau aufgelistet.

Die letzte Sprecherin (DM) zeigt eine Stärkung der alveolaren Geste nur im kontrastiv-korrektiven Fokus. Hier führt sie eine volle alveolare Konstriktion mit

Tabelle 6.1: Mittelwerte für alveolare Plateaudauern und Überlappungsintervalle der alveolaren und velaren Plateaus in den N#C-Sequenzen, separat für die verschiedenen Fokusstrukturen und Sprecher (NA = not available, fehlender Wert).

	Alveolare Plateaudauer (*ms*)			Überlappungsintervall (*ms*)		
	Hinter-grund	Enger Fokus	Kontrastiver Fokus	Hinter-grund	Enger Fokus	Kontrastiver Fokus
DM	0	0	114	NA	NA	7
AH	85	95	101	-8	-22	-14
JM	55	78	88	-7	-26	-24
KA	37	86	85	-25	-45	-40
PB	74	95	99	-29	-46	-49

einer gemittelten Plateaudauer von 114 ms aus. In den Konditionen enger Fokus und Hintergrund substituiert sie die alveolare Geste für N durch einen velaren Verschluss und es gibt in diesen Fällen keine alveolaren Plateaudauern.

Die ersten vier Sprecher – KA, JM, AH und PB – hingegen zeigen eine Stärkung der alveolaren Geste in prosodisch starken Positionen. Trägt das Zielwort den Nuklearakzent (enger und kontrastiv Fokus zusammen), so ist die Realisierung des alveolaren Plateaus im Mittel für diese vier Sprecher um länger als in nichtakzentuierter Position (Hintergrund). Gleichzeitig verkürzt sich in den prosodisch starken Positionen enger Fokus und kontrastiver Fokus (eF und kF) die Dauer des Überlappungsintervalls um $16 ms$. Im Vergleich zur nichtakzentuierten Position (Hintergrund) werden in prosodisch starker Position (enger Fokus und kontrastiver Fokus zusammen) die alveolaren Plateaudauern vergrößert und der Grad der Überlappung zwischen Zungenspitzengeste und Zungenrückengeste verringert.

Ein Vergleich zwischen engem und kontrastivem Fokus zeigt jedoch keine weiteren Abstufungen. Es ist möglich, dass beide Fokustypen sehr prominent sind und auf ähnliche Weise artikulatorisch markiert werden. Da wir die artikulatorischen Kontaktmuster untersucht haben, sind die Modifikationen hauptsächlich der Strategie der Hyperartikulation zuzuordnen: In prominenter Position werden die Konsonanten stärker verschliffen. Sie überlappen stärker miteinander und es zeigt sich eine Hypoartikulation.

6.3 Prominenzgrade: Eine EMA-Studie

Die folgenden Daten basieren auf einer EMA-Studie von Mücke & Grice (2014). Dabei sind Bewegungsmuster von Zielwörtern in vier unterschiedlichen Fokuskonditionen (Hintergrund, weiter Fokus, enger Fokus, kontrastiver Fokus) untersucht worden. Hier ist also ein weniger prominenter Akzent, der weite Fokus, in die Studie mit einbezogen worden. Anders als bei Mücke & Grice (2014) liegt im Folgenden das Hauptaugenmerk auf dem methodischen Teil. So werden zunächst die Hauptergebnisse der Studie unter Verwendung von Akustik und Lippenkinematik referiert. Es folgt ein Vergleich von unterschiedlichen Steifheitsberechnungen sowie der Darlegung des Problems der Messung der Zwischenlippendistanz (Lip Aperture) bei gerundeten Vokalen.

Die Studie verdeutlicht in Anlehnung an Mücke & Grice (2014), dass die Fokusstruktur zu tonalen und artikulatorischen Markierungen führen kann. Ein weniger prominentes aber akzentuiertes Wort (z. B. weiter Fokus, bei dem dic Fokusdomäne größer als das Zielwort ist), beinhaltet laryngale Modifikationen (es wird ein Tonakzent platziert), aber nicht notwendigerweise orale Modifikationen (z. B. der Lippen oder des Kiefers). Prosodische Stärkung kann verschiedene Prominenzstufen ausdrücken, die mit unterschiedlichen Fokusstrukturen einhergehen (fokale Prominenz, vgl. Beckman & Venditti 2010) statt einfach – wie bislang angenommen – konkomitant zur Akzentuierung zu sein. Zusätzlich zeigt sich, dass bei gerundeten Vokalen die Zwischenlippendistanz weniger gut die Modifikationen auf der horizontalen Ebene, das Vorstülpen der Lippen, erfasst und Positionskurven hier weiterhelfen können. Außerdem kann der Parameter Steifheit, der mit der Oszillationsfrequenz der Bewegung im Feder-Masse-Modell assoziiert ist, unterschiedlich gemessen werden (nur temporal als Beschleunigungsintervall oder räumlich-zeitlich als Verhältnis von Maximalgeschwindigkeit und Auslenkung). Die Messungen haben eine unterschiedliche Granularität. So scheint die rein zeitliche Messung weniger sensitiv zu sein, ist aber andererseits bei der Implementierung der Ergebnisse im Feder-Masse-Modell insofern von Vorteil, als dass sie Trunkierungen einer Geste durch eine andere erfassen kann und diese Trunkierungsformen gerade im Hintergrund (also in nicht-akzentuierter Position) eine große Rolle spielen.

6.3.1 Methode der EMA-Studie

Für das Experiment wurden fünf Sprecher des Standarddeutschen im Alter zwischen 22 und 37 Jahren aufgenommen, darunter drei weibliche (F1, F2 und F3) und zwei männliche Sprecher (M1 und M2). Drei Sprecher stammen gebürtig aus dem fränkischen Sprachgebiet (F1, F3 und M1) und zwei Sprecher (F2 und M1) aus der westniederdeutschen Region.

Alle akustischen und kinematischen Aufnahmen sind im Labor des I*f*L Phonetik an der Universität zu Köln durchgeführt worden. Die kinematischen Daten wurden mittels eines 2-D elektromagnetischen Artikulographen (Carstens AG100, 10 Kanäle) mit einer Abtastrate von 500 Hz aufgezeichnet. Für die Erfassung der Artikulationsbewegungen wurden zwei Sensoren auf dem oberen und unteren Lippenrand auf mittsagittaler Ebene platziert. Weitere Sensoren wurden auf Zunge (Zungenspitze, -blatt und -rücken) und am Kinn befestigt. Zwei Sensoren (Nasenwurzel, obere Schneidezähne) dienten als Referenz, um Kopfbewegungen zu erfassen und aus dem Gesamtdatensatz herauszurechnen. Für die Rotation der mittsagittalen Ebene wurde am Ende jeder Aufnahmesitzung eine Messung der Bissebene durchgeführt. Um die kinematischen Daten zu glätten, wurden sie auf 200 Hz heruntergerechnet und mit einem 40 Hz Tiefpassfilter gefiltert. Aus den Trajektorien der Mundlippensensoren (obere und untere Lippe) wurde für die spätere Analyse die Zwischenlippendistanz berechnet (Lip-Aperture-Index, Byrd 2000).

Es wurden vier unterschiedliche Fokusstrukturen mittels Frage-Antwort-Paaren getestet (vgl. die Beispiele in 5, 6, 7 und 8). Dabei kam das Zielwort entweder im Hintergrund (nicht-fokussiert) oder im weiten, engen bzw. kontrastiven Fokus vor. Bei den Zielwörtern handelte es sich um zweisilbische, fiktive Namen nach Dr. (/dɔktɐ/), die jeweils einen der folgenden vier gespannten Langvokale des Deutschen in der betonten Silbe enthält /iː, aː, oː, uː/ (<Bieber, Bahber, Bohber, Buhber>). Insgesamt wurden 560 Zielwörter (4 Zielwörter x 7 Wiederholungen x 4 Fokuskonditionen x 5 Sprecher) aufgezeichnet. Die Analyse beschränkt sich auf die Zielwörter mit den Vokalen /iː, aː, oː/. Zielwörter mit /uː/ wurden von der Analyse ausgenommen, da die lokalen Wendepunkte in der Lippenkinematik aufgrund der geringen Lippenöffnung nur schwer identifizierbar waren.

(5)   Weiter Fokus:

     F: Was gibt´s Neues?

     A: [Melanie will Dr. Bahber treffen]$_{Fokus}$

(6)   Enger Fokus:

     F: Wen will Melanie treffen?

     A: Melanie will [Dr. Bahber] $_{Fokus}$ treffen.

(7)   Kontrastiver Fokus:

     F: Will Melanie Dr. Werner treffen?

     A: Melanie will [Dr. Bahber] $_{Fokus}$ treffen.

(8)   Hintergrund:

     F: Will Norbert Dr. Barber treffen?

     A: [Melanie] $_{Fokus}$ will Dr. Bahber treffen.

Die Annotation der tonalen Daten fand unabhängig von der Annotation der segmentalen Daten statt. Es wurde die Software PRAAT (Boersma & Weenink 2010) verwendet. Bei den tonalen Landmarken wurden die akustischen Wellenformen (Oszillogramm) und die zugehörigen F0-Konturen verwendet. Die akzentuierten Zielwörter wurden im Hinblick auf drei verschiedene Tonakzente nach GToBI Standard, H+!H*, H* and L+H*, klassifiziert (Grice u. a. 2005; Richtlinien befinden sich online unter http://www.gtobi.uni-koeln.de). Die Abbildungen 6.6, 6.7 und 6.8 zeigen Screenshots einzelner Sprecher für die Tonakzente H!H*, H* und L+H*.

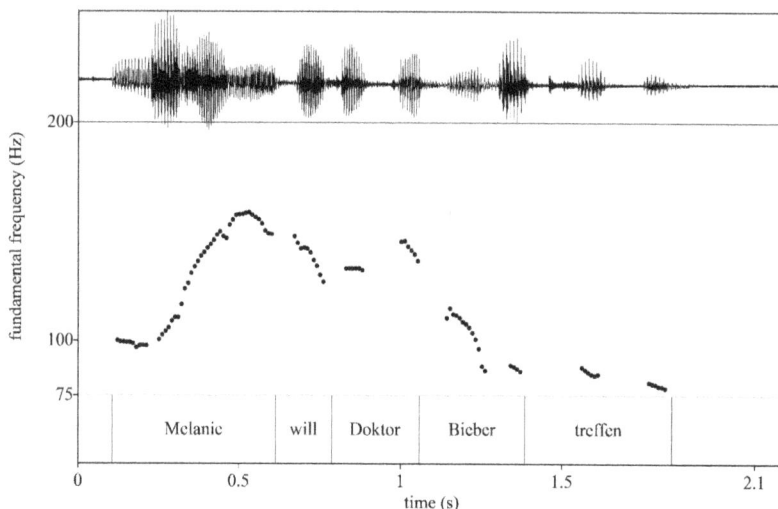

Abbildung 6.6: Screenshot mit (von oben nach unten) Oszillogramm und F0-Verlauf für die Äußerung <Melanie will Dr. Bieber treffen> von Sprecher M1. Das Zielwort <BIEber> ist im weiten Fokus und der nukleare Tonakzent als H!H* klassifiziert.

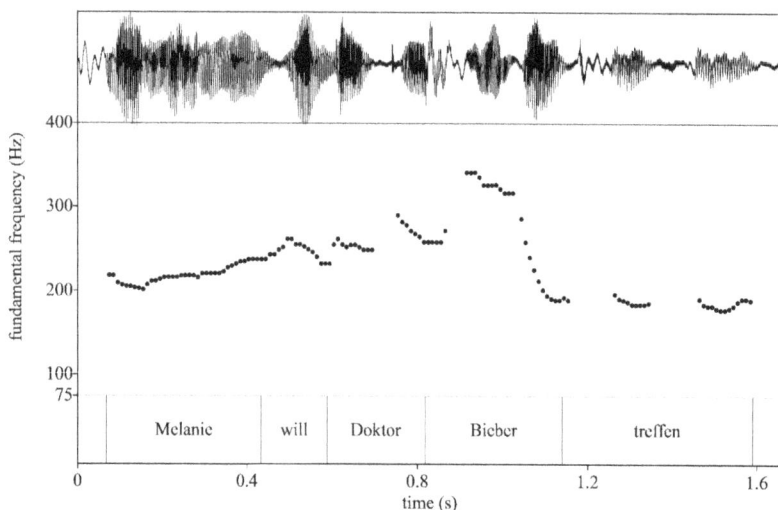

Abbildung 6.7: Screenshot mit (von oben nach unten) Oszillogramm und F0-Verlauf für die Äußerung <Melanie will Dr. Bieber treffen> von Sprecherin F3. Das Zielwort <BIEber> ist im engen Fokus und der nukleare Tonakzent als H* klassifiziert.

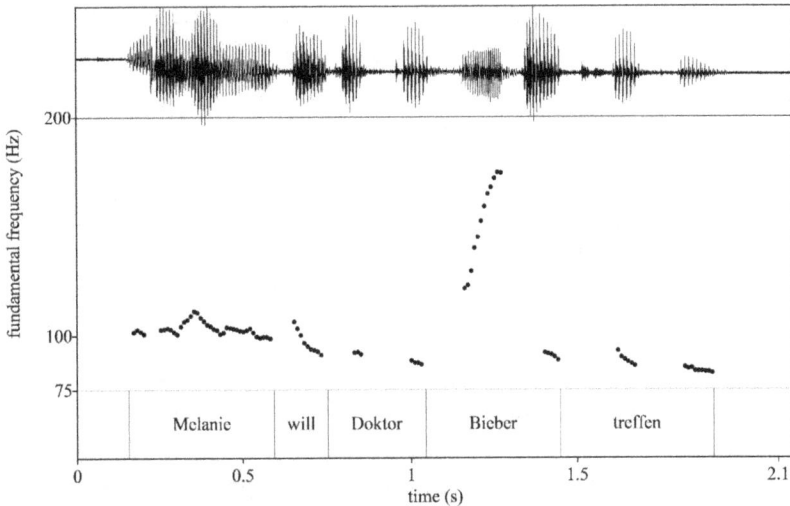

Abbildung 6.8: Screenshot mit (von oben nach unten) Oszillogramm und F0-Verlauf für die Äußerung <Melanie will Dr. Bieber treffen> von Sprecherin M1. Das Zielwort <BIEber> ist im engen Fokus und der nukleare Tonakzent als L+H* klassifiziert.

In allen Fällen folgte dem nuklearen Tonakzent ein Grenzton, L-L%. Zielwörter, die nicht akzentuiert waren, wurden mit 'Ø' markiert.

Die segmentalen Daten wurden in der Software EMU (Cassidy & Harrington 2001) auf akustischer und kinematischer Ebene manuell annotiert. Auf akustischer Ebene wurden jeweils das Oszillogramm und zugehöriges Breitbandsonagramm verwendet. Es wurden jeweils Anfang und Ende der Zielwörter (<Bieber>, <Bahber>, <Bohber> und Zielsilben (/bi:/, /ba:/ und /bo:/) bestimmt und dann die zugehörigen akustischen Wort- und Silbendauern berechnet. Die Wortdauer entspricht in diesen Fällen den Fußdauern. Für die kinematische Analyse wurden die Bewegungen der Lippen annotiert. Hierzu wurde nach Byrd (2000: 6) der Index für die Zwischenlippendistanz berechnet (Lip-Aperture-Index), bei dem die euklidische Distanz zwischen unterer und oberer Lippe kalkuliert wird, vgl. Gleichung 6.9.

117

$$\text{Lippenöffnung} = \sqrt{\left(x_{\text{Lippenöffnung}}\right)^2 + \left(y_{\text{Lippenöffnung}}\right)^2} \qquad (6.9)$$

$$x_{\text{Lippenöffnung}} = x_{\text{Oberlippe}} - x_{\text{Unterlippe}}$$

$$y_{\text{Lippenöffnung}} = y_{\text{Oberlippe}} - y_{\text{Unterlippe}}$$

Es wurden Landmarken für die Öffnungsgeste der Lippen in den Zielsilben /ba:/, /bi:/ and /bo:/ gesetzt (vgl. auch Kapitel 4.2). Die Lippenöffnungsgeste bezeichnet die Bewegung der Lippen vom maximalen Verschluss im initialen Konsonanten bis zur maximalen Öffnung im folgenden Vokal. Start- und Zielpunkt (Onset und Target) der Bewegung sind anhand der Geschwindigkeitskurve (erste Ableitung der Positionskurve) bestimmbar, vgl. Abbildung 6.9. Beim Start und beim Ziel des Aktivierungsintervalls für die Öffnungsgeste (farblich hervorge-

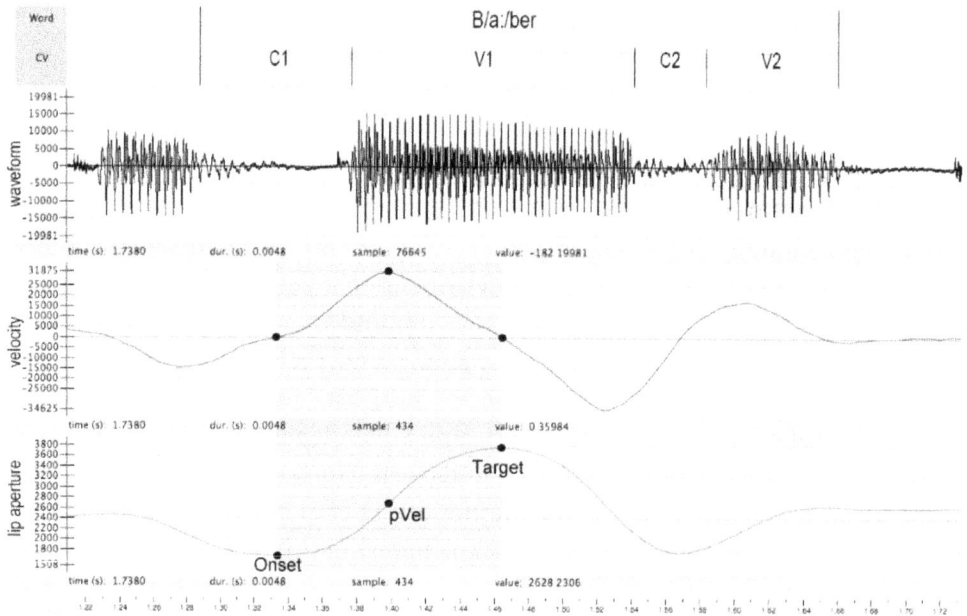

Abbildung 6.9: Screenshot mit (von oben nach unten) Oszillogramm, Geschwindigkeits- und Positionskurve für die Zwischenlippendistanz. Niedrige Werte in der Positionskurve verweisen auf geschlossene Lippen im Konsonanten und hohe Werte auf geöffnete Lippen im Vokal. Das Aktivierungsintervall der Öffnungsgeste ist rosa hervorgehoben mit den Landmarken Onset, Maximalgeschwindigkeit (pVel) und Target.

hobene Box) beträgt die Geschwindigkeit der Lippenbewegung Null. Eine weitere Landmarke ist die Maximalgeschwindigkeit der Öffnungsgeste (peak velocity, pVel). Diese ist anhand der Beschleunigungskurve (zweite Ableitung der Positionskurve) bestimmbar. Ist die Maximalgeschwindigkeit der Bewegung erreicht, beträgt deren Beschleunigung Null.

Basierend auf den Landmarken Onset, pVel und Target wurden die folgenden fünf Messvariablen (a-d) verwendet:

(a) Die maximale Dauer der Öffnungsgeste vom Onset bis zum Target der Bewegung, in ms.

(b) Die Amplitude (maximale Auslenkung) der Öffnungsgeste vom Onset bis zum Target der Bewegung, in mm.

(c) Die Maximalgeschwindigkeit (pVel) der Öffnungsgeste, in mm/s.

(d) Die Steifheit (Time-To-Peak-Intervall) der Öffnungsgeste als zeitliches Intervall vom Start der Bewegung bis zur Maximalgeschwindigkeit (Cho 2002; 2006; Byrd & Saltzman 1998).

6.3.2 Ergebnisse der tonalen Analyse

Die Abbildung 6.10 zeigt die Verteilung der Tonakzente im Hinblick auf die unterschiedlichen Fokusstrukturen für alle Sprecher. Diese drei Fokuskonditionen weiter, enger und kontrastiver Fokus werden mit einem Tonakzent markiert, die Kondition Hintergrund dagegen nicht.

Es zeigt sich darüber hinaus ein Zusammenhang zwischen dem verwendeten Tonakzent und der zu markierenden Fokusstruktur (Mücke & Grice 2016). So tritt L+H* überwiegend im weiten Fokus auf. H+!H* tritt im weiten und engen, jedoch nicht im kontrastiven Fokus auf. H* hingegen wird über alle drei Fokuskonditionen verwendet.

Die Sprecher nutzen jedoch unterschiedliche Strategien. So zeigt die Tabelle 6.2 die Verteilung der Tonakzente für die einzelnen Sprecher. Sprecher F1 und F2 beispielsweise verwenden unterschiedliche Tonakzente, um zwischen weitem (H+!H*) und kontrastivem Fokus (L+H*) zu unterscheiden. Sprecher F3 und M2 verhalten sich jedoch anders. Beide verwenden H* stärker über die verschiedenen Fokuskonditionen hinweg und variieren nicht so stark in der Auswahl der verwendeten Tonakzente. So verwendet Sprecherin F3 den H*-Akzent auch im kontrastiven Fokus und verzichtet ganz auf eine Markierung durch L+H*.

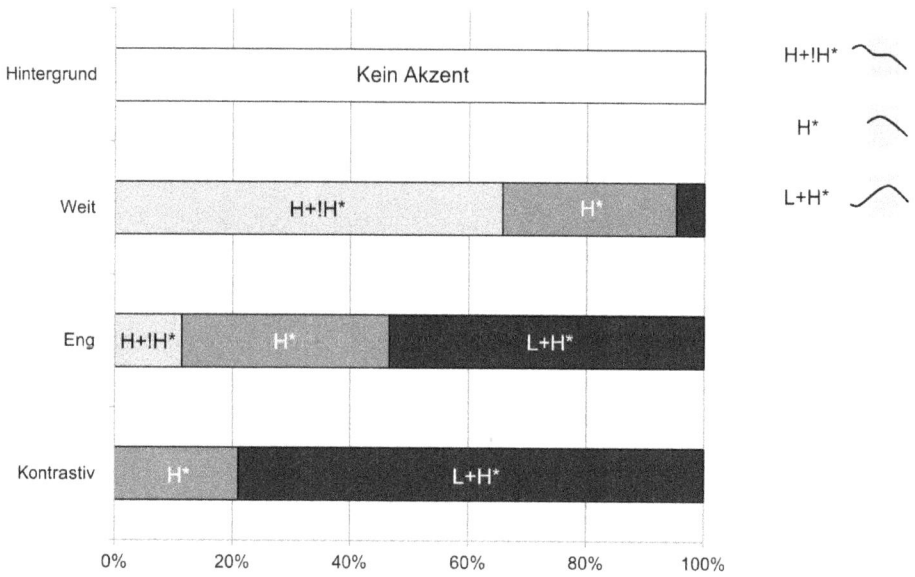

Abbildung 6.10: Verteilung der Tonakzente im Hinblick auf die verschiedenen Fokuskonditionen, gemittelt über alle Sprecher.

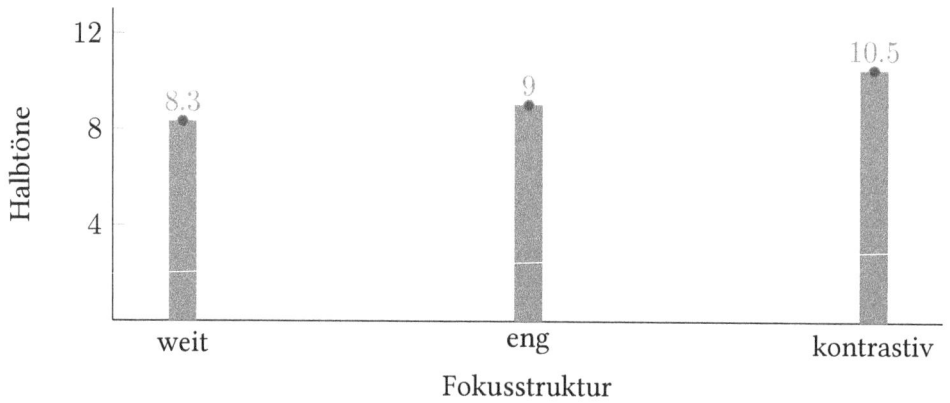

Abbildung 6.11: Tonhöhenumfang in Halbtönen vom nuklearen Gipfel, H*, bis zur tiefen Grenze, L%, für Sprecherin F3 (adaptiert von Krüger 2009).

Tabelle 6.2: Sprecherspezifische Verteilung der Tonakzente im Hinblick auf die verschiedenen Fokuskonditionen (Hintergrund, weiter Fokus, enger Fokus, kontrastiver Fokus), alle Angaben in Prozent (leere Zellen = 0 %); 'Ø' = kein Akzent.

		Hintergrund	Weit	Eng	Kontrastiv
F1	'Ø'	100%			
	H+!H*		95%	14%	
	H*		5%	24%	5%
	L+H*			62%	95%
F2	'Ø'	100%			
	H+!H*		100%	50%	
	H*			20%	
	L+H*			30%	100%
F3	'Ø'	100%			
	H+!H*		10%		
	H*		90%	100%	100%
	L+H*				
M1	'Ø'	100%			
	H+!H*		95%		
	H*		5%	24%	1%
	L+H*			76%	81%
M2	'Ø'	100%			
	H+!H*				
	H*		100%	61%	11%
	L+H*			39%	89%

Eine detaillierte Analyse der tonalen Korrelate findet sich in Krüger (2009) und Grice u. a. (2017). Es sei hier aber angemerkt, dass einige Sprecher, wie Sprecherin F3, hauptsächlich einen Tonakzenttypen über die unterschiedlichen Fokusbedingungen produzieren. Betrachtet man jedoch die akustischen Korrelate wie Tonhöhenumfang und zeitliche Alignierung (Synchronisation von Sprechmelodie und Text) genauer, so finden sich systematische Variationen in Abhängigkeit von der Fokusstruktur auch innerhalb der Akzentkategorien. Die Abbildungen 6.11 und 6.12 zeigen die Korrelate für Sprecherin F3, die ausschließlich den pragmatisch neutralen Akzenttyp H* über die unterschiedlichen Fokusstrukturen hinweg produziert hat. Die erste Abbildung 6.11 zeigt den Tonhöhenumfang (peak height) vom nuklearen Gipfel bis zur tiefen Grenze. Es zeigt sich, dass der Tonhöhenumfang systematisch von weitem und engen Fokus hin zum kontrastiven Fokus zunimmt (t-Testung: weiter Fokus = enger Fokus < kontrastive Fokus, $p \leq 0.05$). Im kontrastiven Fokus ist der Tonhöhenumfang um 2,2 Halbtöne größer als im weiten Fokus.

Die Abbildung 6.12 zeigt das zeitliche Alignierungsmuster für den nuklearen Gipfel, H*, relativ zum Beginn des akustischen Vokalbeginns. Solche Alignierungsmuster zählen zur segmentalen Ankerhypothese, die davon ausgeht, dass Wendepunkte in der F0-Kontur zeitgleich mit akustischen Segmentgrenzen auftreten, weil sie dort verankert sind (vgl. Kapitel 7).

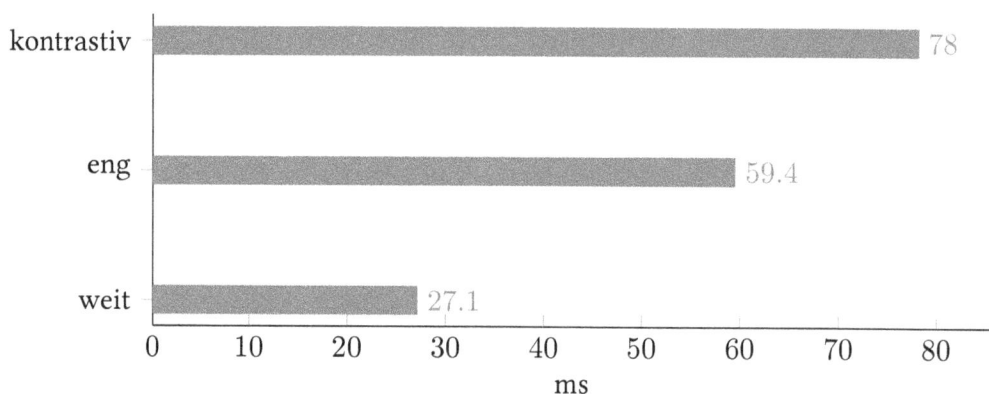

Abbildung 6.12: Zeitliches Alignment für den nuklearen Gipfel (H*) relativ zum Beginn des Vokals in der Akzentsilbe für Sprecherin F3 (adaptiert von Krüger 2009).

Positive Werte indizieren, dass in allen Konditionen der Gipfel (gemessen als F0-Wendepunkt) zeitlich nach dem Beginn des akzentuierten Vokals auftritt, das sogenannte „peak delay". Im Hinblick auf die Fokusstruktur zeigt sich, dass der Gipfel durchschnittlich 32 ms später im engen als im weiten Fokus und 19 ms später im kontrastiven als im engen Fokus auftritt (t-Testung: weiter Fokus < enger Fokus < kontrastiver Fokus, $p \leq 0.05$). Sowohl höhere als auch spätere Gipfel (gemessen als Peak Height und Peak Delay) werden in der Regel von Hörern als besonders prominent wahrgenommen (Gussenhoven 2004).

6.3.3 Ergebnisse der supralaryngalen Analyse

Für die statistische Analyse wurde die Statistiksoftware *R* (R Core Team 2017) verwendet. Es wurden Varianzanalysen mit Messwiederholung über alle Datenpunkte durchgeführt, die auf Zellenmittelwerten basierten (overall ANOVAs; repeated measures). Als unabhängige Variablen wurden Fokusstruktur (Hintergrund, weiter Fokus, enger Fokus, kontrastiver Fokus) sowie Vokalqualität (/a:/, /i:/, /o:/) mit den einzelnen Sprechern als Zufallsfaktor getestet. Als abhängige Variable dienten jeweils die verschiedenen akustischen und artikulatorischen Messungen (akustisch: Fuß- und Silbendauern; artikulatorisch: Dauer, Amplitude, Maximalgeschwindigkeit, Steifheit der Öffnungsgeste). Für die Post-Hoc-Testung wurde eine Reihe von Tukeys HSD verwendet. Bei der artikulatorischen Steifheitsmessung wird zunächst auf das Time-to-Peak Intervall genommen. In Kapitel 6.3.4 werden dann die beiden gängigen Steifheitsmessungen (vgl. Kapitel 4), das Time-to-Peak Intervall und die Steifheitsberechnung nach Munhall u. a. (1985) auf ihre Leistungsfähigkeit hin verglichen.

Zunächst werden die akustischen Dauern dargestellt. Abbildung 6.13 zeigt Mittelwerte und Standardfehler für die Wort- und Silbendauern auf akustischer Ebene. Die Analyse zeigt einen systematischen Effekt des Faktors Fokusstruktur auf Wortdauern [$F(3; 12) = 20{,}44$; $p \leq 0.05$] und Silbendauern [$F(3; 12) = 19{,}05$; $p \leq 0.05$]. Mit steigendem Grad der Prominenz werden die Wort- und Silbendauern länger. Vergleicht man Hintergrund mit den anderen Fokuskonditionen weiter Fokus, enger Fokus und kontrastiver Fokus, so zeigt sich ein systematischer Unterschied zwischen den maximal divergierenden Fokusstrukturen: zwi-

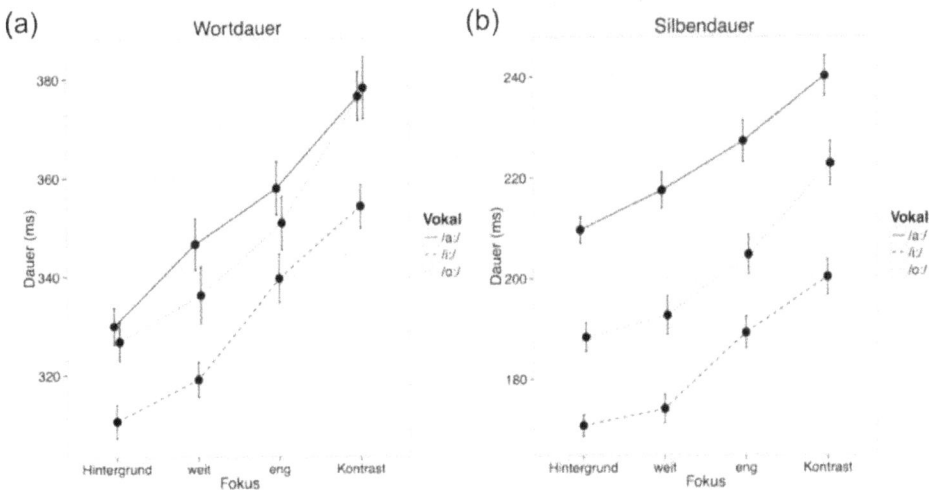

Abbildung 6.13: Mittelwerte und zugehörige Standardfehler für die akustischen Messungen (a) Wortdauern und (b) Silbendauern für die Fokuskonditionen Hintergrund, weiter Fokus, enger Fokus, kontrastiver Fokus und die Vokalkonditionen B/a:/ber, B/i:/ber, B/o:/ber, gemittelt über alle Sprecher.

schen Hintergrund und kontrastivem Fokus steigen die Wortdauern um durchschnittlich 47 ms und die Silbendauern um 31 ms an. Darüber hinaus steigen die durchschnittlichen Fußdauern zwischen Hintergrund und engem Fokus um 27 ms und die Silbendauern um 17 ms an. Der Vergleich von weniger stark divergierenden Fokusstrukturen führt jedoch zu gänzlich anderen Resultaten: Zwischen Hintergrund und weitem Fokus finden sich keine Effekte der Fokusstruktur auf die Messungen von Wort- und Silbendauern (post-hoc Testing: Hintergrund = weiter Fokus < enger Fokus < kontrastiver Fokus, $p \leq 0.05$). Vergleicht man die akzentuierten Konditionen untereinander, so zeigt sich ein systematischer Anstieg von weitem Fokus über engen Fokus bis hin zum kontrastiven Fokus (post-hoc Testing: weiter Fokus < enger Fokus < kontrastiver Fokus, $p \leq 0.05$).

Im Folgenden werden die artikulatorischen EMA-Daten betrachtet, also eine kinematische Analyse hinzugezogen. Abbildung 6.14 zeigt Mittelwerte und Standardfehler für die kinematischen Messungen, gemittelt über alle Sprecher. Es zeigt sich ein signifikanter Haupteffekt der Fokusstruktur auf alle vier Messungen der Öffnungsgeste: Dauer [$F(3, 12) = 16{,}49$; $p < 0{,}001$]; Amplitude [$F(3, 12) = 9{,}445$; $p < 0{,}01$], Maximalgeschwindigkeit [$F(3, 12) = 5{,}441$; $p < 0{,}05$] und Steifheit (zunächst gemessen als Time-To-Peak-Intervall: [$F(3, 12) = 5{,}756$; $p < 0{,}05$]). Vergleicht man Hintergrund mit den anderen Fokuskonditionen weiter Fokus, enger Fokus und kontrastiver Fokus, so zeigen sich für die maximal divergierenden Fokusstrukturen längere, größere und schnellere Bewegungen. Zwischen Hintergrund und kontrastivem Fokus findet ein systematischer Anstieg in der Dauer um durchschnittlich 27 ms, in der Amplitude um 4 mm und in der Maximalgeschwindigkeit um 52 mm/s statt, während die Steifheit hingegen unverändert bleibt. Beim Vergleich von Hintergrund und engem Fokus finden sich ebenfalls längere und größere Bewegungen (die Dauern steigen im Durchschnitt um 11 ms und die Auslenkungen um 2 mm an), jedoch bleiben Steifheit (gemessen als Time-To-Peak-Intervall) und Maximalgeschwindigkeit gleich. Anders verhält es sich beim Vergleich weniger stark divergierender Fokusstrukturen: Zwischen Hintergrund und weitem Fokus erreicht keine der kinematischen Messungen Signifikanz ($p \geq 0.05$, ns).

Vergleicht man die Fokuskonditionen (weiter Fokus, enger Fokus und kontrastiver Fokus, siehe Abbildung 6.14 untereinander, so finden sich ebenfalls unterschiedliche Effekte der Fokusstruktur auf die kinematischen Messungen. So steigen Dauern und Amplitude systematisch in allen Fällen vom weiten über engen bis hin zum kontrastiven Fokus ($p \leq 0.05$; post-hoc Testing: weiter Fokus < enger Fokus < kontrastiver Fokus). Die Maximalgeschwindigkeit hingegen steigt nur dann an, wenn weiter und kontrastiver Fokus verglichen werden, aber nicht

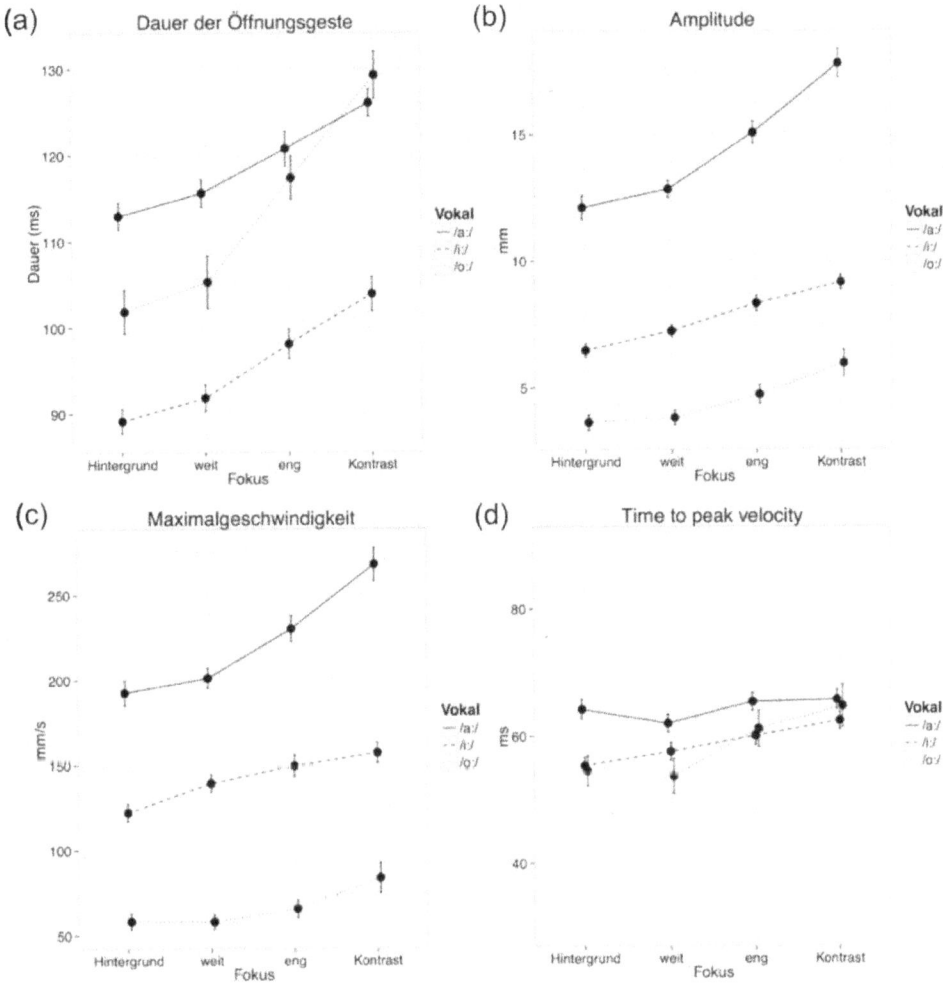

Abbildung 6.14: Mittelwerte und zugehörige Standardfehler für die kinematischen Messungen der Öffnungsgeste (a) maximale Dauer, (b) Amplitude, (c) Maximalgeschwindigkeit und (d) Steifheit (Time-To-Peak-Intervall) für die Fokuskonditionen Hintergrund, weiter Fokus, enger Fokus, kontrastiver Fokus und die Vokalkonditionen B/a:/ber, B/i:/ber, B/o:/ber, gemittelt über alle Sprecher.

beim Vergleich von engem Fokus mit den jeweils benachbarten Fokusstrukturen, weiter und kontrastiver Fokus ($p \leq 0.05$). Die Steifheit steigt beim Vergleich von weitem und kontrastivem Fokus ($p = 0,0394$), jedoch nicht zwischen den anderen Fokuskonditionen (weiter versus enger Fokus; enger versus kontrastiver Fokus, $p \leq 0.05$).

Abbildung 6.15 zeigt gemittelte Bewegungstrajektorien für die Lippenöffnungs-
bewegung, aufgeschlüsselt nach den einzelnen Sprechern (F1, F2, F3, M1, M2),
Zielwort (B/a:/ber, B/i:/ber, B/o:/ber) und Fokuskondition. Alle Trajektorien sind
mit dem akustischen Anfang des Zielwortes aligniert. Die x-Achse kodiert die
Zeit in ms und die y-Achse kodiert die Bewegungsauslenkung (*displacement*).
Große Werte auf der y-Achse indizieren, dass die Lippen während des Vokals
geöffnet sind. Die Bewegungsverläufe zeigen nicht nur, dass alle Sprecher ihre
supralaryngale Artikulation in Abhängigkeit der Fokuskondition modifizieren,
sondern auch, dass es sprecherspezifische Unterschiede gibt. F1 und M1 zeigen
im Vergleich zu Sprecher F2, F3 und M2 durchweg stärkere Anpassungen in der
räumlichen Dimension, d. h. größere Auslenkungen der Bewegungsamplituden
im Hinblick auf die Markierung der Fokuskonditionen. Während die Unterschiede im Grad der räumlichen Bewegungsauslenkung tendenziell am größten in
B/a:/ber und am kleinsten in B/o:/ber sind, zeigen alle Zielwörter vergleichbare
Dauermodifikationen (Gesamtdauer der Öffnungsgeste vom Start bis zum Target).

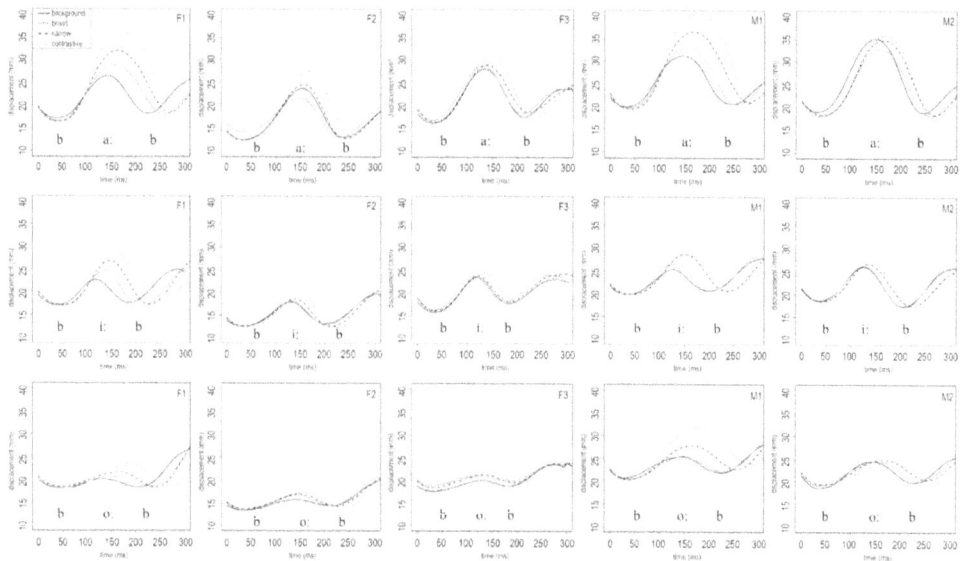

Abbildung 6.15: Gemittelte Bewegungstrajektorien (Background = Hintergrund, broad = weiter Fokus, narrow = enger Fokus, contrastive =
kontrastiver Fokus).

Die stärksten Unterschiede in den Trajektorien zeigen sich, wie erwartet, zwischen den maximal divergierenden Fokusstrukturen, Hintergrund und kontrastiver Fokus. Im kontrastiven Fokus produzieren vor allem Sprecher F1, F2 und

M1 längere, größere und schnellere Bewegungen. Die anderen beiden Sprecher, F3 und M2, zeigen über die Konditionen hinweg durchweg weniger konsistente Artikulationsmuster. Betrachtet man die Trajektorien bei weniger stark divergierenden Fokusstrukturen wie Hintergrund und weiter Fokus, so finden sich kaum Unterschiede in den artikulatorischen Mustern. Das ist interessant, denn in der Kondition „weiter Fokus" sind die Zielwörter akzentuiert und im Hintergrund nicht. Ähnlich verhält es sich, wenn man die Trajektorien von Hintergrund und engem Fokus vergleicht, wo zumindest drei von fünf Sprechern (F2, F3 und M2) keine Unterschiede in der Bewegungsausführung zeigen.

Eine detaillierte Analyse zum Einfluss von sprecherspezifischer Variation und Vokalqualität auf die artikulatorische Markierung findet sich in Mücke & Grice (2014). Hier reicht zunächst die Feststellung aus, dass:

(i) offene Vokale stärker markiert sind als die geschlossenen Vokale, da sie eine geringe koartikulatorische Resistenz aufweisen (vgl. auch Harrington u. a. 2000; Tabain 2003; Tabain u. a. 2003). Es gibt zwar einen Einfluss des segmentalen Materials auf die prosodische Markierung von Vokalen, aber auch geschlossenen Vokale werden – wenn auch in einem geringeren Masse – markiert.

(ii) Alle Sprecher markieren artikulatorisch, aber der Grad der Markierung sowie die Strategie variieren. Einige Sprecher wie F1 und M1 machen räumliche und zeitliche Modifikationen in den Lippenbewegungen, um unterschiedliche Grade der Prominenz abzubilden, während andere wie F2, F3 und M2 nur zeitliche Modifikationen vornehmen.

(iii) Zwischen Hintergrund und weitem Fokus finden kaum Modifikationen in der Artikulation statt, obwohl die letztere Kondition akzentuiert ist und die erstere nicht. Demgegenüber zeigen stark divergierende Fokusstrukturen wie Hintergrund versus kontrastiver Fokus oder Hintergrund versus enger Fokus klare Unterschiede in der Lippenöffnung.

(iv) Da wir die Lippenkinematik bereits betrachtet haben, sind die Modifikationen hauptsächlich der Sonoritätsexpansion und somit der Stärkung des phonologischen Merkmals [+sonorant] zuzuordnen (vgl. de Jong 1995; Harrington u. a. 2000; Cho 2005).

6.3.4 Vergleich unterschiedlicher Steifheitsberechnungen

Wie in Kapitel 4.1 aufgeführt gibt es unterschiedliche Berechnungen, um von dem physiologischen Signal auf den abstrakten Steifheitsparameter rückschließen zu können. In der Studie wurde zunächst das Time-to-Peak-Intervall verwendet, das als reiner Zeitparameter die Beschleunigungsphase der gestischen Aktivierung beschreibt. Eine weitere Steifheitsberechnung, die häufig in der Literatur verwendet wird, basiert auf einer spatio-temporalen Messung nach Munhall u. a. (1985). Hier wird das Verhältnis zwischen Maximalgeschwindigkeit (*pVel*) und Amplitude wie folgt berechnet:

$$\text{Steifheit } k = \frac{\text{pVel}\left(\frac{mm}{ms}\right)}{\text{Amp}\left(mm\right)} \tag{6.10}$$

Im Folgenden wird der Einfluss der Fokusstrukur auf die beiden unterschiedlichen Steifheitsberechnungen Time-To-Peak-Intervall und pVel/Amplitude verglichen. Die folgende Analyse konzentriert sich auf die über alle Sprecher gemittelten Werte. Bei der Varianzanalyse aller Datenpunkte (Varianzanalyse mit Messwiederholung basierend auf Zellmittelwerten mit den unabhängigen Faktoren Fokusstruktur und Vokalqualität und Sprecher als Zufallsfaktor) zeigt sich ein Haupteffekt der Fokusstruktur auf beide Steifheitsberechnungen (Time-To-Peak-Intervall [F(3; 12) = 5,756; $p \leq 0.05$]; pVel/Amplitude [F(3; 60) = 8,674; $p \leq 0.001$]). In Abbildung 6.16 sind Mittelwerte und Standardfehler gemittelt über alle Sprecher graphisch dargestellt. Bei der Darstellung der Steifheit als Time-to-Peak Intervall in (a) ist die y-Achse so belassen wie in Abbildung 6.14, um eine Vergleichbarkeit mit den vorherigen Analysen zu gewährleisten.

Beim Vergleich der maximal divergierenden Fokusstrukturen (Hintergrund und kontrastiver Fokus) findet sich ein Fokusstruktureffekt auf die Steifheitsberechnung pVel/Amplitude, ($p \leq 0,001$), die vom Hintergrund zum kontrastivem Fokus um 1,9 abnimmt. Auch zwischen Hintergrund und engem Fokus nimmt die Steifheit pVel/Amplitude ab ($p \leq 0,05$); hier sinkt sie um 1,3 vom Hintergrund zum engen Fokus. Beim Vergleich von Hintergrund und weitem Fokus hingegen bleibt sie unverändert ($p \geq 0,05$). Anders verhält es sich beim rein temporalen Steifheitsintervall (Time-To-Peak), das in allen Konditionen des Akzentvergleichs (Hintergrund und kontrastiver Fokus, Hintergrund und enger Fokus, Hintergrund und weiter Fokus) gleichbleibt (Time-To-Peak;$p \geq 0,05$).

Beim Vergleich zwischen weitem, engem und kontrastivem Fokus zeigt sich ein systematischer Abfall der Steifheit pVel/Amplitude für den Vergleich sowohl von weitem und kontrastivem Fokus ($p \leq 0,05$), als auch von weitem und engem Fokus ($p \leq 0,05$), d. h. die Steifheit sinkt um 1,9 vom weiten zum kontrastiven Fokus und um 1,3 vom weiten zum engen Fokus. Zwischen engem und kontrastivem Fokus jedoch bleibt die Eigenfrequenz unverändert ($p \geq 0,05$).

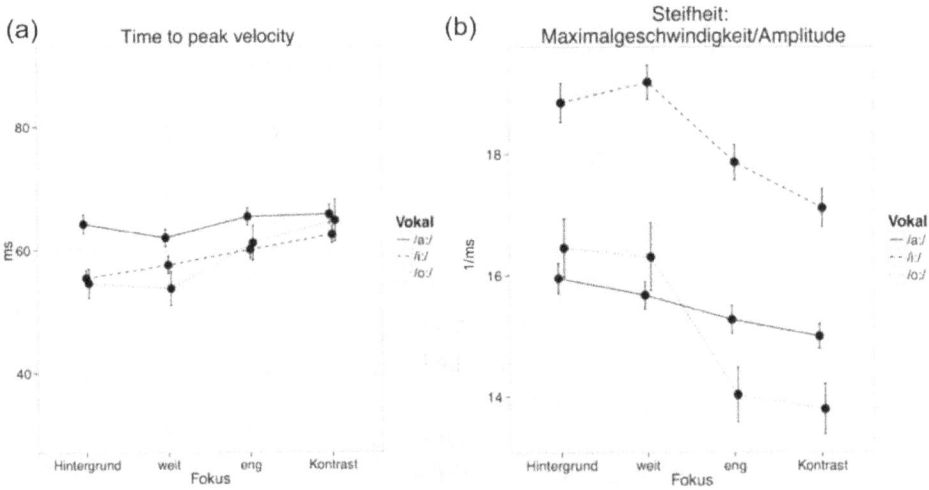

Abbildung 6.16: Mittelwerte und zugehörige Standardfehler für die zwei unterschiedlichen Steifheitsberechnungen der Öffnungsgeste (a) Time-To-Peak-Velocity (in ms) und (b) pVel/Amplitude, für die Fokuskonditionen Hintergrund, weiter Fokus, enger Fokus, kontrastiver Fokus und die Vokalkonditionen B/a:/ber, B/i:/ber, B/o:/ber), gemittelt über alle Sprecher.

Für die rein temporale Steifheitsmessung, dem Time-To-Peak-Intervall, ergeben sich systematische Unterschiede beim Vergleich von weitem und kontrastivem Fokus ($p \leq 0,05$), d. h. hier vergrößert sich das Time-To-Peak-Intervall um durchschnittlich 6 ms vom weiten zum kontrastiven Fokus. Beim Vergleich der benachbarten Fokuskonditionen hingegen (enger und weiter Fokus sowie enger und kontrastiver Fokus) bleibt das Time-To-Peak-Intervall gleich ($p \geq 0,05$).

Es zeigt sich für die analysierten Daten, dass es sich bei den beiden Steifheitsberechnungen um unterschiedlich sensitive Messtechniken handelt. Die Steifheit pVel/Amplitude deckt mehr Unterschiede zwischen den einzelnen Prominenzgraden auf. Sie hat den Vorteil, dass sie neben der zeitlichen Ebene auch die räumlichen Modifikationen berücksichtigt. Die Steifheit Time-To-Peak-Intervall hingegen bezieht nur die zeitliche Ebene mit ein, indem sie die Dauer der Beschleunigungsphase der Bewegung zu Grunde legt (vgl. Cho 2002; 2006; Byrd & Saltzman 1998). Beiden Messungen liegt die Annahme zu Grunde, dass ein Absenken der Steifheit – also ein Absenken der Oszillationsfrequenz im Feder-Masse-Modell – im physiologischen Signal – mit oder ohne Einbeziehung der räumlichen Komponente zu langsameren Bewegungen führt. Es gibt jedoch einen Vorteil bei der Modellierung, wenn man die Messung Time-To-Peak-Intervall verwendet, auch wenn sie in den Daten weniger sensitiv war. Das Time-To-Peak-Intervall kann die Trunkierung einer Geste durch eine andere aufdecken. Ändert sich die Phase zwischen zwei Gesten und somit deren gestischer Überlappungsgrad, kann es zur früheren Ablösung einer Geste durch eine andere kommen. Als Konsequenz ändern sich im physiologischen Signal zwar die Gesamtdauern und Amplituden der Geste, nicht aber deren Maximalgeschwindigkeit und Beschleunigungsintervall (Time-To-Peak). Eine Ausnahme bilden starke Reduktionen, bei denen eine Geste bereits vor dem Erreichen ihrer Maximalgeschwindigkeit, also noch während der Beschleunigungsphase, trunkiert wird. Demgegenüber gibt die Steifheitsmessung pVel/Amplitude keinen Aufschluss darüber, ob die gefundenen Variationen aus längeren und größeren Bewegungsauslenkungen auf unterschiedliche Koordinationsmuster zwischen Gesten (mit zunehmender prosodischer Stärke nehmen Trunkierungsphänomene ab) oder auf Reskalierungsprozesse innerhalb einer Geste (mit zunehmender prosodischer Stärke werden Bewegungen räumlich und zeitlich größer skaliert) rückführbar ist.

6.3.5 Der Parameter Lippenrundung bei Zielwörtern mit /oː/

Die Zwischenlippendistanz (Lip-Aperture-Index) basiert auf der Berechnung des Euklidischen Abstands zwischen den beiden Sensoren auf der Unter- und Oberlippe; diese Abstandsberechnung bezieht die vertikalen (y-Position) und horizontalen (x-Position) Lippenbewegungen in einem zweidimensionalen Raum ein. Es hat sich im Datensatz gezeigt, dass Zielsilben mit gerundeten Vokalen geringere räumliche Modifikationen aufweisen als solche mit ungerundeten Vokalen, vgl. Abbildung 6.15.

Bei gerundeten Vokalen drückt sich das phonologische Merkmal [+gerundet] nur indirekt in der Zwischenlippendistanz aus. Für die Lippenrundung findet aktiv eine horizontale Vorwärtsbewegung der Ober- und Unterlippe statt. Deshalb kann für die gerundeten Vokale eine getrennte Betrachtung der Dimensionen x-Position (Lippenrundung) und y-Position sinnvoll sein: eventuelle Differenzierungen in artikulatorischen Mustern könnten bei einer relativen Abstandsmessung wie der Zwischenlippendistanz weniger klar sichtbar sein als bei der Betrachtung der absoluten Positionen.

Im Folgenden werden für das Zielwort B/oː/ber die Trajektorien der unteren Lippe nach horizontalen und vertikalen Bewegungsmustern aufgeschlüsselt. In Abbildung 6.17 (a-d) sind die gemittelten Trajektorien der unteren Lippe für die Öffnungsgeste einzeln für jeden Sprecher und jede Fokuskondition dargestellt. Der Start der Trajektorie ist mit dem kinematischen Beginn der Öffnungsgeste in /boː/ (maximaler Verschluss im initialen Konsonanten) und das Ende der Trajek-

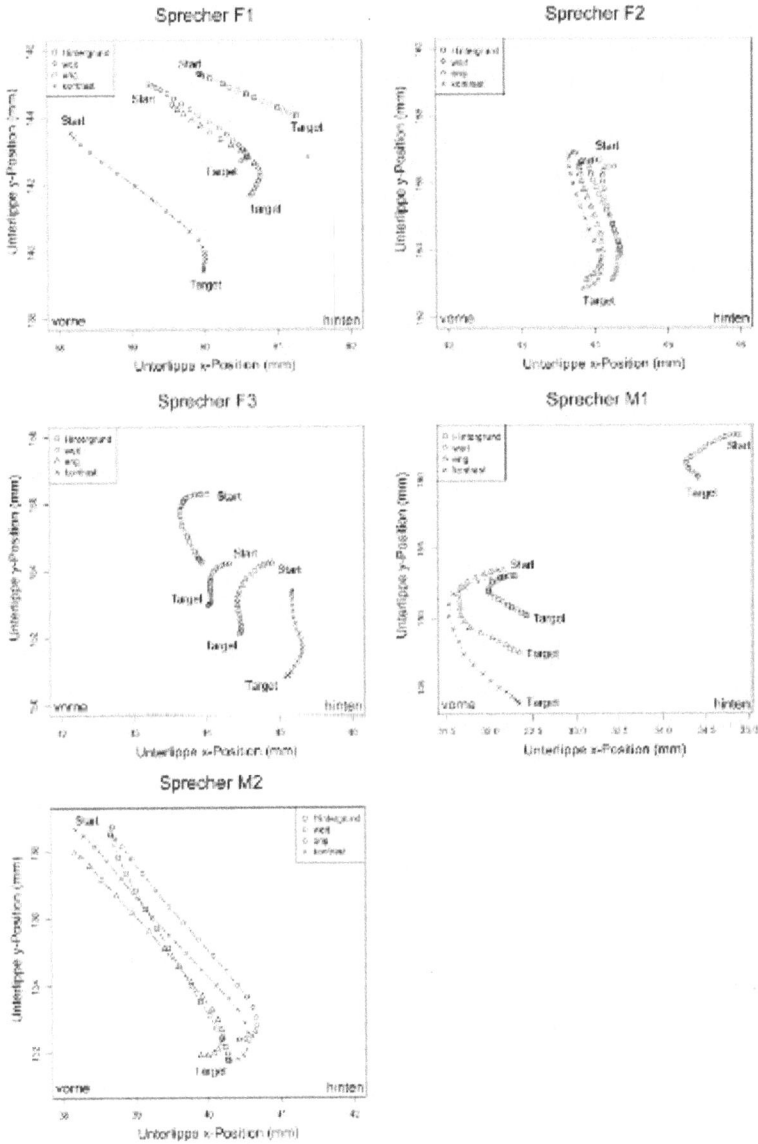

Abbildung 6.17: Gemittelte Trajektorien der Unterlippe für die Öffnungsgeste in /boː/, einzeln für Sprecher und Fokuskonditionen, zeitnormalisert über 20 gleichabständige Datenpunkte pro Trajektorie. x-Achse = horizontale Position (niedrige Werte indizieren eine stärkere Vorwärtsbewegung); y-Achse = vertikale Position (niedrige Werte indizieren eine stärkere Öffnungsbewegung).

131

torie mit dem Target der Öffnungsgeste (maximale Öffnung im Vokal) aligniert. Jede Trajektorie ist zeitnormalisiert über 20 gleichabständige Datenpunkte (vgl. auch Tabain u. a. 2003). Auf der y-Achse ist die vertikale Position der Unterlippe abgebildet (oben/unten). Dabei indizieren hohe Werte den labialen Verschluss im initialen Konsonanten und niedrige Werte die transvokalische Öffnung im Vokal. Die x-Achse zeigt die horizontale Position der Unterlippe (vorne/hinten). Niedrige Werte indizieren eine stärkere Vorwärtsbewegung der Unterlippe, die mit einer stärkeren Rundung gleichgesetzt werden kann, während hohe Werte auf eine Rückwärtsbewegung verweisen.

Es handelt sich bei den Graphiken um eine starke Vergrößerung der Zielregion der Lippenrundungsgeste: Während der gesamten dargestellten Trajektorie der transvokalischen Öffnungsgeste in /bo:/ ist die Unterlippe – wenn auch in einem unterschiedlichen Grad – bereits vorwärts gestülpt. Tatsächlich ist bei den Sprechern die Vorwärtsbewegung der Unterlippe am stärksten zu Beginn der Öffnungsgeste (im konsonantischen Verschluss) und nimmt dann zur maximalen Vokalöffnung hin leicht ab. Dieses Phänomen deutet auf antizipatorische Koartikulation hin, denn das Maximum für die Vorwärtsbewegung der Unterlippe in /o:/ wird bereits im vorangehenden initialen labialen Plosiv /b/ erreicht.

Sprecher F1 und M1 zeigen bezüglich der supralaryngalen Differenzierung der Fokusstrukturen große Unterschiede in der Öffnung (y-Achse) und der Vorwärtsbewegung der Unterlippe (x-Achse). So ist die Unterlippe im kontrastiven Fokus deutlich weiter offen (y-Achse) und vorne als im Hintergrund (x-Achse). Des Weiteren produziert Sprecherin F1 als Zwischenkategorie engen und weiten Fokus, die jedoch bezüglich der erreichten Lippenrundung zusammenfallen. Sprecher M1 produziert für engen Fokus Vorwärtsbewegungen, die zwischen Hintergrund und kontrastivem Fokus liegen, während weiter Fokus reduziertere Bewegungen als Hintergrund aufweist. Diese Ergebnisse zeigen, dass die Sprecher F1 und M1 distinkte Artikulationsmuster zur Markierung der Fokusstruktur nutzen.

Ähnlich verhält es sich bei Sprecherin F2, die jedoch tendenziell kleinere Unterschiede in der Vorwärtsbewegung der Unterlippe zur Markierung der Fokusstruktur macht. Dabei überschneiden sich bei ihr jeweils die Trajektorien für Hintergrund und weiten Fokus sowie für engen und kontrastiven Fokus.

Anders verhält es sich bei den Sprechern F3 und M2, die bei der Betrachtung der absoluten Positionskurven mehr Unterschiede bezüglich der Markierung der Fokusstruktur zeigen als dies bei einer reinen Betrachtung der Zwischenlippendistanz der Fall wäre (vgl. Mücke & Grice 2014). Sprecherin F3 produziert eine deutlich größere Lippenöffnung im kontrastiven und engen Fokus verglichen mit Hintergrund oder weitem Fokus, aber die Vorwärtsbewegung der Unterlippe ist entgegen der Erwartung stärker im Hintergrund und weitem Fokus als im engen und kontrastiven Fokus. Sprecher M2 produziert kleinere, aber dennoch gleichmäßige Unterschiede in der Bewegungsauslenkung der Unterlippe auf vertikaler und horizontaler Achse für weiten, engen und kontrastiven Fokus, während die Trajektorie für die Hintergrundkondition starke Überschneidungen mit den anderen Trajektorien aufweist. Wie bei F3 führt bei M1 eine Betrachtung der absoluten vertikalen und horizontalen Positionskurven zu klaren Ergebnissen, um die supralaryngale Markierung der Fokusstruktur bei Zielwörtern mit gerundeten Vokalen zu erfassen.

Es zeigt sich, dass Unterschiede in der Markierung der Fokusstruktur bei der relativen Abstandberechnung der Zwischenlippendistanz verdeckt sein können. So können bei gerundeten Vokalen mehr Differenzierungen in den Positionskurven (vertikale und horizontale Bewegung der Unterlippe) auftreten als in der Zwischenlippendistanz. Diese Beobachtung stimmt mit den Eingabevoraussetzungen im Task-Dynamic-Modell überein, bei dem die Traktvariablen des oralen Systems in Paaren auf zwei Beschreibungsdimensionen des virtuellen vertikalhorizontalen Vokaltraktes aufgeteilt sind und in LA (Lip Aperture) und LP (Lip Protrusion) unterschieden werden, vgl. Kapitel 1.2.1. Es empfiehlt sich bei gerundeten Vokalen, neben der Zwischenlippendistanz eine Analyse der absoluten Positionskurven durchzuführen, um Prosodische Stärke zu erfassen.

6.3.6 Diskussion und Implementierung

Es zeigt sich, wie in Mücke & Grice (2014) dargelegt, dass die Markierung der prosodischen Struktur nicht auf die Dichotomie akzentuiert – unakzentuiert beschränkt ist, sondern sich weitaus komplexer gestaltet. Die prosodische Stärke ist direkt an die Fokusstruktur selbst und somit an Prominenz gebunden. Das wird erst deutlich, wenn sich der Vergleich der supralaryngalen Markierung nicht nur auf maximal divergierender Fokusstrukturen (Hintergrund und kontrastiver Fokus) beschränkt, sondern auch geringere Prominenzgrade wie weiter Fokus in die Analyse mit einbezieht.

Für die Akzentuierung in Form der tonalen Markierung zeigen die Daten wie erwartet, dass alle Sprecher Tonakzente in weitem, engen und kontrastivem Fokus produzieren, während nicht-fokussierte Zielwörter ohne Tonakzent produziert werden. Aus Sicht der Intonation gibt es eine klare Distinktion zwischen fokussierten (akzentuierten) und nicht-fokussierten (nicht akzentuierten) Konditionen und bei der Betrachtung der Tonakzente über die verschiedenen fokussierten Konditionen zeigt sich auch ein Unterschied in ihrer Verteilung. So finden sich L+H*-Akzente überwiegend in kontrastivem Fokus und H+!H* in weitem

Fokus. Dennoch zeigen sich hier auch sprecherspezifische Strategien, und einige Sprecher produzieren H* auch in weitem oder kontrastivem Fokus und verzichten beispielsweise auf die Markierung von weitem Fokus durch einen L+H*. Bei näherer Betrachtung wird jedoch deutlich, dass sich die Realisierungen innerhalb einer Akzentkategorie quantitativ unterscheiden, beispielsweise bezüglich Tonhöhenumfang und zeitlichem Alignment (vgl. auch Grice u. a. 2017).

Für die artikulatorische Markierung (supralaryngale Artikulation) gibt es keine klare Trennung zwischen fokussierten (akzentuierten) und nicht-fokussierten (nichtakzentuierten) Zielwörtern. Die supralaryngale Artikulation ist nicht einfach konkomitant mit der Akzentuierung, sondern drückt vielmehr direkt die Fokusstruktur – und somit Prominenz – aus.

Sowohl für die akustischen Messungen (Wort- und Silbendauern) als auch für die kinematischen Parameter (Dauer, Amplitude, Maximalgeschwindigkeit) zeigt sich eine klare Distinktion, wenn stark divergierende Fokuskonditionen wie Hintergrund und kontrastiver Fokus untersucht werden. Diese Ergebnisse stimmen mit den Ergebnissen vieler kinematischer und akustischer Studien überein (u.a. Beckman u. a. 1992; de Jong u. a. 1993; de Jong 1995; Harrington u. a. 1995; 2000; Cho 2005; 2006; Dohen & Lœvenbruck 2005; Dohen u. a. 2006; Baumann u. a. 2006; Avesani u. a. 2007; Hermes, Becker u. a. 2008; Kügler 2008).

Ein vergleichbares Ergebnis stellt sich für den Vergleich von Hintergrund und engem Fokus ein, wenngleich hier keine klaren Unterschiede bezüglich des Parameters Maximalgeschwindigkeit der Lippenbewegung feststellbar waren. Beim Vergleich von Hintergrund und weitem Fokus wird deutlich, dass es hier keine Markierung durch das supralaryngale System gibt. Wenngleich weiter Fokus tonal markiert ist und die Hintergrund-Kondition nicht, finden sich aus segmentaler Perspektive weder auf akustischer noch auf artikulatorischer Ebene Unterschiede zwischen Hintergrund und weitem Fokus. Demnach findet keine direkte Anpassung des supralaryngalen Systems an die Akzentkondition statt.

Beim Vergleich zwischen weitem und engem Fokus zeigt sich ein systematischer Anstieg in den akustischen Wort- und Silbendauern sowie in den kinematischen Parametern der Öffnungsgeste Dauer und Amplitude. Beim Vergleich von engem Fokus mit den benachbarten Fokuskonditionen (enger versus weiter Fokus und enger versus kontrastiver Fokus) sind die Ergebnisse ähnlich wie in der EPG-Studie in Kapitel 6.2 weit weniger klar. Insbesondere hier zeigt sich ein sehr hohes Maß an sprecherspezifischer Variabilität, die auf keine klare Trennung in der Realisierung zwischen den beiden phonologischen Kategorien hinweist. Diese sprecherspezifische Variation reflektiert die unterschiedlichen und teilweise widersprüchlichen Ergebnisse in der Forschungsliteratur. So fanden beispielsweise Eady u. a. (1986) beim Vergleich von engem Fokus mit weitem Fokus im Englischen keine akustischen Unterschiede. Derselbe Vergleich, weiter und enger Fokus, führte jedoch bei Breen u. a. (2010) zu systematischen Wortdauer- und Intensitätsunterschieden im Englischen und bei Féry & Kügler 2008; Kügler 2008, sowie Baumann u. a. (2006) zu längeren Wortdauern im Deutschen. Des Weiteren lässt sich keine klare Trennung zwischen engem und kontrastivem Fokus ziehen, weil angenommen werden kann, dass enger Fokus einen Kontrast mit alternativen Formen impliziere (Krifka 2008).

Die Unterschiede in der supralaryngalen Artikulation können im Hinblick auf die Markierung der verschiedenen Fokuskonditionen wie folgt als Parameter in einem Feder-Masse-Modell modelliert werden: Beim Vergleich von engem Fokus mit Hintergrund finden sich Unterschiede in Dauer und Amplitude, während Maximalgeschwindigkeit und Steifheit (gemessen als Time-To-Peak-Intervall) unverändert bleiben. Diese Variation (längere und größere, aber nicht schnellere oder weniger steife Bewegungen deutet auf Veränderungen im Grad der koartikulatorischen Überlappung zweier Gesten hin, und weniger auf die Reskalierung innerhalb einer Geste. Im Hintergrund ist die Öffnungsgeste durch eine frühere Aktivierung der Verschlussgeste trunkiert (Abbildung 6.18). Trunkierung wird von Harrington u. a. 1995: 305 als eine wichtige Strategie im Australischen Englisch in der Realisierung unakzentierter Zielwörter versus kontrastiver Fokus. In ihrer Untersuchung haben sie die Trajektorien für die Öffnungs- und die Verschlussgeste des Kiefers in /bVb/ Silben gemessen. Für die Klärung, ob es sich jeweils um Reskalierung oder Trunkierung der Kiefergesten handelt, ziehen sie weitere Parameter hinzu, die die Form der Trajektorie zwischen den beiden Maximalgeschwindigkeiten der Öffnung und des Verschlusses in die Analyse mit einbeziehen. Diese Form verläuft im Falle der Trunkierung spitzer (die Öffnungsgeste wird ja von der Verschlussgeste „abgeschnitten") als bei der Reskalierung. Sie stellen abschließend fest: 'This study shows that the accented/unaccented differences are more appropriately modelled as a consequence of truncation, than linear rescaling.'

Beim Vergleich von engem Fokus mit weitem und kontrastivem Fokus zeigt sich, dass enger Fokus im Hinblick auf die supralayrngalen Parameter eine Zwischenposition einnimmt. Gesten im engen Fokus zeigen weniger koartikulatorische Überlappung als im weiten Fokus und mehr als im kontrastiven Fokus. Vergleicht man jedoch Hintergrund mit kontrastivem Fokus finden sich nicht nur Unterschiede in Dauer und Amplitude sondern auch in der Maximalgeschwindigkeit. Diese Variationen lassen sich im Feder-Masse-Modell jedoch nicht mehr auf eine einzelne Parametervariation zurückführen, sondern verweisen auf multiple

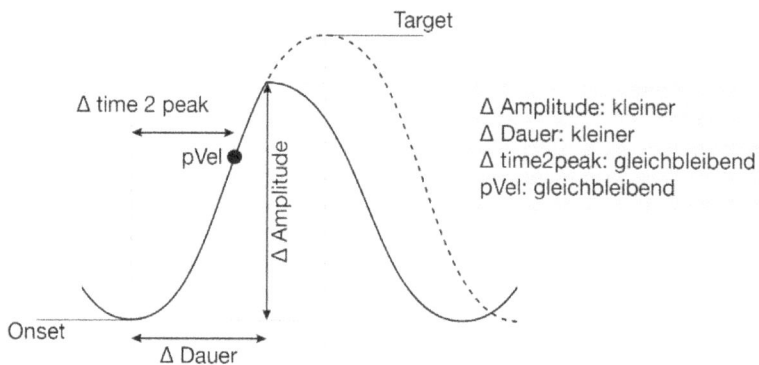

Phase: Trunkieren der Bewegung

Abbildung 6.18: Trunkierung der Bewegung, d. h. frühere Ablösung einer Geste durch eine andere Geste. Schematische Darstellung in Anlehnung an Beckman u. a. (1992: 71) und Cho (2002: 17).

Parametermodifikationen (Abbildung 6.19). Eine Veränderung im Grad der koartikulatorischen Überlappung (vgl. Kapitel 4.1) kann nicht den Anstieg in der Maximalgeschwindigkeit erklären. Es ist wahrscheinlich, dass die erhöhte Maximalgeschwindigkeit auf eine zusätzliche Modifikation der Zielspezifikation (einfache Parametermodifikation des Targets) zurückzuführen ist. So hat de Jong (1995) für Vokale im Englischen gezeigt, dass Veränderungen im zugrundeliegenden Target die artikulatorischen Modifikationen plausibel erklären können (Anstieg in Maximalgeschwindigkeit und Amplitude). Dies stimmt mit den Beobachtungen von Cho (2006) überein, der für prosodische Stärkung der supralaryngalen Artikulation multiple Parametermanipulationen annimmt.

Das zeigt sich beispielsweise in den Trajektorien der Sprecherinnen F1 und F2 im Zielwort <Bahber> im Hintergurnd versus kontrastivem Fokus. Die räumlichen Auslenkungen der Trajektorien von F1 im kontrastiven Fokus in der Silbe /ba:/ sind deutlich größer als bei Sprecherin F2 und können nur mit einer zusätzlichen Targetmodifikation als Ausdruck von Emphase abgebildet werden (Abbildung 6.20).

Zusammenfassend lässt sich bezüglich der Parametervariationen sagen, dass zwischen Hintergrund und engem Fokus die intergesturale Koordination als wichtigste Parametermodifikation auszureichend scheint. Im Hintergrund überlappen Gesten stärker als im engen Fokus. Das stimmt auch mit den Beobachtungen der zuvor aufgeführten EPG-Studie im Deutschen überein (Kapitel 6.2), bei der im Hintergrund konsonantische Gesten meist stark überlappen bzw. stark assimi-

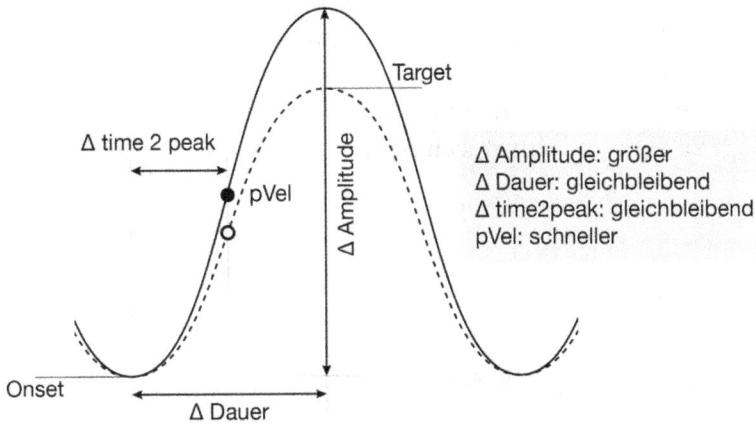

Target: größer / overshoot

Abbildung 6.19: Targetmodifikation wird bei manchen Sprechern mit der Trunkierung (siehe Abbildung 6.18) kombiniert, um bei kontrastivem Fokus versus Hintergrund eine zusätzliche räumliche Modifikation als Ausdruck von Emphase bzw. prosodischer Prominenz zu erreichen. Schematische Darstellung in Anlehnung an Beckman u. a. 1992: 71 und Cho 2002: 17.

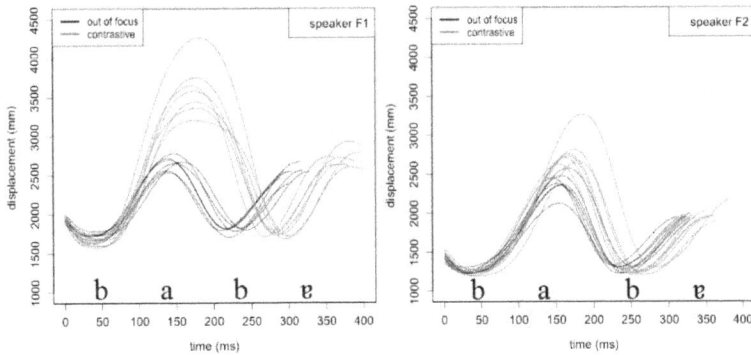

Abbildung 6.20: Trajektorien der Zwischenlippendistanz für Sprecherin F1 (Änderungen im Überlappungsgrad der transvokalischen Öffnungs- und Schließgesten mit zusätzlicher Targetmodifikation) und F2 (Änderungen im Überlappungsgrad der transvokalischen Öffnungs- und Schließgesten ohne zusätzliche Targetmodifikation) verdeutlichen die sprecherspezifische Variation; kontrastiver Fokus versus Hintergrund (out of focus).

liert sind. Bei Hintergrund versus kontrastivem Fokus kann der Prominenzgrad jedoch so stark ansteigen, dass bei einigen Sprechern eine zusätzliche Targetmodifikation stattfindet, die zu einer deutlich größeren räumlichen Auslenkung der Bewegung als Ausdruck von Emphase führt. Das scheint jedoch sprecherspezifisch bedingt zu sein und findet sich nicht in den Realisierungen aller Sprecher wieder.

7 Tonale Gesten

7.1 Kopplung von tonalen und oralen Gesten

Im Folgenden geht es um die zeitliche Synchronisation von Intonationsmustern (tonale Gesten) und Artikulation (orale Gesten). Wie bereits in Kapitel 3 aufgezeigt, lassen sich artikulatorische Gesten mit nichtlinearen Planungsoszillatoren assoziieren. Diese Oszillatoren fungieren als Taktgeber. Sie sind paarweise gekoppelt und bilden ein multiples Netzwerk der Selbstorganisation. Ihre Schwingungsmuster erzeugen stabile Koordinationsmuster zwischen unterschiedlichen Gesten. Dieser Ansatz bietet die Möglichkeit, tonale Alignierungsmuster von melodischer und textueller Schicht unter Kopplung tonaler und oraler Gesten dynamisch zu modellieren.

7.1.1 Was sind tonale Gesten?

Im Autosegmental-Metrischen-Modell (AM-Modell) der Intonation sind Töne als diskrete tonale Ereignisse definiert. Intonationsmuster setzen sich dabei nicht aus Konturen der Grundtonbewegung, sondern vielmehr aus Sequenzen unterschiedlicher, diskreter Tonstufen wie Hoch- und Tiefpunkten (High und Low) zusammen (vgl. Grice & Baumann 2002, Ladd 2008). Die Tonstufen markieren Abfolgen tonaler Zielpunkte (tonale Targets), zwischen denen die Intonationskontur linear interpoliert wird. Dabei können auch komplexe Töne abgebildet werden; ein steigender bitonaler LH-Akzent setzt sich aus einem lokalen Tiefpunkt L, der den Beginn des tonalen Anstiegs markiert, und einem Gipfel H, der dessen Ende markiert, zusammen. Den tonalen Zielspezifikationen L und H werden auf der Realisierungsebene lokale Minima (Täler) und Maxima (Gipfel) in der F0-Kontur zugeordnet.

   Die Segmentale Ankerhypothese beschreibt im Rahmen des AM-Modells die Prinzipien der Synchronisation von Intonationsmustern und Text (tonale Alignierung). Sie basiert auf der Beobachtung, dass Wendepunkte in der F0-Kontur (tonale Zielunkte) systematisch in der Nähe von lexikalisch betonten Silben auftreten, mit denen der Ton assoziiert ist (vgl. Arvaniti u. a. 1998 für Griechisch;

Ladd u. a. 1999 für Englisch; Ladd u. a. 2000 für Holländisch; Prieto & Torreira 2007 für Spanisch; D'Imperio u. a. 2007 für Italienisch; Atterer & Ladd 2004 und Mücke, Grice, Hermes & Becker 2008 für unterschiedliche Varietäten des Deutschen, Ladd 2008 für einen Überblick über die Segmentale Ankerhypothese). Werden die F0-Wendepunkte in Bezug zu segmentalen Landmarken gesetzt, beispielsweise zum akustischen Beginn des initialen Konsonanten der akzentuierten Silbe, so ergeben sich stabile Alignierungsmuster. Diese Muster enthalten so viel Information, dass sie Ähnlichkeiten und Unterschiede in der tonalen Alignierung zwischen Sprachen und Varietäten phonetisch abbilden können.

Abbildung 7.1 zeigt Alignierungseigenschaften von pränuklearen LH-Tonakzenten in verschiedenen Sprachen. Der Beginn des Anstiegs (der Zielpunkt L) ist im Englischen und Griechischen konstant mit dem linken Rand der akzentuierten Silbe – dem Beginn des initialen Konsonanten C_1 – aligniert. Diese Alignierungsmuster für L in steigenden Tonakzenten ist häufig in der Literatur gefunden worden, darunter auch im Holländischen (Ladd u. a. 2000), im Italienischen (D'Imperio 2002), im Spanischen (Prieto & Torreira 2007) und im Katalanischen (Prieto u. a. 2007). Im Gegensatz dazu zeigt sich im Deutschen, dass pränuklear steigende LH-Akzente später ansteigen. Im Norddeutschen (hier eine Niederfränkische Sprachregion, Düsseldorf) tritt der Tiefpunkt L zeitlich erst in der Mitte des initialen Konsonanten, C_1, und im Süddeutschen (Wienerisch) sogar erst im darauffolgenden Vokal, V_1, auf.

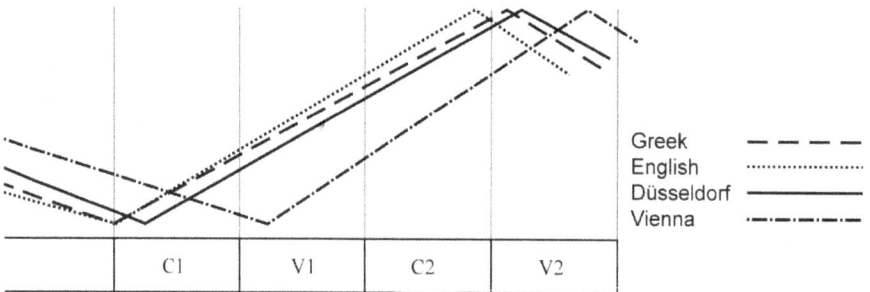

Abbildung 7.1: Schematische Übersicht über die Alignierungseigenschaften von pränuklearen LH-Akzenten für das Griechische und Englische (adaptiert nach Atterer & Ladd 2004) und durch deutsche Varietäten aus Düsseldorf (Norddeutsch) und Wien (Süddeutsch) ergänzt (vgl. Mücke, Grice, Hermes & Becker 2008). C und V stilisieren akustisch definierte Segmente.

Bei der Beschreibung der Synchronisation von tonalen Konturen und der segmentalen Ebene ist die phonologische Assoziation nicht mit der phonetischen Alignierung gleichzusetzen.

So beziehen sich phonologische Assoziation und phonetische Realisierung auf zwei verschiedene Ebenen. Es besteht mehr systematische Variation im phonetischen Signal, als sich in der phonologischen Spezifikation im Rahmen des AM-Modells abbilden lässt.

Die Koordination von Ton und Text lässt sich auch im Rahmen der Artikulatorischen Phonologie beschreiben. Hierbei sind die Grundeinheiten sowohl für die segmentale als auch für die tonale Ebene artikulatorische Gesten, die als invariante funktionale Bewegungsintervalle die momentane Ausformung des Vokaltraktes definieren. Gesprochene Sprache lässt sich beschreiben als wechselnde Konstellation von diskreten Gesten, deren besondere Eigenschaft es ist, dass sie miteinander überlappen (Kapitel 1 und 2). Regularitäten und Variabilitäten des intergesturalen Timings (Byrd 1994; 1996a,b; Cho 2001; Bombien u. a. 2010) können als selbstorganisierendes Netzwerk aus paarweise gekoppelten Oszillatoren als Kopplungsgraphen modelliert werden (u.a. Browman & Goldstein 2000; Saltzman & Byrd 2000; Nam & Saltzman 2003; Nam 2007b; Goldstein, Chitoran u. a. 2007; Goldstein u. a. 2009).

In diesem Netzwerk ist, wie in Kapitel 3 ausgeführt, jede Geste mit einem Oszillator (einem Taktgeber) assoziiert, der paarweise mit anderen Oszillatoren eingekoppelt ist. Daraus ergibt sich ein Netzwerk konkurrierender Zielspezifikationen mit intrinsischen (in-phase / synchron und anti-phase / sequentiell; vgl. Turvey 1990) und nicht-intrinsischen Phasenmodi (exzentrische Phasen).

Abbildung 7.2 fasst noch einmal die wichtigsten Kopplungsgraphen für Silbenstruktur zusammen. Im Verlauf dieses Kapitels werden diese Kopplungsgraphen auf die Koordination von Tönen und oralen Konstriktionsgesten übertragen. In der Silbenkopplungshypothese werden vor allem zwei intrinsische Modi verwendet, um die Organisation von Gesten in Silben abzubilden (Goldstein u. a. 2009; Nam, Goldstein & Saltzman 2009). Dabei wird die stabilere In-Phase für die Beschreibung der Onset-Nukleus-Relation und die Anti-Phase für die Nukleus-Koda-Relation verwendet. Bei der Onset-Nukleus-Relation in Abbildung 7.2 (a) besteht keine Phasenverschiebung zwischen der konsonantischen und der vokalischen Geste (In-Phase; Phasenverschiebung 0°), so dass beide Gesten gleichzeitig starten. Da vokalische Gesten eine geringere Ausführungsgeschwindigkeit als Konsonanten haben, sind auf der akustischen Oberfläche beide wahrnehmbar. Bei der Nukleus-Koda-Relation in Abbildung 7.2 (b) besteht eine Phasenverschiebung der gestischen Aktivierung von 180°, so dass die vokalische und die konsonantische Geste nacheinander aktiviert werden.

Gestenpartitur Kopplungsgraph

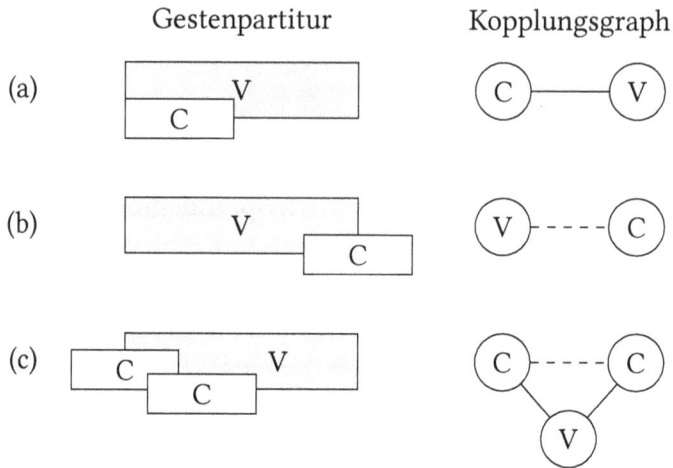

Abbildung 7.2: Gestenpartitur und Kopplungsgraph für CV (In-Phase, Phasenverschiebung 0°), VC (Anti-Phase, Phasenverschiebung 180°) und CCV (konkurrierende Kräfte der Zielspezifikationen). Graue Linie = In-Phase; schwarz gestrichelter Pfeil = Anti-Phase; schwarz durchgezogener Pfeil = exzentrische Phase (vgl. Kapitel 3.2, Tabelle 3.1).

Bei verzweigenden Onsets, CCV, spielt die Anti-Phase eine Rolle (Nam, Goldstein & Saltzman 2009). Hier gibt es einen Wettbewerb zwischen den beiden konsonantischen Gesten C_1 und C_2, denn beide konkurrieren um eine In-Phase-Relation mit dem Vokal. Um zu verhindern, dass C_1 und C_2 gleichzeitig aktiviert werden, sind sie miteinander zusätzlich mit Anti-Phase-Relation (auch exzentrische Phase mit einer Phasenverschiebung von 90° möglich als Variante einer out-of-phase Beziehung, vgl. Kapitel 3.2) gekoppelt, die bewirkt, dass als Kompromiss aus den konkurrierenden Kräften der Zielphasen C_1 früher und C_2 später gestartet werden. Dabei entsteht eine schuppenartige Überlappung zwischen C_1 und C_2 (C-Center Effekt; Browman & Goldstein 1988; 2000; Bombien u. a. 2010; Gao 2009; Goldstein, Chitoran u. a. 2007; Goldstein u. a. 2009; Hermes, Mücke, Grice & Niemann 2008; Nam 2007b; Nam, Goldstein & Saltzman 2009; Shaw u. a. 2009).

Wie verhalten sich Koordinationsmuster zwischen oralen und tonalen Gesten? In einem dynamischen System sind tonale Gesten – die orale Gesten – als koordinierte Bewegungseinheiten des Vokaltraktes definiert. Anders als bei oralen Gesten beziehen sich die tonalen Zielspezifikationen auf den F0-Raum bzw. F0-Verlauf (vgl. Gao 2009; Mücke, Nam, Prieto u. a. 2009; Niemann u. a. 2011; Mücke u. a. 2012). Ein steigender H-Tonakzent, beispielsweise eine Hochtongeste, beinhaltet eine F0-Bewegung in Richtung eines tonalen Zielpunktes. Wird das tonale Gestenintervall aktiviert, beginnt auch die Grundfrequenz sich in Richtung der Zielspezifikation zu bewegen. Sie steigt an, vgl. Abbildung 7.3 (obere Ebene). Bei einem hypothetischen steigenden LH-Akzent, der sich aus einer Tieftongeste (L-Geste) und einer Hochtongeste (H-Geste) zusammensetzt, fällt die Aktivierung der H-Geste mit der Deaktivierung der vorangehenden L-Geste zusammen, wobei der Beginn der L-Geste im F0-Verlauf unklar ist.

Bei tonalen Gesten handelt es sich um gestische Aktionseinheiten. Jedes Aktivierungsintervall hat einen Beginn und ein Ende. Das ist ein wichtiger Unterschied zum AM-Modell, bei dem tonale Zielpunkte als punktuelle Ereignisse ohne zeitliche Ausdehnung definiert sind, schematisiert als L und H in Abbildung 7.3 (untere Ebene).

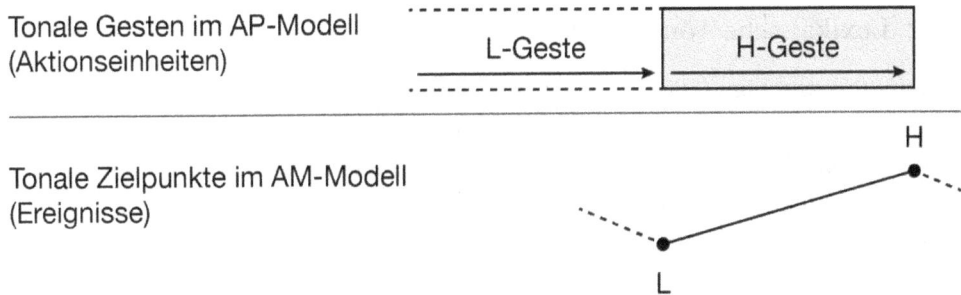

Tonale Gesten im AP-Modell
(Aktionseinheiten)

L-Geste   H-Geste

Tonale Zielpunkte im AM-Modell
(Ereignisse)

H

L

Abbildung 7.3: Analyse von steigenden LH-Tonakzenten: Töne als gestische Aktionseinheiten / Intervalle in der Artikulatorischen Phonologie (oben) und Töne als tonale Zielpunkte / Ereignisse im Autosegmental-Metrischen-Modell (unten).

Tonale Gesten sind wie orale Gesten mit gekoppelten Oszillatoren als Taktgeber assoziiert, so dass sich Koordinationsmuster zwischen oralen und tonalen Gesten aus deren Kopplungsgraphen im multiplen Netzwerk ableiten. Paarweise Kopplungen in den verschiedenen Phasenmodi (In-Phase, Anti-Phase, exzentrische Phase) sind somit nicht nur zwischen tonalen Gesten oder zwischen oralen Gesten, sondern auch zwischen tonalen und oralen Gesten möglich. So nimmt Gao (2006) und Gao (2009) beispielsweise für den Ton 1 (Ton 1–H, high level) im Mandarin eine H-Geste an. Die H-Geste koppelt sie dann mit oralen Konstriktionsgesten in CV-Silben (Beispiel: [ma]). Da in der kinematischen Dimension die konsonantische, vokalische und tonale Geste zeitversetzt in der Reihenfolge C-V-T (consonant, vowel, tone) starten, schlussfolgert sie, dass sich die tonale H-Geste wie ein Konsonant verhält. Wie bei Konsonantenclustern in verzweigenden Silbenonsets (vgl. Abbildung 7.2 (c)) ergeben sich zwischen Konsonant, Vokal und H-Ton konkurrierende Zielspezifikationen: C und H sind In-Phase mit dem Vokal und zusätzlich Anti-Phase (oder einer näher zu spezifizierenden exzentrischen Phase) miteinander gekoppelt, vgl. Kopplungsgraph in Abbildung 7.4.

CVH

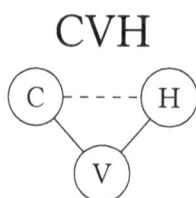

Abbildung 7.4: Hypothetischer Kopplungsgraph für die Koordination von konsonantischer und vokalischer Geste, CV, und tonaler Hochtongeste, H, mit konkurrierende Kräfte der Zielspezifikationen. Durchgezogene Linie = In-Phase; gestrichelte Linie = Anti-Phase (adaptiert von Gao 2009).

7.1.2 Lexikalische Töne im Mandarin

Gao (2006) und Gao (2009) untersuchte die zeitliche Koordination von tonalen und oralen Gesten mit Hilfe taktgebender Oszillatoren (In-Phase-, Anti-Phase-Beziehungen) bei lexikalischen Tönen im Mandarin Chinesisch. Bei der Modellierung von lexikalischen Tönen im Mandarin geht Gao (2006) und Gao (2009) davon aus, dass sich Töne in ihrer Koordination wie Konsonanten verhalten. Sie ordnet die jeweiligen Töne der zeitlichen Organisation von Onset-Nukleus-Relationen einer Silbe zu. Ihr Modell ist wegweisend für die Darstellung lexikalischer Töne als artikulatorische Gesten. Dennoch kann mit diesem Ansatz nicht der Abbildung von starken kontextbedingten Tonvariationen, wie Ton 3 Sandhi, Rechnung getragen werden. Ihr Ansatz wurde von Hsieh (2011) erweitert, der Töne auch der zeitlichen Organisation von Nukleus-Koda-Relationen zuordnet.

Abbildung 7.5 zeigt die Repräsentation des F0-Verlaufs von Ton 1 (high-level), Ton 2 (rising), Ton 3 (low-falling) und Ton 4 (high-falling), schematisiert nach den Daten von Gao (2009). Für ihre Studie hatte sie Zielwörter mit der Struktur CV und CVC – wie [ma] oder [man] – verwendet. Die Trägersätze waren so konzipiert, dass die Zielwörter in einer Umgebung mit nicht konfligierenden tonalen Targets auftraten, beispielsweise Ton 1 (H) wurde in der tonalen Umgebung HL—H—LH elizitiert.

Abbildung 7.6 zeigt nun die Transformation des F0-Verlaufs auf die entsprechenden Repräsentationen als tonale Gesten (Gestenpartitur, unten) und deren zugehörige Kopplungsgraphen (oben) nach Gao (2009). Analog zu oralen Konstriktionsgesten zeigt die Partitur für die tonalen Gesten Aktivierungsintervalle vom Start bis zum Erreichen des Targets der damit verbundenen tonalen Bewegungsaufgabe. Entgegen den oralen Konstriktionsgesten ist das Target jedoch nicht im Vokaltrakt sondern im F0-Raum spezifiziert. Es wird von zwei distinktiven tonalen Gesten ausgegangen, die miteinander kombiniert werden können:

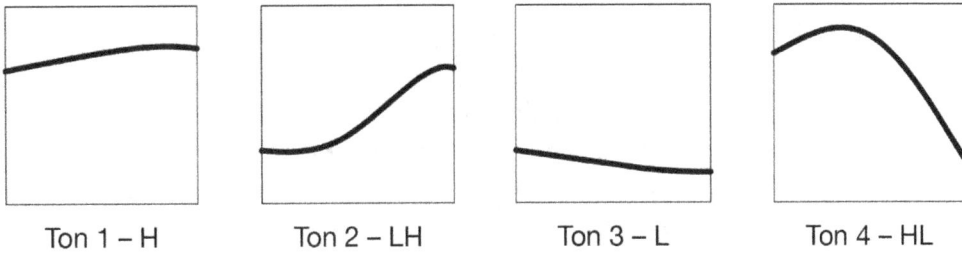

Abbildung 7.5: Schematischer Grundtonverlauf im Mandarin nach den Daten von Gao (2009).

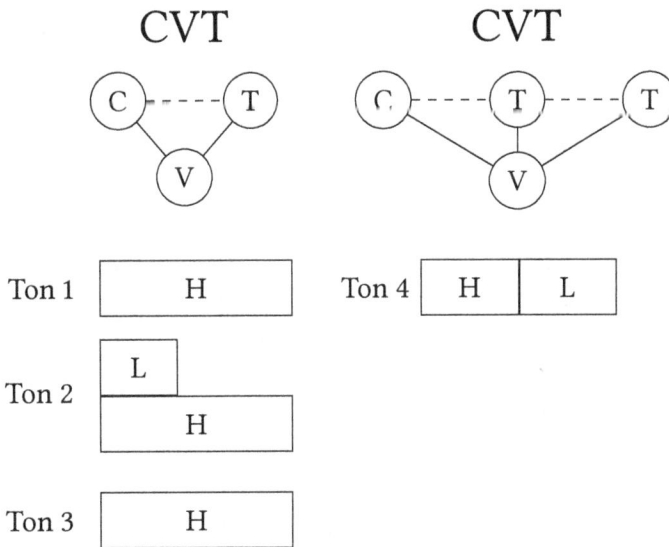

Abbildung 7.6: Unten: Gesturale Repräsentation für vier Töne im Mandarin (H = high tone gesture, L = low tone gesture). Oben: Zugehörige Kopplungsgraphen (durchgezogene Linien für In-Phase, gestrichelte Pfeile für Anti-Phase) (adaptiert von Gao 2009).

die Hochtongeste (high tone gesture) und die Tieftongeste (low tone gesture). Beide Gesten steuern dieselbe Traktvariable im Task-Dynamic-Modell an, aber sie unterscheiden sich in ihren Targets.

Für Ton 1—H (high-level) verwendet Gao (2009) bei den Gestenpartituren (Abbildung 7.6 (unten)) das Aktivierungsintervall für eine Hochtongeste. Für Ton 2—LH (rising) kombiniert sie eine tiefe und eine hohe Tongeste, wobei sie für die Hochtongeste eine geringere Eigenfrequenz und somit eine geringere Steifheit annimmt. Somit erreicht die Hochtongeste im Vergleich zur Tieftongeste ihr Target später – ähnlich wie wir es von Vokalen und Konsonanten kennen. Das entspricht dem perzeptiven Eindruck von Ton 2—LH, dass der kurze frühe Abfall des Grundtons nur eine aktive Vorbereitung für die kommende Steigung ist. Für Ton 3—L (low-falling) nimmt sie eine Tieftongeste an und für Ton 4—HL (high-falling) wieder eine Kombination aus Hoch- und Tieftongeste, diesmal aber nicht überlappend sondern sequenziell mit gleicher Eigenfrequenz. Bei Ton 4 entspricht die Sequenz HL wieder dem perzeptiven Eindruck, dass der kurze frühe Anstieg nur eine Vorbereitung für den kommenden Fall des Grundtons ist.

Für die kanonische Form von Silben mit nur einem Ton (Ton 1—H und Ton 3—L) zeigt sie im kinematischen Signal, dass die oralen Konstriktionsgesten CV und die Tongesten T in der Reihenfolge C-V-T starten. Dabei findet sie vergleichsweise große zeitliche Abstände zwischen den Onsets der jeweiligen Bewegungen: Der Konsonant wird im Durchschnitt ca. 50 ms vor dem Vokal aktiviert und Ton startet entsprechend ca. 50 ms nach dem Vokal. Gao schlussfolgert aus diesen Ergebnissen, dass sich die Tongeste wie eine konsonantische Geste verhalte. Konsonantische und tonale Geste bildeten gemeinsam mit dem Vokal konkurrierende Zielspezifikationen. Konsonant und Ton seien dann beide im In-Phase-Modus mit dem Vokal und untereinander in Anti-Phase gekoppelt. Diese Koordination ist in Form von Kopplungsgraphen in Abbildung 7.6 (oben links) skizziert. Es ergibt sich aus den konkurrierenden Zielspezifikationen eine Stabilität des Zentrums von Konsonant und Ton relativ zum Vokal: Als Konsequenz bewegt sich der Konsonant – relativ zum Vokal – nach links und der Ton nach rechts.

Der Kopplungsgraph in Abbildung 7.6 (oben links) ist ebenfalls für Ton 2—LH gültig. So symbolisiert in diesem Graph der Ton T entweder eine Hoch- oder Tieftongeste oder eine Kombination aus beiden. Beide Gesten, Tief- und Hochtongeste, starten synchron und bilden gemeinsam mit dem Konsonanten eine Zentrumskoordination (c-center coordination), aber die Hochtongeste hat eine geringere Ausführungsgeschwindigkeit als der Tiefton.

Die einzige Ausnahme bildet Ton 4—HL. Hier nimmt Gao (2006) und Gao (2009) eine sequentielle Kopplung zwischen den Tönen an (Abbildung 7.6 (oben rechts)). Somit gibt es in diesem Kopplungsgraph drei konkurrierende Zielspezifikationen, und zwar zwischen C und V, zwischen T_1 und V sowie zwischen T_2 und V. Als Konsequenz startet im Output des Modells der Vokal und T_1 mehr oder weniger zeitglich, da sich T_1 im Zentrum der $C - T_1 - T_2$-Verbindung befindet.

7.1.3 Kontextbedingten Variation bei Tönen

In der Analyse von Gao ist Ton 3 (low-falling) in der folgenden tonalen Umgebung eingebettet: LH—L—HL. Somit folgt auf Ton 3 ein Hochton. Hsieh (2011) diskutiert die Modellierung von Gao (2009) und merkt an, dass sich Ton 3 in verschiedenen Kontexten unterschiedlich verhalte (vgl. auch Xu 1997; Cho & Flemming 2011). Demnach reiche eine Analyse als einzelne Tieftongeste für die quantitative Abbildung der Variationen von Ton 3 nicht aus. Vielmehr bestehe Ton 3 aus zwei tonalen Gesten, einer Tief- und Hochtongeste, die in verschiedenen Kontexten zu unterschiedlichem Output führten.

Hsieh (2011) beschreibt die folgenden drei Variationen für Ton: Full Tone 3, Low Tone 3 und Sandhi Tone 3 (Abbildung 7.7).

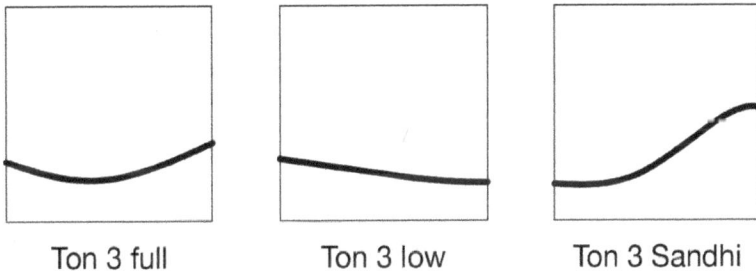

Ton 3 full   Ton 3 low   Ton 3 Sandhi

Abbildung 7.7: Schematische Repräsentation des F0-Verlaufs für Varianten von Ton 3 im Mandarin nach den Daten von Hsieh (2011).

Bei Ton 3 (full) ist die Tieftongeste in-phase und die Hochtongeste in Anti-Phase mit dem Vokal gekoppelt. Somit verhält sich die Tieftongeste wie ein Onset-Konsonant und die Hochtongeste wie ein Koda-Konsonant (vgl. Abbildung 7.8). Als Konsequenz ergibt sich ein relativ später Anstieg von F0 relativ zu Silbe.

Die Realisation von Ton 3 (low) ist das Ergebnis einer nachfolgenden Hochtongeste, die sich mit der finalen Hochtongeste von Ton 3 überlappt. Die Variation ergibt sich also – ähnlich wie bei der Assimilation von oralen Gesten – aus einem quantitativen Grad der gesturalen Überlappung (hier von Koda H und nachfolgendem Onset H, vgl. Abbildung 7.9). Das ist deshalb möglich, weil die Hochtongeste H von Ton 3 in Anti-Phase mit dem Vokal gekoppelt ist und somit eine

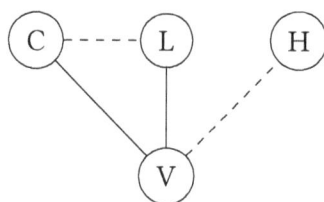

Abbildung 7.8: Kopplungsgraph für Ton 3 (full) und Ton 3 (low) nach Hsieh 2011: 891; durchgezogene Linien = In-Phase, gestrichelte Linien = Anti-Phase. Die tonale H Geste verhält sich wie ein Konsonant in der Koda und als Resultat ergibt sich ein später Anstieg des F0.

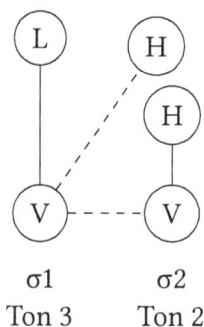

H aufgrund der Überlappung nur auf σ2 hörbar. σ1 klingt tief.

σ1   σ2
Ton 3   Ton 2

Abbildung 7.9: Überlappung der finalen Hochtongeste H von Ton 3 (low) mit nachfolgender Hochtongeste in Ton 1. Durchgezogene Linien = In-Phase, gestrichelte Linien = Anti-Phase. Darstellung für V und T (nach Hsieh 2011: 891).

Nukleus-Koda-Relation bildet. Sie fällt in der beschriebenen Umgebung außerhalb der mit Ton 3 assoziierten Silbe und es wird auf dieser Silbe nur ein tiefer Ton perzipiert.

Bei Ton 3 Sandhi wird Ton 3, der von einem weiteren Ton 3 gefolgt wird, wie ein Ton 2 realisiert. Nach Hsieh (2011) kommt es bei Ton 3 Sandhi zu einer Änderung im Kopplungsgraph zwischen den Phasenbeziehungen des „Koda"-Tons H. Folgt auf Ton 3 ein weiterer Ton 3, so wird eine zusätzliche In-Phase-Kopplung zwischen Tieftongeste L und Hochtongeste H angenommen. Als Konsequenz ergibt sich ein früherer Anstieg der F0-Bewegung in der Zielsilbe, der den perzeptiven Eindruck von Ton 2 erweckt. Hsieh (2011) schlussfolgert, dass eine solche Phasenverschiebung vom weniger stabilen Anti-Phase-Modus zwischen L und H zum stabilen In-Phase-Modus diachron das Ergebnis einer Destabilisierung des Anti-Phase-Modus unter Erhöhung der Artikulationsrate sein könnte: Eine ansteigende Artikulationsrate begünstigt Synchronie zwischen den Oszillatoren, die mit den Tongesten assoziiert sind.

7.2 Postlexikalische Töne: Tonale Anstiege im Katalanischen und Deutschen

Wie können Tonakzente in Nicht-Tonsprachen wie Deutsch, Englisch, Italienisch, Spanisch oder Katalanisch modelliert werden? Eine Möglichkeit besteht darin, dass Tonakzente sich ähnlich wie Töne im Mandarin verhalten und zusammen mit konsonantischen und vokalischen Gesten konkurrierende Zielspezifikationen bilden. Das würde bedeuten, dass tonale Gesten die internen Silbenkopplungsgraphen beeinflussen (Konsonanten würden dann kinematisch vor dem Vokal starten und nicht mehr gleichzeitig mit ihm aktiviert werden). Es ist aber auch möglich, dass sich das Kopplungsnetzwerk bei Tonakzenten nach anderen Gesetzmäßigkeiten organisiert. So sind tonale Gesten im Mandarin Teil der lexikalischen Repräsentation von Wörtern und Silben und könnten dadurch in das interne Netzwerk der Silbenorganisation integriert sein. Artikulatorische Studien haben gezeigt, dass postlexikalische Tonakzente hingegen keinen Einfluß auf den intrasilbischen Kopplungsgraphen nehmen (Mücke, Nam, Prieto u. a. 2009; Mücke u. a. 2012 für Katalanisch und Wiener Deutsch; Niemann u. a. 2011 für Italienisch und Deutsch; Niemann & Mücke 2015; Niemann 2017 für Deutsch, Norddeutsche Varietät).

Im Folgenden wird aufgezeigt, wie steigende Tonakzente für Katalanisch und Deutsch im Gestenmodell abgebildet werden können. Wir beschäftigen uns mit der Frage, wie der Beginn des tonalen Anstiegs, L, mit konsonantischen und vokalischen Gesten koordiniert ist. Eine detaillierte Beschreibung dieser Modellierungsformen befindet sich in Mücke u. a. (2012). Kapitel 7.2.2 gibt dann einen Ausblick, wie sich der Zielpunkt der Hochtongeste, H, im Hinblick auf die Silbenkopplung im Wiener Deutschen verhält. Hier findet sich eine detailliertere Beschreibung in Mücke, Grice, Hermes & Becker (2008) zum Wiener Deutschen, sowie eine Studie zum Standarddeutschen in Niemann & Mücke (2015) und Niemann (2017).

7.2.1 Methode: Tonaler Anstieg im Katalanischen und Wiener Deutschen

Im Katalanischen werden steigende LH-Tonakzente für die Markierung von weitem und kontrastivem Fokus verwendet. Beide Akzente zeigen ein vergleichbares Alignierungsmuster (Prieto u. a. 2007): Der Beginn des Tonhöhenanstiegs, L, findet in der Nähe des Beginns der Akzentsilbe statt, während der Gipfel, H, gegen Ende der Akzentsilbe erreicht wird. Während beide Tonakzente sich temporal ähnlich verhalten, unterscheiden sie sich jedoch räumlich durch die erreichte Gipfelhöhe im F0-Verlauf. Im kontrastiven Fokus (Abbildung 7.10 (unten)) – dem prominenteren Akzent – wird ein höherer Gipfel für die Realisierung von H in der F0-Kontur erreicht (peak height) als im weiten Fokus (Abbildung 7.10 (oben)).

(a) weiter Fokus

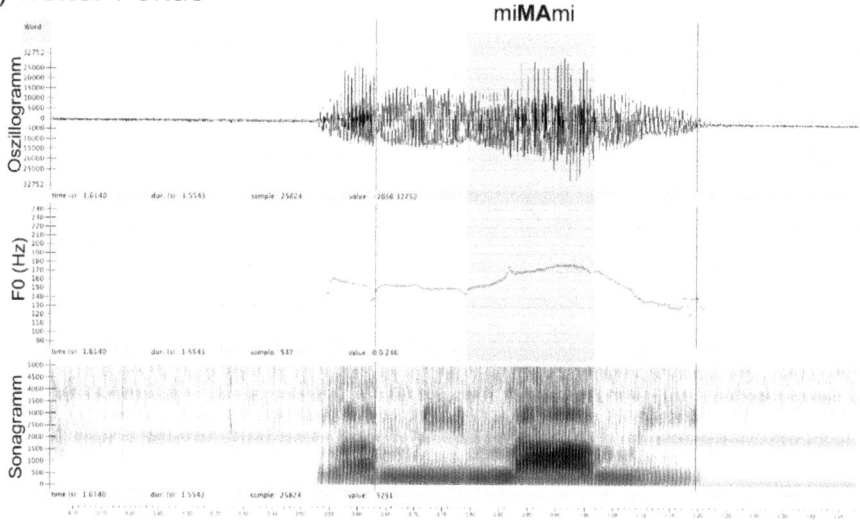

(b) kontrastiver Fokus

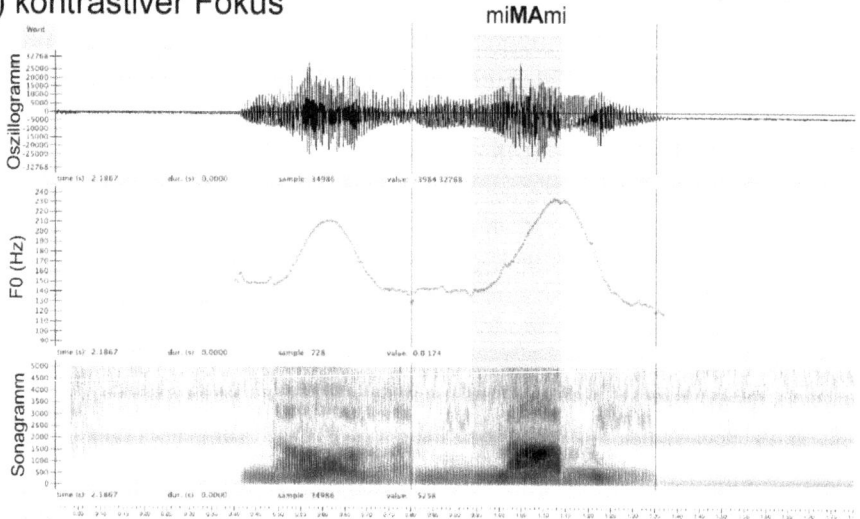

Abbildung 7.10: Oszillogramm, F0-Verlauf und Sonagramm für die katalanische Äußerung <La MiMAmi> im kontrastiven Fokus. Die Grenzen des Zielwortes <MiMAmi> sind mit vertikalen Linien markiert, die Akzentsilben <MA> grau schattiert.

Bei den katalanischen Zielwörtern handelt es sich um fiktive Namen wie <Mimami>. In allen Antwort-Äußerungen folgte dem Nuklearakzent ein tiefer Grenzton.

(1) Weiter Fokus:

F: Qui va venir? — (lit.: Wer kam?)

A: [La MiMAmi]$_{Fokus}$ — (lit.: Die Mimami.)

(2) Kontrastiver Fokus:

F: Va venir la MiMAmila? — (lit.: Kam die Mimamila?)

A: No, [la MiMAmi]$_{Fokus}$ — (lit.: Nein, die MiMAmi)

Es wurden acht Zielwörter mit der lexikalisch betonten Silbe als Zielsilbe verwendet. Dabei wurden systematisch die Silbenstruktur (offen und geschlossen wie in 'CV.CV und 'CVC.CV), der Artikulationsort des initialen Konsonanten der Zielsilbe (C = labial oder alveolar) und die Größe des Fußes (zwei versus drei Silben) variiert. Diese Variationen kommen zustande, weil die Alignierung des F0-Gipfels, H, von prosodischen Effekten betroffen ist. So ist für das Katalanische ähnlich wie für das Spanische oder Deutsche bekannt, dass tonale Gipfel – das Ende des tonalen Anstiegs – in nuklear steigenden Akzenten systematisch später in geschlossenen als in offenen Silben aligniert sind (u.a. Prieto & Torreira 2007; Prieto u. a. 2007; Mücke, Nam, Prieto u. a. 2009; Mücke u. a. 2012). Hinzu kommt, dass die Fußgröße der Testwörter als Faktor zu berücksichtigen ist, weil die kompensatorische Kürzung polysilbischer Formen (polysyllabic shortening) einen Einfluss auf die Gipfelposition haben kann. Die Zielwörter waren Mami, Mamila, Mamzi, Mamzila, Nani, Nanila, Nanmi, Nanmila.

Für das Deutsche wurde die Wiener Varietät untersucht. Es wurden Frage-Antwort-Paare mit Zielwörtern im kontrastiven Fokus verwendet, vgl. Beispiel 3. In deutschen Deklarativsätzen werden vor allem in nuklear kontrastiven Akzente steigende LH-Konturen produziert (Baumann u. a. 2006). Den Nuklearakzenten folgte ein tiefer Grenzton.

(3) Kontrastiver Fokus:

F: Hat sie die Mammi oder die Nanni bestohlen?

A: Sie hat [die MAMMi]$_{Fokus}$ bestohlen.

Analog zum Katalanischen wurden die Silbenstruktur (offen/geschlossen) und der Artikulationsort des initialen Konsonanten der Zielsilbe (labial/alveolar) variiert. Dabei wurde die Silbenstruktur mit Hilfe der phonologischen Vokallänge variiert (Langvokale 'CV:.CV und Kurzvokale 'CVCV). Im Deutschen treten Kurzvokale nicht in offenen Silben auf, die lexikalisch betont sind, so dass Ambisyllabizität für den intervokalischen Konsonanten in der Sequenz 'CVCV angenommen wird. Das verdeutlichen auch die psycholinguistischen Experimente von Schiller u. a. (1997). Diese zeigen, dass Sprecher des Holländischen dazu tendieren, Silben mit Kurzvokal als geschlossene Silben zu produzieren. Darüber hinaus lässt sich im Deutschen annehmen, dass bei den verwendeten Zielwörtern der definite Artikel zusammen mit dem benachbarten Inhaltswort ein prosodisches Wort ergibt (<die Mahmi>). Die Zielwörter waren Mahmi, Mammi, Nahni, Nanni.

Abbildung 7.11 gibt ein Beispiel für die Äußerung <Sie hat die MAHmi bestohlen.> Der F0-Verlauf für den Nuklearakzent (kontrastiver Fokus) zeigt eine vergleichsweise späte Alignierung; er beginnt erst spät im Vokal der CV-Akzentsilbe zu steigen und erreicht seinen Gipfel erst in der folgenden lexikalisch unbetonten Silbe.

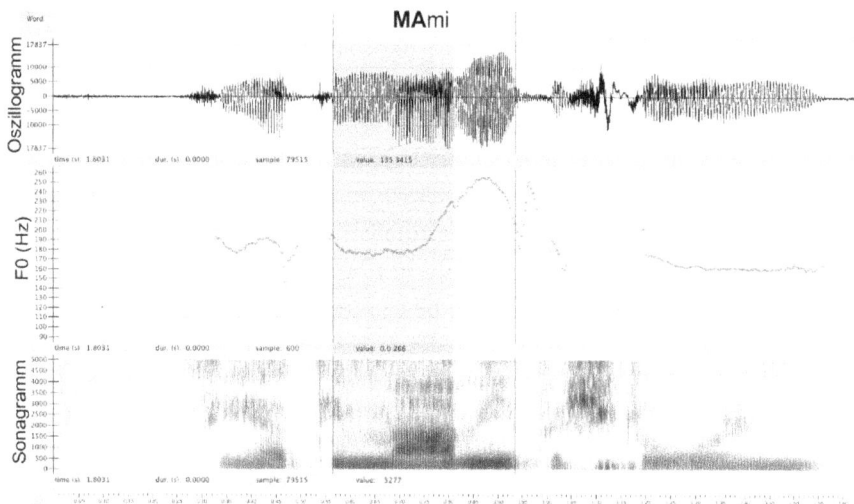

Abbildung 7.11: Oszillogramm, F0-Verlauf und Sonagramm für die die Äußerung <Sie hat die MAHmi bestohlen> im kontrastiven Fokus. Die Grenzen des Zielwortes <MAHmi> sind mit durchgezogenen Linien markiert, die Akzentsilben <MAH> grau schattiert.

Die Aufnahmen wurden mit einem Carstens AG100 (5 Kanäle) mittels 2-D Elektromagnetischer Artikulographie im Labor des IfL Phonetik der Universität zu Köln durchgeführt. An dem Experiment nahm für das Katalanische eine Spre-

cherin aus Zentralkatalonien und für das Wiener Deutsche eine Sprecherin aus
Wien teil. Sensoren wurden auf den unteren Lippenrand, Zungenblatt und Zungenrücken befestigt, um die Bewegungen der primären Artikulatoren aufzuzeichnen. Die Probandinnen lasen das Sprachmaterial in pseudorandomisierter Form
von einem Computerbildschirm ab. Es wurden 120 Targetwörter (Katalanisch: 8
Targetwörter x 5 Wiederholungen x 2 Fokuskonditionen; Deutsch: 4 Targetwörter x 10 Wiederholungen) aufgezeichnet. Beide Sprecherinnen realisierten durchgängig nuklear steigende Tonakzente auf den Zielwörtern (vgl. auch Mücke u. a.
2012).

Es wurden tonale Landmarken in der F0-Kontur, segmentale Landmarken in
der akustischen Wellenform und gesturale Landmarken in der kinematischen
Wellenform identifiziert. Für den steigenden LH-Akzent wurden lokale Wendepunkte in der F0-Kontur manuell identifiziert (Abbildung 7.12). Dabei wurde das
lokale Minimum zu Beginn des F0-Anstiegs (L) und das Maximum am Ende des
Anstiegs (H) annotiert. Für die akustische Analyse wurden L und H als tonale Zielpunkte gemäß des AM-Modells behandelt. In der kinematischen Analyse
(AP-Modell) wurde der Beginn der tonalen Geste zu dem Zeitpunkt festgelegt, an
dem die F0-Bewegung in Richtung der gestischen Zielspezifikation beginnt. Das
bedeutet, dass das tonale Label für L im AM-Modell und der Onset der H-Geste
in der AP zeitgleich auftreten. In dem verwendeten Material fällt der Onset der
H-Geste mit dem Offset der vorangehenden L-Geste zusammen.

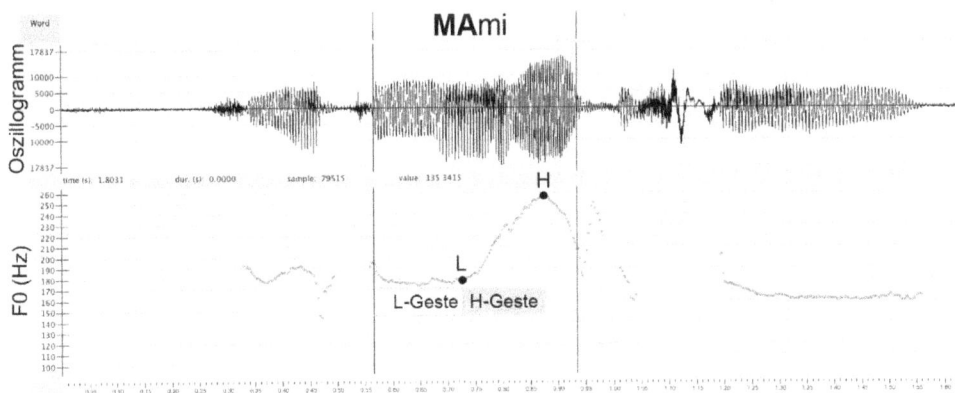

Abbildung 7.12: Annotationsbeispiel für das Setzen von Landmarken
im F0-Verlauf für die Äußerung <Sie hat die MAHmi bestohlen> im
Wiener Deutsch. Es werden Wendepunkte für L und H im F0-Verlauf
bestimmt (Annotation nach AM-Model), die dann in Relation zu tonalen Gesten gesetzt werden (nach AP Modell).

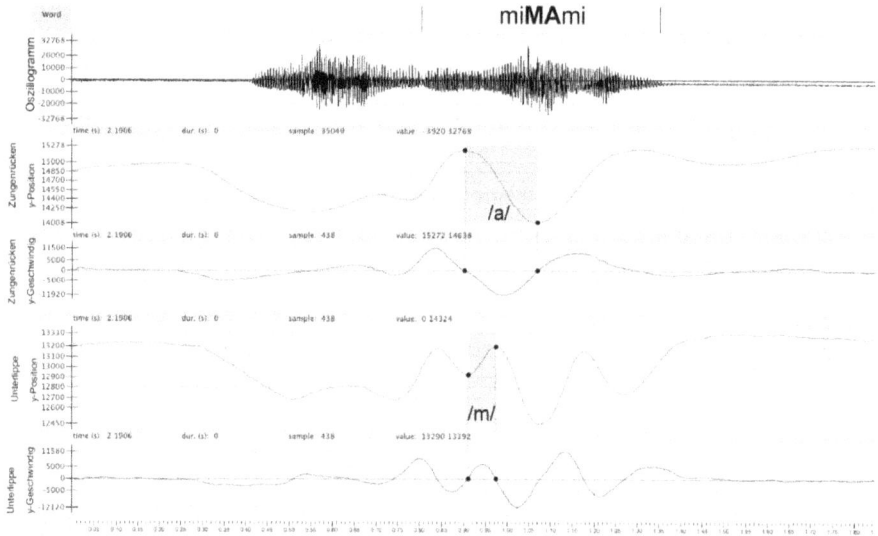

Abbildung 7.13: Von oben nach unten Oszillogramm, vertikale Positions- und Geschwindigkeitskurve für den Zungenrücken zur Erfassung der Vokalproduktion /a/ und für die untere Lippe zur Erfassung der Konsonantenproduktion /m/ in der Zielsilbe. <ma> (Katalanisch). Die Aktivierungsintervalle von Onset bis Offset der Bewegung in /a/ und /m/ sind grau schattiert und die zugehörigen Nulldurchgänge in den Geschwindigkeitskurven mit Punkten markiert. Auf Basis der kinematischen Landmarken wurden Zeitabstände zwischen Startpunkten (Onsets) der tonalen Gesten (H-Gesten) und der oralen Gesten (V und C) berechnet. Die kinematischen Berechnungen basieren auf Onset-zu-Onset Abständen, d. h., es wurden Abstände zwischen Zeitpunkten kalkuliert, an denen gestische Aktivierungsintervalle beginnen.

Für die akustischen Analysen wurden Segmentgrenzen von Konsonanten und Vokalen in den Zielwörtern identifiziert. Dazu wurden Oszillogramme und zugehörige Breitbandsongramme gleichzeitig dargestellt. Die Segmentgrenzen zwischen Konsonanten und Vokalen wurden zum Zeitpunkt des abrupten Energieabfalls bei der Bildung des konsonantischen Verschlusses im Spektrum identifiziert. Das galt für Nasale (starke spektrale Dämpfung), Laterale (hier insbesondere in den höheren Formantstrukturen) und Frikative (zusätzlich Auftreten aperiodischer Wellenformen bei der geräuschverursachenden Engebildung). Auf Basis der Segmentgrenzen wurden zeitliche Abstände zwischen dem Beginn des F0-Anstiegs (der Tiefpunkt für L) und dem Beginn des initialen C_1 Segments der akzentuierten Silbe ermittelt (Abstand: Ton- C_1-Segment).

Die kinematischen Landmarken wurden anhand der vertikalen Bewegungen der Artikulatoren ermittelt. Dazu wurden die vertikalen Positionstrajektorien der Sensoren auf der Unterlippe für /m/, der Zungenspitze für /n/ und dem Zungenrücken für die Vokalbewegungen verwendet. Die Startpunkte der konsonantischen und vokalischen Bewegungen wurden anhand von Nulldurchgängen in den jeweiligen Geschwindigkeitskurven bestimmt. Die Abbildung 7.13 zeigt ein kinematisches Landmarkenschema für die Zielsilbe <ma> im weiten Fokus (Zielwort <MiMAmi>). Es ist gut zu erkennen, dass der Vokal und der Konsonant gleichzeitig aktiviert werden, der Vokal jedoch eine langsamere Ausführungsgeschwindigkeit hat.

Sowohl für die akustische als auch für die kinematische Analyse werden zeitliche Abstände in der Form $A - B$ ermittelt. Dabei indizieren negative Werte, dass A früher als B auftritt, und positive Werte, dass B früher als A auftritt. Tabelle 7.1 fasst die relevanten Messvariablen zusammen.

Tabelle 7.1: Messvariablen auf akustischer und artikulatorischer Ebene.

Variable	Ebene	Beschreibung
L-C1onset	Akustik	Zeitlicher Abstand (ms) zwischen dem Beginn des nuklearen F0-Anstiegs (L) in der F0-Kontur und der linken Segmentgrenze des initialen Konsonanten in der akzentuierten Silbe. Negative Werte indizieren, dass der linke Rand der Akzentsilbe vor dem L-Ton auftritt.
Ton-zu-V	Artikulation	Zeitlicher Abstand (ms) zwischen dem Beginn des nuklearen F0-Anstiegs (Onset der H-Geste) in der F0-Kontur und dem Beginn der vokalischen Geste in der akzentuierten Silbe. Negative Werte indizieren, dass die vokalische Bewegung vor der tonalen Bewegung startet.
Ton-zu-C	Artikulation	Zeitlicher Abstand (ms) zwischen dem Beginn des nuklearen F0-Anstiegs (Onset der H-Geste) in der F0-Kontur und dem Beginn der konsonantischen Geste in der akzentuierten Silbe. Negative Werte indizieren, dass die konsonantische Bewegung vor der tonalen Bewegung startet.
C-zu-V	Artikulation	Zeitlicher Abstand (ms) zwischen dem Beginn der konsonantischen Geste und der vokalischen Bewegung in der akzentuierten Silbe; kinematische Messung. Negative Werte indizieren, dass die konsonantische Bewegung vor der vokalischen Bewegung startet.

7.2.2 Ergebnisse: Tonale Anstiege im Katalanischen und Deutschen

Zunächst sollen die akustischen Alignierungsmuster im Katalanischen und Wiener Deutschen im Rahmen des AM-Modells verglichen werden. Hierfür wurden die Abstände zwischen dem L-Ton und dem Beginn des initialen Konsonanten, C_1, in der akzentuierten Silbe berechnet($L - C1_{onset}$). Eine Tabelle, die sämtliche Werte für die beiden Datensätze Katalanisch und Wiener Deutsch abbildet, findet sich im Anhang (siehe Kapitel 8). Wir konzentrieren uns im Folgenden auf den labialen Datensatz.

Abbildung 7.14 zeigt die Häufigkeitsverteilungen im Katalanischen (hellgrau) und Wiener Deutschen (dunkelgrau) für Zielwörter im kontrastiven Fokus mit offener Zielsilbe. Negative Werte auf der x-Achse indizieren, dass der L-Tiefton systematisch vor C_1 auftritt. Positive Werte indizieren, dass er nach C_1 auftritt. Es sind zwei unterschiedliche Verteilungen erkennbar. Im Katalanischen tritt der Tiefton L vor C_1 auf (durchschnittlich $28\,ms$ vor C_1), während er im Wiener Deutschen nach C_1 auftritt (durchschnittlich $71\,ms$). Der Tiefton L ist demnach in den labialen Datensätzen knapp $100\,ms$ früher im Katalanischen als im Deutschen aligniert und die Messwerte überlagern sich in den Stichproben nicht.

In Abbildung 7.15 sind die akustischen Alignierungsmuster für den Zielfuß [ma.mi] im Katalanischen (links) und [ma:.mi] im Wienerischen (rechts) schematisiert. Die Abbildung ist zeitlich skaliert und basiert auf statistischen Mittelwerten, die in der genannten Abbildung aufgeführt sind. Die lexikalische betonte Silbe ist grau schattiert.

In beiden Sprachen tritt der Tiefton L in der Nähe des C1-Segments auf (initialer Konsonant der lexikalisch betonten Silbe). Im Katalanischen tritt L vor dem akustischen Onset von C1 und im Wiener Deutschen nach ihm auf. Es zeigt sich, dass mit Hilfe der Segmentalen Ankerhypothese im Rahmen des AM-Modells Alignierungsmuster zwischen Sprachen gut darstellbar sind (vgl. u.a. Arvaniti u. a. 1998 für Griechisch; Prieto & Torreira 2007 für Spanisch; Ladd u. a. 1999 für Englisch; Ladd u. a. 2000 für Holländisch; D'Imperio u. a. 2007 für Neapolitanisches Italienisch) und regiolektalen Varietäten innerhalb einer Sprache (u.a. Atterer & Ladd 2004; Braun 2007; Mücke, Grice & Hermes 2008; Mücke, Grice, Hermes & Becker 2008; Kleber & Rathcke 2008; Mücke, Grice, Becker u. a. 2009; Mücke, Nam, Prieto u. a. 2009) für unterschiedliche nord-, süd- und ostdeutsche Varietäten). Während die deskriptive Darstellung der Algnierungsunterschiede gut gelingt, ist ihre Modellierung oder Phonologisierung jedoch problematisch. So basiert die AM-Beschreibung auf akustischen Ankern wie „linker Rand des initialen Konsonanten in der lexikalisch betonten Silbe" für das Katalanisch und „Mitte des initialen Konsonanten in der lexikalisch betonten Silbe" im Wiener

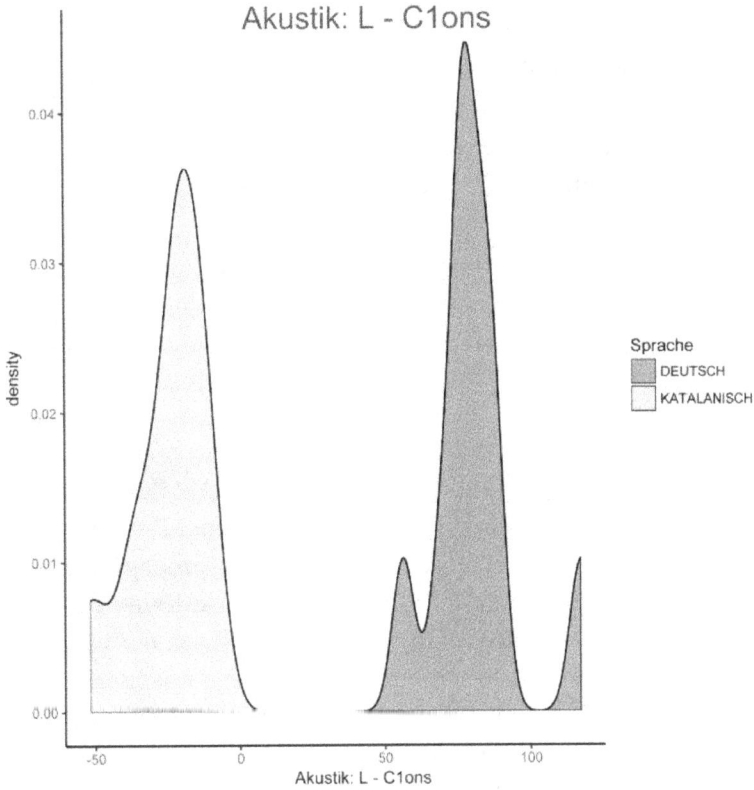

Abbildung 7.14: Häufigkeitsverteilung für die akustischen Alignie-rungsabstände L-C_1 Onset (Katalanisch in hellgrau und Wiener Deutsch in dunkelgrau). Negative Werte indizieren, dass L vor der Akzentsilbe auftritt. Positive Werte indizieren, dass L nach der Akzentsilbe auftritt.

Abbildung 7.15: Schematisiertes akustisches Alignierungsmuster für nuklear steigende LH-Akzente, kontrastiver Fokus im Katalanischen (links) und kontrastiver Fokus im Wiener Deutschen (rechts).

Deutschen. Deshalb spiegeln die Alignierungsunterschiede im Rahmen des AM-Modells nicht unterschiedliche phonologische Assoziationen wider, sondern beschreiben vielmehr phonetisches Detail (Atterer & Ladd 2004; Ladd 2008). Diese Auffassung wird durch die Ergebnisse der Studien zum Katalanischen und Wiener Deutschen gestützt: Der initiale Konsonant der lexikalisch betonten Silbe ist in beiden Sprachen der segmentale Anker. Die ermittelten Alignierungsunterschiede zwischen Katalanisch und Wiener Deutsch sind dabei phonetischer, gradueller Natur.

Die artikulatorischen Daten lassen sich am besten veranschaulichen, wenn man zunächst sein Augenmerk auf die Koordination der silbeninternen Koordination von konsonantischer und vokalischer Geste, CV, richtet. Hierzu wurde der zeitliche Abstand (ms) zwischen dem Beginn der konsonantischen Geste und der vokalischen Bewegung in der akzentuierten Silbe gemessen. Negative Werte indizieren, dass die konsonantische Bewegung vor der vokalischen Bewegung startet. Die Werte sind in der Häufigkeitsverteilung in Abbildung 7.16 dargestellt, jeweils für Katalanisch (hellgraue Verteilung) und Wiener Deutsch (dunkelgraue Verteilung). Das Modell der gekoppelten Oszillatoren propagiert für die Selbstorganisation von CV-Silben (Kapitel 3.3.1) eine In-Phase-Kopplung von C und V. Dem Modell zufolge starten beide Gesten gleichzeitig. Da die vokalische Geste, V, eine geringere Ausführungsgeschwindigkeit als die konsonantische Geste, C, aufweist, entsteht auf akustischer Oberfläche der Eindruck einer Abfolge von C und V. Eben dieses Timing finden wir in unseren Stichproben für das Katalanische und Deutsche (Abbildung 7.16). Im Katalanischen tritt die konsonantische Geste sehr kurz vor der vokalischen Geste auf (durchschnittlich −2 ms in den labialen Daten). Im Wiener Deutschen verhält es sich umgekehrt, denn hier tritt die konsonantische Geste sehr kurz nach der vokalischen auf (durchschnittlich 5 ms). Die Unterschiede sind aber sehr gering, und sie basieren auf jeweils nur einem Sprecher bzw. einer Sprecherin pro Sprache. Die Häufigkeitsverteilungen in beiden Stichproben überlappen beinah vollständig. In beiden Sprachen starten C und V synchron. Diese In-Phase-Koordination ist in beiden Sprachen von der Anwesenheit eines Tonakzents unbeeinflusst.

Betrachten wir nun die Koordination der tonalen Gesten mit der Silbe. Da die konsonantische und die vokalische Geste gleichzeitig starten, genügt ein Vergleich mit einer der beiden oralen Gesten. Hier wird als Beispiel die vokalische Geste bevorzugt, weil sie den Nukleus der Silbe bildet und weil im AM Modell der Tonakzent mit dem Nukleus der Akzentsilbe assoziiert ist. Des Weiteren beschränken wir uns analog zur akustischen Analyse auf Zielwörter mit offener Silbenstruktur, da eine Varianzanalyse in der Stichprobe Wiener Deutsch einen Effekt der Silbenstruktur auf die Ton-zu-V Koordination gezeigt hat.

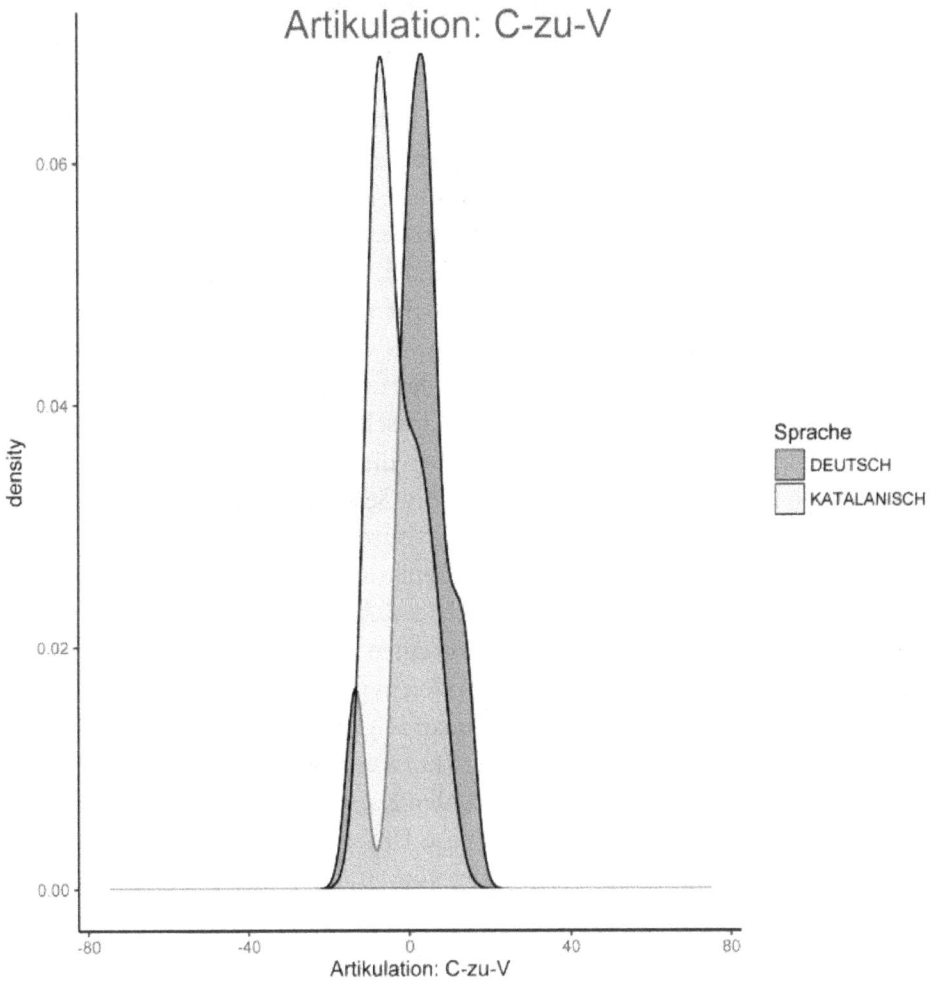

Abbildung 7.16: Häufigkeitsverteilung für die artikulatorischen Alignierungsabstände C-zu-V (Katalanisch in hellgrau und Wiener Deutsch in dunkelgrau). Negative Werte indizieren, dass C vor V auftritt und umgekehrt.

Abbildung 7.17 zeigt die Häufigkeitsverteilungen für die Messvariable Ton-zu-V für Katalanisch und Wiener Deutsch. Es handelt sich dabei um den zeitlichen Abstand (ms) zwischen dem Beginn des nuklearen F0-Anstiegs (Onset der H-Geste) in der F0-Kontur und dem Beginn der vokalischen Geste in der akzentuierten Silbe. Negative Werte indizieren, dass die vokalische Bewegung vor der tonalen Bewegung startet. Im Katalanischen (hellgraue Verteilung) starten tonale und vokalische Geste synchron. Die tonale Geste startet durchschnittlich nur 4 ms vor der vokalischen Geste. Das bedeutet für Katalanisch einen synchronen Trigger der tonalen und oralen Gesten. Innerhalb der Silbe starten C und V in-phase und zwischen tonaler Geste und V besteht ebenfalls eine in-phase-Relation. Im Wiener Deutschen (dunkelgraue Verteilung) verhält es sich jedoch anders. Hier startet die tonale Geste deutlich später als die vokalische Geste, durchschnittlich 133 ms nach der Aktivierung der vokalischen Geste. Die tonalen Gesten werden im Wiener Deutschen im Hinblick auf orale Gesten stark verzögert aktiviert. Demgegenüber bleibt die Synchronisation der oralen Gesten untereinander unbeeinflusst: C und V starten – wie im Katalanischen – synchron.

Abbildungen 7.18 und 7.19 veranschaulichen die gesturale Koordination für Katalanisch und Wiener Deutsch mit Hilfe von Gestenpartituren (zu Grundlagen der Gestenpartituren vgl. Kapitel 2). Die Partituren zeigen Aktivierungsintervalle für orale und glottale Gesten, die auf kinematischen Daten der Bewegungsaktivierung und Deaktivierung der ausführenden Artikulatoren (Start bis Ziel der Bewegung) basieren. Diese Abbildungen können in Bezug zu den Alignierungsmustern um Rahmen der segmentalen Ankerhypothese gesetzt werden (Abbildung 7.15). Die segmentale Ankerhypothese zeigt bereits, dass der Anstieg des Nuklearakzents im Katalanischen früher (kurz vor Beginn des Zielwortes) und im Wiener Deutsch später (Mitte des initialen Konsonanten) beginnt, wenn man die akustische Oberfläche betrachtet. Diese Unterschiede spiegeln sich in den Gestenpartituren wider, die das Auftreten von F0 in Bezug zu artikulatorischen Konstriktionsgesten setzen. Allerdings können die Gestenpartituren noch zusätzlich die F0-Bewegung relativ zum Beginn der Vokalgeste veranschaulichen, was auf akustischer Ebene nicht möglich ist, da in der Akustik der Eindruck einer Sequenz von C und V entsteht.

Die Gestenpartituren zeigen von oben nach unten die Aktivierung der Tongesten L und H, den labialen Verschluss für LA labial closure [m] und die Zungenrückenkonstriktion für die Vokale TB pharyngeal wide [a] und TB palatal narrow [i]. Die gepunktete Linie indiziert, dass der Start der L-Tongeste im bitonalen LH-Akzent nicht aus den Daten berechnet werden kann.

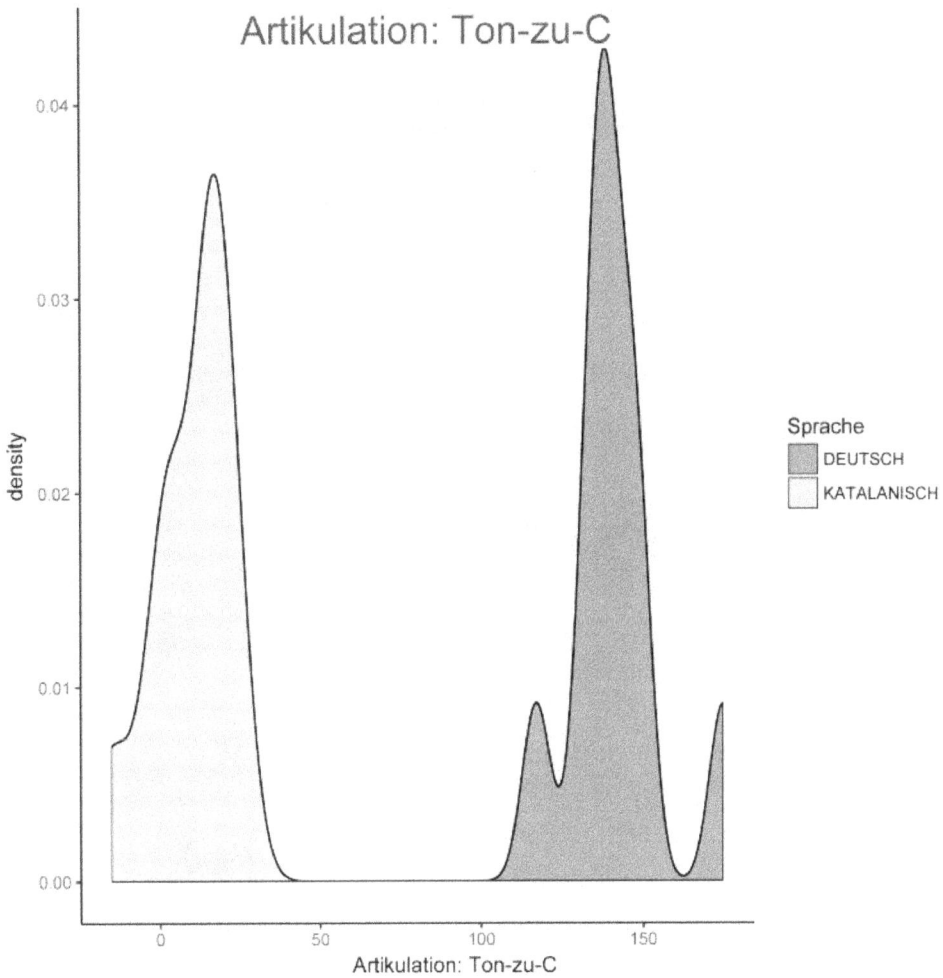

Abbildung 7.17: Häufigkeitsverteilung für die artikulatorischen Alignierungsabstände Ton-zu-C (Katalanisch in hellgrau und Wiener Deutsch
in dunkelgrau). Negative Werte indizieren, dass der Ton vor dem initialen Konsonanten, C, auftritt. Positive Werte indizieren, dass der Ton
nach C auftritt.

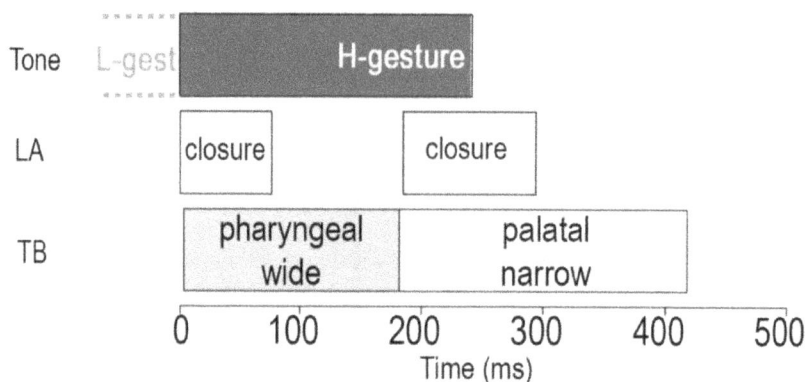

Abbildung 7.18: Gestenpartitur für Katalanisch ['ma.mi]. Die Abbildung ist skaliert und basiert auf statistischen Mittelwerten für zehn Wiederholungen des Zielwortes.

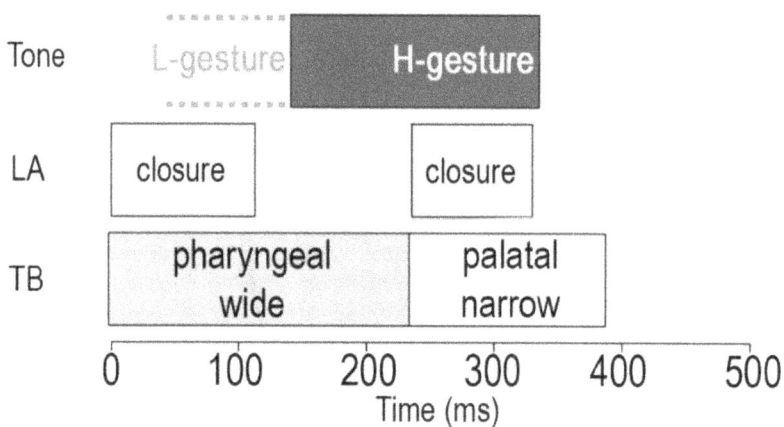

Abbildung 7.19: Gestenpartitur für Wiener Deutsch ['ma:.mi], kontrastiver Fokus. Die Abbildung ist skaliert und basiert auf statistischen Mittelwerten.

Die Gestenpartitur für das Katalanische zeigt für die Produktion der lexikalisch betonten Silbe, dass die Onsets für die konsonantische LA labial closure, vokalische TB pharyngeal wide und die H-Geste alle zeitgleich auftreten. Für weiten und kontrastiven Fokus startet der Onset der tonalen H-Geste synchron mit den Onsets der oralen Konstriktionsgesten für den Vokal und den initialen

Konsonanten in der lexikalisch betonten Silbe. Dieses Muster spiegelt eine In-Phase-Koordination von tonalen und oralen Gesten wider: Konsonant, Vokal und Ton sind synchron initiiert. Bei genauer Betrachtung starten die Gesten in der Reihenfolge C-V-T, aber die zeitlichen Unterschiede sind extrem klein.

Bei Betrachtung der Ergebnisse für die Alignierungsmuster im Wiener Deutschen fällt auf, dass der Onset der tonalen H-Geste im Vergleich zur vokalischen Geste mehr als 100 ms zeitverzögert auftritt. Dennoch starten die oralen Konstriktionsgesten für den initialen Konsonanten und den Folgevokal synchron. Nur die tonale Geste startet also später.

Um diese Unterschiede zwischen Katalanisch und Wiener Deutsch im Rahmen der AP modellieren zu können, werden die distinktiven Kopplungsgraphen in Abbildung 7.20 und 7.21 angenommen und im artikulatorischen Task-Dynamic-Sprachsynthesystem (TaDA) der Haskins Laboratorien (Nam u. a. 2004) getestet (vgl. Kapitel 1.2). Dabei dienten die Kopplungsgraphen als Systeminput, um unterschiedliche Gestenpartituren des Katalanischen und Wiener Deutschen zu generieren. Die TaDA-Gestenpartituren zeigten dabei deutlich die in den Daten gefundenen, späteren Onsets für die tonale H-Geste im Wiener Deutschen.

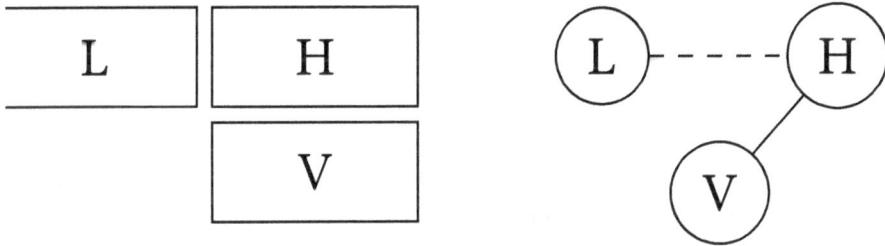

Abbildung 7.20: Gestenpartituren und Kopplungsgraphen für Katalanisch; die Kopplungsgraphen zeigen In-Phase- (durchgezogene Linien) und Anti-Phase-Zielspezifikationen (gestrichelte Linien).

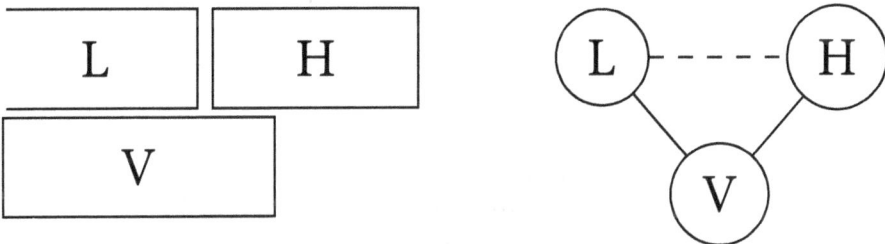

Abbildung 7.21: Gestenpartituren und Kopplungsgraphen für Wiener Deutsch; die Kopplungsgraphen zeigen In-Phase- (durchgezogene Linien) und Anti-Phase- (gestrichelte Linien) Zielspezifikationen.

Die tonalen Gesten L und H sind in den beiden Sprachen sequentiell angeordnet und deshalb miteinander in Anti-Phase gekoppelt (gepunktete Linien). Der
Unterschied zwischen den Sprachen liegt in den Kopplungseigenschaften der tonalen und oralen Gesten.

Im Katalanischen (Abbildung 7.20) ist die H-Geste in-phase mit der vokalischen Geste gekoppelt (durchgezogene Linie). Die L-Geste dagegen ist nicht direkt mit der vokalischen Geste gekoppelt und startet zu einem früheren Zeitpunkt vor der akzentuierten Silbe. Die H-Geste und die vokalische Geste starten
gleichzeitig.

Im Wiener Deutschen sind beide tonale Gesten L und H mit der vokalischen
Geste In-Phase gekoppelt. Zusätzlich sind L und H miteinander sequentiell gekoppelt. Die daraus resultierenden konkurrierenden Zielspezifikationen bewir-
ken eine Rechtsbewegung der H-Geste, um Platz für die vorangehende L-Geste
zu schaffen; das Target der H-Geste (der F0-Gipfel) kann aufgrund der Rechts-
bewegung auch außerhalb der lexikalisch betonten Silbe auf die postlexikalische
Silbe fallen. Dies Koordinationsmuster ist vergleichbar mit den konkurrierenden
Zielspezifikationen (C-Center) in Konsonantenclustern C_1C_2, bei denen beide
Konsonanten, in-phase mit dem Vokal und in Anti-Phase zueinander gekoppelt
sind (vgl. Browman & Goldstein 1989; 2000; Nam & Saltzman 2003; Nam 2007b;
Goldstein u. a. 2009; Marin & Pouplier 2008; Hermes u. a. 2013), was zu einer
Linksbewegung von C_1 und einer Rechtsbewegung von C_2 relativ zum folgen-
den Vokal in der Kinematik führt.

Es zeigt sich, dass die Alignierungsdifferenzen in Form von Kopplungsgraphen
festgehalten und in Form von Zeitrelationen zwischen Taktgebern phonologi-
siert werden können. Somit ist die H-Geste nicht mit einem arbiträren Zeitpunkt
synchronisiert, sondern resultiert automatisch aus den konkurrierenden Zielspezifikationen des Kopplungsgraphen.

Es gibt jedoch auch im AM-Modell die Möglichkeit, einen phonologischen Unterschied zwischen den Alignierungsmustern der nuklear steigenden LH-Akzente
im Katalanischen und Wiener Deutschen abzubilden. Dafür kann angenommen
werden, dass im Katalanischen der steigende Tonakzent keinen führenden L-Ton
besitzt (leading Tone) und die Analyse nur einen H*-Akzent zeigt. Diese Form der
Analyse würde zu einer nicht-konkurrierenden Zielspezifikation für die tonale
H-Geste mit der vokalischen Geste führen. Für Wiener Deutsch könnte ein L*H
statt eines LH* angenommen werden, um dem späteren Anstieg des F0-Verlaufs
relativ zum Start der Akzentsilbe gerecht zu werden. Es existiert jedoch im Deutschen keine klare kategoriale Unterscheidung zwischen L*H und LH* (vgl. die
Diskussion in Braun & Ladd 2003 und Braun 2007).

Es bestehen außerdem Gemeinsamkeiten zwischen den angenommenen Unterschieden in den Kopplungsgraphen in der Artikulatorischen Phonologie und dem Assoziationsdiagramm im AM-Modell von Grice (1995), bei dem bitonale Tonakzente entweder als Sequenzen bzw. Cluster (Abbildung 7.22 (a)) oder als Einheiten (Abbildung 7.22 (b)) analog zur Darstellung von Affrikaten in der segmentalen Domäne (Yip 1989) dargestellt werden.

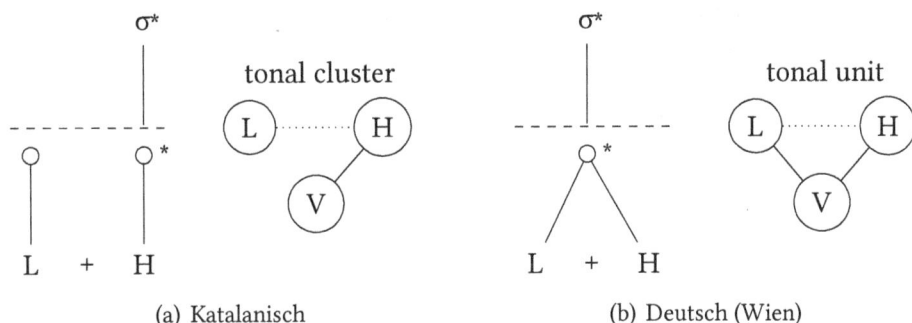

(a) Katalanisch   (b) Deutsch (Wien)

Abbildung 7.22: (a) Tonales Cluster zusammengesetzt aus zwei (bitonalen) Tonakzenten mit zwei tonalen Knotenpunkten. (b) Tonale Einheit mit einem gemeinsamen sich verzweigenden tonalen Knotenpunkt (Grice 1995).

Die Koordination von Tonakzenten im Katalanischen und Wiener Deutschen und die daraus resultierenden Kopplungsgraphen unterscheiden sich in einer wichtigen Eigenschaft von denen der lexikalischen Töne im Mandarin, wie sie von Gao (2009) analysiert wurden. Im Mandarin werden Silben mit H oder L Tönen mit einer beträchtlichen Zeitverzögerung von (circa 50 ms) zwischen konsonantischen und vokalischen Gesten und zwischen vokalischen und tonalen Gesten produziert. Im Gegensatz dazu starten im Katalanischen und Wiener Deutschen die konsonantischen und vokalischen Gesten gleichzeitig, unabhängig davon, ob ein Tonakzent anwesend ist. Eine Interpretation dieser Ergebnisse (auf der Basis der oben angeführten Kopplungsgraphen) wäre die Folgende: Wenn eine tonale Geste im Sprachen mit postlexikalischen Tönen wie Katalanisch oder Deutsch zu einer Silbe hinzugefügt wird, hat die tonale Geste keinen Einfluss auf die silbeninterne CV-Koordination. Das bestätigen auch Studien von Niemann u. a. (2011) zu einer norddeutschen Varietät. Sie fanden keinen Unterschied in der CV-Koordination bei Zielwörtern in akzentuierter (kontrastiver Fokus) und unakzentuierter Position. Wortinitial wurden konsonantische und vokalische Gesten in allen Konditionen synchron initiiert.

Demnach sind lexikalische Töne im Mandarin vollständig im silbeninternen Kopplungsnetzwerk integriert und fungieren hier wie zusätzliche Konsonanten. Demgegenüber sind prosodische (post-lexikalische) Tonakzente im Katalanischen mit der Silbe gekoppelt (oder mit dem Vokal), ohne jedoch die silbeninternen Kopplungsverhältnisse zu beeinflussen. Die Ergebnisse der Daten des Wiener Deutschen betonen noch stärker die Unterschiede zwischen Tonakzenten und lexikalischen Tönen. Aufgrund der konkurrierenden Zielspezifikationen zwischen der tonalen Sequenz (L-H) und dem Vokal entsteht eine starke Verzögerung zwischen dem Auftreten der H-Geste verglichen zur vokalischen Geste. Dennoch wird davon nicht das CV-Timing beeinflusst, denn konsonantische und vokalische Geste starten auch im Wiener Deutschen synchron. Die Kopplungsrelationen zwischen Tonakzent und Silbe (vokalische Geste als Trigger) beeinflussen anders als im Mandarin nicht die silbeninternen Kopplungsrelationen.

7.3 Ausblick: Split-Gesten als Anker für tonale Gesten?

Mehr Möglichkeiten, um Variationen in der Koordination von tonalen und oralen Gesten zu modellieren, besteht in der Annahme von Split-Gesten. Split-Gesten unterteilen beispielsweise konsonantische Gesten in Verschluss- und Lösungsgeste (Nam 2007a,b, Pouplier 2011).

Neben dem oralen Verschluss wird dann zusätzlich die Lösungsgeste modelliert. Dieser Ansatz ist entwickelt worden, um Asymmetrien bei der Konsonantenproduktion abzubilden, beispielsweise, wenn eine Verschlussgeste durch die nachfolgende Öffnung trunkiert worden ist (Harrington u. a. 1995). Der Split-Gesten Ansatz lässt sich aber auch für die Modellierung von Tönen und oralen Gesten anwenden, da er ermöglicht, sowohl den Verschluss als auch die Lösung einer oralen Konstriktionsgeste als Anker bzw. Koordinationspunkt zu verwenden. Für die Alignierung steigender nuklearer Akzente im Wiener Deutschen könnte für den späten Gipfel dann auch eine Koordination mit der Lösungsgeste des initialen Konsonanten angenommen werden. Aus dieser Perspektive könnte man sagen, dass im Katalanischen die tonale Hochtongeste in steigenden Nuk1earakzenten mit der Verschlussgeste des initialen Konsonanten In-Phase gekoppelt ist, während sie im Wiener Deutschen mit der Lösungsgeste des initialen Konsonanten In-Phase gekoppelt ist. Diese Sichtweise geht aber von Beobachtungen in CV-Silben aus, die nicht mehrere Konsonanten im Silbenonset haben. Bei komplexen Onsets könnte sich das Realisierungsmuster ändern.

Was spricht für die Annahme einer Lösungsgeste in der Artikulatorischen Phonologie? Browman & Goldstein (1992b) haben bereits aufgezeigt, dass die Lösung eines Verschlusses durch die Annahme einer Geste kontrolliert werden müsse. Diese Idee weicht von dem Grundmodell der Artikulatorischen Phonologie ab, bei dem sich orale Gesten nach Verschlusslösung auf eine Neutralposition als nicht näher spezifizierten Parameter zubewegen. Nam (2007a) zeigt jedoch, dass die konsonantische REL-Geste Besonderheiten in den Parametern Steifheit und Target aufweist. Wenn beispielsweise Konsonant und Vokal die gleiche Traktvariable teilen (/ka/, /ki/, Traktvariable TB), so entspricht im Onset die Steifheit von REL der Steifheit eines Konsonanten. Das Target von REL jedoch entspricht dem Target des begleitenden Vokals.

Werden orale Konsonanten in Verschluss- und Lösungsgeste aufgeteilt, so besteht dann jeder Konsonant aus zwei Gesten (CLO und REL), die eigene Kopplungen beispielsweise mit dem Vokal eingehen (Nam 2007a,b). Abbildung 7.23 zeigt die Kopplungsgraphen für CV und VC mit den konsonantischen Split-Gesten CLO und REL. Im Onset, CV, sind beide Split-Gesten in einer In-Phase-Kopplung mit dem Vokal und in Anti-Phase zueinander. Sie verhalten sich streng genommen wie ein Cluster, obwohl es sich nur um einen einzelnen Konsonanten handelt. In der Nukleus-Koda-Relation, VC, hingegen ist nur der Verschluss CLO direkt mit dem Vokal in Anti-Phase gekoppelt und es folgt sequentiell die Lösung REL.

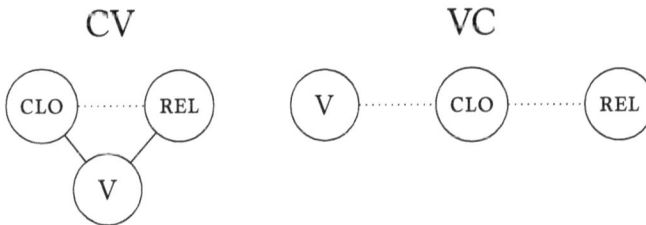

Abbildung 7.23: Kopplungsgraphen CV und VC nach Nam (2007b) mit Split-Gesten für den Konsonanten C (CLO = closure, REL = release). Durchgezogene Linien = In-Phase, gestrichelte Linien = Anti-Phase.

Die Organisation in CV kann unterschiedliche Regularitäten abbilden. So startet im Onset die vokalische Bewegung häufig erst nach dem Beginn des konsonantischen Verschlusses. Diese Abfolge CLO-V-REL ergäbe sich dann aus der zentrumsartigen Organisation (C-Center) von CLO und REL mit dem Vokal.

Durch die konkurrierenden Zielspezifikationen wird CLO relativ zum Vokal nach links verschoben und startet somit früher. Auch führt die feste Bindung in der „molekularen Struktur" in CV zu einer erhöhten Stabilität in der zeitlichen Koordination. So hat Byrd (1996b) beobachtet, dass es weniger Variabilität in der Verschlussdauer von Konsonanten im Onset als in der Koda gibt. Der Ansatz der Split-Gesten führt noch einen weiteren Schritt weg von dem traditionellen Segmentbegriff (Pouplier 2011) und eröffnet, wie eingangs erörtert, neue Möglichkeiten in der Kopplung oraler und glottaler Gesten, da sie mehr Anker- oder Koordinationspunkte zur Verfügung stellt.

8 Schlusswort

Die Artikulatorische Phonologie stellt eine wichtige Alternative zu segmentalen Ansätzen dar. Als dynamisches Model, das mit Attraktoren statt mit festen Kategoriengrenzen arbeitet, kann sie natürliche Variabilität abbilden. Diese natürliche Variabilität ist wichtig, will man das Verhalten eines Sprachsystems verstehen. Neben kontextuellen Einflüssen kann auch die Prosodie eine Vielfalt von systematischer Variabilität generieren, die weniger als Rauschen in den Daten, sondern mehr ein Fenster zur linguistischen Struktur darstellt.

In den letzten Jahren hat es zunehmend Forschung im Bereich der Wechselwirkung von Artikulation und prosodischer Struktur gegeben. Hier sind beispielsweise Markierungen von Prominenz zu nennen (Hyperatikulation, Assimilation, Reduktionsformen, VOT-Variationen), aber auch die Interaktion von tonaler und segmentaler Signatur in der der phonetischen Substanz. Diese Studien verbindet die Auffassung, dass es keine starren Kategoriengrenzen gibt. So kann Assimilation als Überlappung von Gesten verstanden werden, die unterschiedlichste Realisierungsformen erlauben, statt das vollständige Angleichen eines Segments an ein anderes. Auch in der klinischen Linguistik ist dieser Ansatz wichtig. Gerade in Dysarthrien kommt es häufig nicht zur Substitution von Segmenten (beispielsweise Spirantisierung), sondern vielmehr zu graduellen Variationen (eine artikulatorische Zielposition wird nicht erreicht), die sich auch in der Schwere einer Dysarthrie widerspiegeln kann.

Obwohl die segmentale Ebene inzwischen sehr gut durch die Artikulatorische Phonologie beschrieben ist, gibt es noch Baustellen im Bereich der Implementierung von prosodischer Struktur. So ist noch unklar, wie eine tonale Geste im System integriert sein kann (beispielsweise sind tonale Gesten letztendlich aufgrund eines akustischen F0-Verlaufs und nicht artiukulatorisch definiert) und es bleibt auch noch offen, wie die Markierung der prosodischen Grenzen als lokale Modifikatoren im räumlichen und zeitlichen Bereich an die Kopplungsgraphen eines Netzwerks von gesturalen Triggern angebunden sind.

Die Artikulatorische Phonologie ist sicher kein Ersatz für segmentale Ansätze. Aber sie bildet eine Erweiterung insbesondere im Hinblick auf das Erfassen von Variabilität, die wir nicht mehr mittels künstlicher Schwellenwerte und starren

Kategoriengrenzen aus Datensätzen herausrechnen sollen. Sie sollte ein wichtiger Bestandteil nicht nur in der experimentellen Forschung, sondern auch in der sprachwissenschaftlich ausgelegten Lehre sein, will man die Beziehung von Signal und kognitiver Verarbeitung verstehen.

9 English Summary

This book is an introduction to Articulatory Phonology with a special focus on the interplay of articulation and prosody. Articulatory Phonology is a dynamic approach that fully integrates phonetics and phonology. It assumes that the basic units of speech production are dynamically defined articulatory gestures, which can be modelled as a constellation of invariant functional units of vocal tract constricting actions (see Fowler et al. 1980; Browman & Goldstein 1986; 1988; Saltzman & Munhall 1989; Browman & Goldstein 1991; Goldstein et al. 2009). Articulatory gestures do not directly correspond to traditional segments or features. Moreover, they are movements with an extent in time that can temporally overlap with one another. Within this model, the continuous variation of a self-organised speech system can be modelled, constantly mediating between the demands of the physical control system and linguistic structure.

The present book gives an introduction in German to the basic concepts of Articulatory Phonology for a German readership (e.g. task dynamics, articulatory gestures, gestural scores, coupling graphs and parameter manipulation in mass-spring models). Furthermore, it discusses the implementation of prosodic structure in Articulatory Phonology (e.g. self-organisation of prosodic constituents, head and edge marking in the prosodic hierarchy and implementation of prosodic gestures and tone gestures in Articulatory Phonology). In every chapter, examples from different languages are given, such as German, Catalan, Italian, Polish, Mandarin and Tashlhiyt Berber.

The book is written in the spirit that dynamic approaches offer a crucial alternative to the traditional symbol-based theories. The natural process of human communication constantly triggers and constrains variation in speech, often reaching deeply into human physiology, cognition and grammar. This variation is more than just noise in experimental data: It is a window to linguistic structure, which can be best modelled in terms of a dynamical system.

9.1 Dynamic systems: Integrating phonetics and phonology

Dynamic systems describe the evolution of the complex behaviour of a system. In such a theory, phonological information (low-dimensional descriptions) can be mapped directly onto continuous phonetic cues (high-dimensional descriptions) without the need for an interface between phonological form and phonetic substance (see Browman & Goldstein 1992a; Gafos & Beňuš 2006; Goldstein et al. 2006; Mücke, Grice & Cho 2014; Mücke et al. 2017). A dynamic system changes its behaviour in a lawful manner capturing rules of change in terms of mathematical laws. Articulatory Phonology (Browman & Goldstein 1992a) is a dynamic theory that decomposes speech into a set of potentially overlapping units, the articulatory gestures. Articulatory Phonology integrates low-dimensional descriptions (the gesture as a discrete phonological unit) and high-dimensional descriptions (the gesture as a continuous physical articulatory action) in a unified system. Articulatory gestures define vocal tract constrictions such as the full closure of the tongue tip at the alveolar ridge to produce the speech sound /t/. Changing the value of a gesture's parameter set changes the temporal and/or spatial properties of the physical articulatory action and therefore the acoustic outcome.

The differential equation of a dynamic system specifies the continuous behaviour of the system over time. While the equation is invariant, the physical output is not (see Browman & Goldstein 1989; 1992a; Kelso 1995; Gafos & Beňuš 2006; Spivey 2007; Gafos et al. 2014; Mücke et al. 2017). Once a dynamic system is set into motion, it evolves towards a specific (linguistic) target (i.e. equilibrium position). This target is defined by an attractor, which defines values or regions of values in the possible phase space of the system (see Figure 9.1). Such systems are often compared with a marble rolling to the bottom center of a bowl (Haken et al. 1985; Nam, Goldstein & Saltzman 2009). The bowl represents all possible values of the phase space, the strongest attractor being the bottom center of the bowl. Those dynamic systems always encode context-dependent variability. If the marble starts to roll next to the bottom center of the bowl, the path to the center is short. If it starts to roll from the edge of the bowl, the path to the center is long. However, in both cases the marble is likely to roll towards the bottom center of the bowl, where the system eventually stabilizes and the marble comes to rest.

Many skilled human movements have been characterized as being controlled by such a dynamical (point-attractor) system (Goldstein et al. 2006). Speech production and perception can also be understood as dynamic systems using attrac-

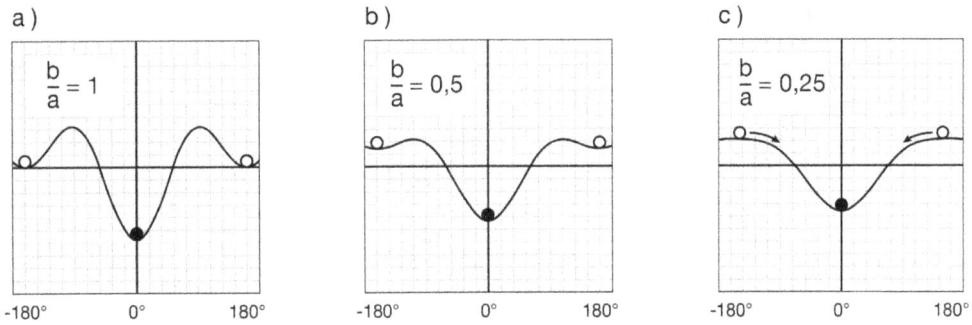

Figure 9.1: Attractor landscapes in terms of methaphorical descriptions of a marble rolling to the bottom center of a bowl (adapted from Nam, Goldstein & Saltzman (2009) and Mücke, Grice & Cho (2014)).

tors that reflect linguistic structure. Let's assume that the attractor is a linguistic goal such as the lip closure during the production of an intervocalic consonant in a sequence such as /ibi/ and /aba/. The goal for the lips in /b/ is invariant (full closure of the lips), but the way the lips travel differs in the two conditions. The way is shorter in /ibi/ than in /aba/, because due to the different starting conditions the jaw is already higher in the high vowel /i/ than in the low vowel /a/. A dynamic system in speech needs to be flexible, and redundancy plays an important role (see Fowler et al. 1980; Saltzman & Kelso 1987; Saltzman & Munhall 1989; Browman & Goldstein 1992a; Hawkins 1992; Goldstein & Pouplier 2014; Mücke et al. 2017). A great amount of context-dependent variability can be generated in such a system, reflecting functional synergies of the articulators moving towards different competing attractors. Indeed, speakers generate an overwhelming variety of naturally-induced variability, e.g. in partial assimilation in /n#g/-sequences in different languages (among others Barry 1991, Ellis & Hardcastle 2002 for English or Mücke, Grice & Kirst 2008, Bergmann 2012 for German) or in incomplete neutralisation in voiceless and devoiced stops (Roettger et al. 2014).

In the first four chapters of the book (chapter 1-4), the basics of Articulatory Phonology as a dynamic theory are explained. It is shown that self-organisation plays a crucial role when modelling timing patterns of articulatory gestures (see Browman & Goldstein 2000; Saltzman & Byrd 2000; Nam & Saltzman 2003; Nam 2007a; Goldstein, Chitoran, et al. 2007; Goldstein, Pouplier, et al. 2007; Goldstein et al. 2009; Nam, Goldstein & Saltzman 2009; Shaw et al. 2009; Marin & Pouplier 2010; Shaw et al. 2011; Pouplier 2012; Hermes et al. 2013; Gafos et al. 2014; Hermes et al. 2017). In an intergestural timing model, each gesture is associated with an oscillator (or clock) and the oscillators are coupled to one another in a pairwise, potentially competing fashion. On the basis of two stable coupling modes, timing patterns in prosodic constituents such as the syllable can be modelled within a self-organized system capturing regularity and variability on different levels of linguistic description. It is shown that those coupling networks reflect the speaker's phonological knowledge of the coordination of consonants and vowels timing.

Furthermore, it is shown that the timing relations also play a crucial role when investigating the relation of the tonal domain and the textual string (chapter 5-8). The vibration of the vocal folds to produce pitch contours (laryngeal system) and the the movements of the articulators above the glottis to produce consonants and vowels (supralaryngeal system, i.e. lips, jaw and tongue) are coordinated movements in the temporal and spatial domain. Observing their coordinated movement allows us to model the changes of the speech system's essential properties in a unified dynamical system that captures the interplay between intonation and the production of prosodic constituents such as the syllable.

9.1.1 Minimize and maximize the system's costs

The amount of articulatory effort plays an important role in speech. Speakers do not just produce canonical forms. Moreover, they have the choice to manipulate phonetic cues in a given utterance to increase or decrease perceptual distances between competing words or syllables, a process that can be understood as a constant "trade-off between biases supporting message transmission accuracy and resource costs" (Currie et al. 2016). This means, speakers systematically vary between more and less distinct articulation within each utterance, phrase or even within a word. When unconstrained by perceptual demands, the speech motor system tends to minimize the amount of articulatory effort for vocal tract movements during speech. This observation is based on the Hyperarticulation and Hypoarticulation (H&H) model developed by Lindblom (1990). The model proposes that speakers constantly vary along a continuum of over- and under-articulated speech (hyper- and hypo-articulated speech) in order to adapt to the complex demands of the communication process (Liberman & Mattingly 1985; Farnetani & Recasens 2010). This leads to an increase in overlap between articulatory gestures and therefore to a higher degree of coarticulation, which is related to hypo-speech. In contrast, hyper-speech leads to a decrease in coarticulatory overlap and therefore to a more distinct articulation which enhances distances in the perceptual space. Hyper-speech adds more biomechanical power and performance accuracy to a syllable or word to increase perceptual distances between competing words or syllables and therefore increases the associated resource costs (see de Jong 1995; Harrington et al. 2000; Cho 2005; Baese-Berk & Goldrick 2009; Scarborough 2013; Mücke & Grice 2014; Currie et al. 2016; Nelson & Wedel 2017).

There are several constraints mediating between the low-cost behaviour of the physical control system (system-oriented behaviour) and the demands required by linguistic structure and prosodic functions (output-oriented behaviour). For example, the production of the stop consonant /t/ in <tea> requires a full closure of the tongue tip at the alveolar ridge in order to block the oral airflow leading to a silent gap on the acoustic surface. In case of an undershoot of the desired motor goal, i.e. in the case in which the articulatory closure is not fully achieved, air leaks out of the mouth during the closure phase. On the acoustic surface, frication will be generated (spirantization), shifting the phonetic cues to the stop consonant /t/ in <tea> towards a fricative /s/ as in <sea>. The phonetic specificity of the syllable onset is thus strongly reduced and speech intelligibility decreases (Kent et al. 1999).

Modifications of phonetic cues on a continuum of hypo- and hyper-articulated speech can be modelled in terms of parameter modifications within a dynamic mass-spring system used for the description of articulatory control (see Saltzman 1986; Saltzman & Kelso 1987; Saltzman & Munhall 1989; Browman & Goldstein 1989; 1992a). Changing the values of a gesture's parameter set changes the temporal and/or spatial properties of the physical, articulatory action and therefore the acoustic outcome.

Figure 9.2 schematizes a pure change in target for two articulatory movements, both intended to produce a full closure of the tongue tip at the alveolar ridge during the production of /t/. High values indicate that the tongue tip is raised for the closure. Both trajectories have the same duration, but they differ in maximum velocity and amplitude (how fast and how far articulator travels). While the trajectory with the solid line is faster and larger and likely will reach the articulatory target, the trajectory with the dotted line is slower and smaller and will likely undershoot the target leading to a hypo-speech (leaking closure in the vocal tract with turbulent airflow) and therefore frication on the acoustic surface.

There are several parameter changes that can be modelled in a dynamic system, all of them with different spatial and temporal consequences for speech production. They are exemplified in chapter 5, while the concept of minimizing and maximizing costs also plays an important role in highlighting prosodic structure (discussed in chapters 6 and 7).

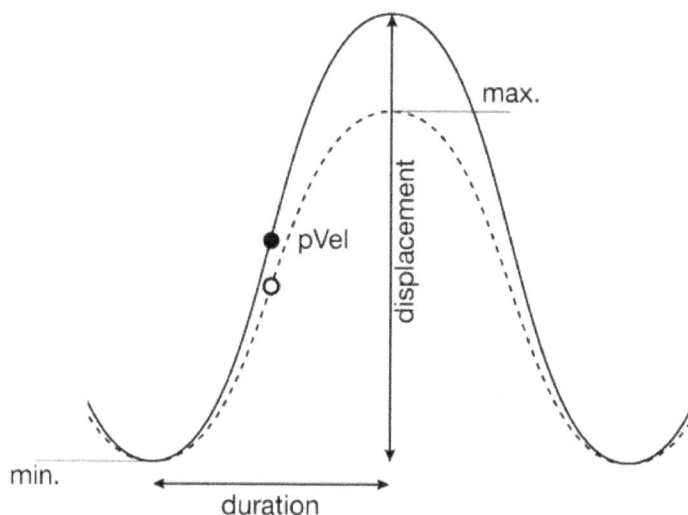

Figure 9.2: Changes in target can lead to an articulatory overshoot or undershoot of a gestural target.

9.1.2 Prominence in a dynamic system

A complex interplay between linguistic structure (e.g. prosody) and the physical system leads to a huge amount of naturally-induced variability. A bundle of factors such as prosodic highlighting strategies in the phonetic substance (on the textual string) and segmental context play a major role in the natural process of human communication. Previous research, e.g., has revealed a more distinct articulation of prosodic units such as syllables in prominent positions (e.g. under contrastive focus), involving larger, longer and faster movements of the vocal tract. This is referred to as prosodic strengthening in the literature (Cho 2006). Two prosodic strengthening strategies are reported to highlight important information in the phonetic substance (Mücke & Grice 2014). First, sonority expansion is a strategy (Harrington et al. 2000) that enhances the intrinsic sonority of a vowel to strengthen syntagmatic contrasts between consonants and vowels within a syllable but also across syllables. In order to express prosodic prominence, speakers produce a louder vowel over a longer period of time or, in contrast, produce tighter and longer closures for oral stops. Second, the localized hyperarticulation strategy (H&H Model, Lindblom 1990, de Jong 2004) involves the enhancement of the paradigmatic features. According to this strategy, a low vowel in an accented syllable is produced with a lower tongue position and a front vowel with a more fronted tongue position, while an aspirated stop consonant is produced with a longer voice onset time to make it perceptually more prominent in comparison to segments of unaccented neighbouring syllables. However, prosodic modifications of vocal tract actions are highly complex, affecting multiple cues to prosodic prominence. In addition, effects of speaker-specific behaviour and segmental context play an important role. Speakers use multiple cues in different combinations to express the same degree of prominence (e.g. contrastive focus), but the use of these cues is also dependent on the coarticulatory sensitivity of the segmental material (i.e. certain sounds are more resistant to coarticulation than others).

Figure 9.3 exemplifies the complexity of prosodic strengthening strategies (adapted from Mücke & Grice 2014). It shows kinematic trajectories for the lip movements in terms of Lip Aperture using the Euclidean distance between the upper and lower lip, separately for two speakers (F1 and F2). High values indicate that the lips are apart during vowel production of the target vowel /i:/, /a:/ and /o:/ in 'Bahber', 'Bieber' and 'Bohber'. The target words are elicited in four different focus conditions encoding different degrees of prosodic prominence: contrastive

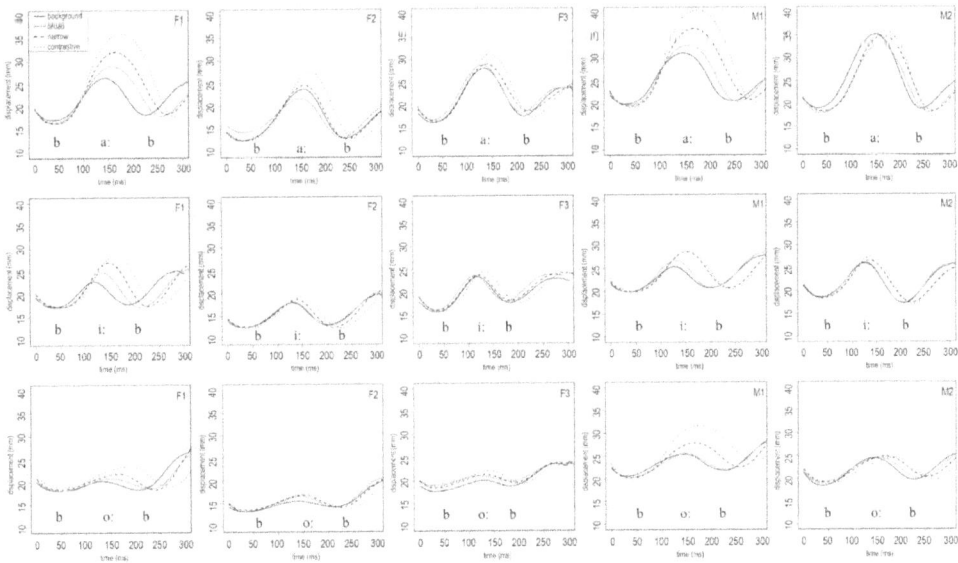

Figure 9.3: Kinematic trajectories of the inter-lip distance for the target words 'Bahber', 'Bieber' and 'Bohber', two speakers (F1 and F2) in four different focus conditions (contrastive focus, narrow focus, broad and background).

focus, narrow focus, broad focus (accented position) and out of focus (unaccented position).

The figure shows that the different trajectories are affected by focus type (prosodic variation), vowel type (segmental composition) and speaker-specific strategies. There is a strong tendency for the oral cavity to be more open in contrastive focus in comparison to less prominent positions to highlight contrastivity. However, modifications are stronger in target syllables containing open vowels, /a/, compared to the high vowels /i/ and /o/. An open vowel, /a:/, allows for more variability than a closed vowel, /i:/, because /i:/ requires more articulatory precision and is resistant to coarticulation. Furthermore, the speakers F1 and F2 both produce changes in duration and displacement to enhance the strength of articulation in target words under contrastive focus, but speaker F1 shows stronger modifications than speaker F2.

The interplay between prosodic structure and articulation is rather complex and requires parameter adjustments in multiple dimensions. There are several factors such as prosodic structure, segmental context and speaker-specific behaviour that trigger variation in the phonetic outcome of the dynamic speech system. At this moment, we are just at the beginning to understand these complex interactions.

Anhang

Akustische und artikulatorische Alignierung für Katalanisch (Tabelle A.1, A.2 und A.3) und Wiener Deutsch (Tabelle A.4 und A.5) als Ergänzung zu Kapitel 7.2 der vorliegenden Arbeit.

Tabelle A.1: Mittelwerte in ms und Standardabweichungen in Klammern für akustische Alignierungsabstände im Katalanischen, separat für weiten und engen Fokus, alle Daten.

Katalanisch		Akustische Alignierung (Segmente) L-C1 onset	
		weiter Fokus	enger Fokus
labial – σ offen	['MA.mi]	−37 (18)	−25 (16)
	['MA.mi.la]	−27 (8)	−25 (11)
labial – σ geschlossen	['MAM.zi]	−31 (17)	−19 (25)
	['MAM.zi.la]	−29 (9)	−28 (15)
alveolar – σ offen	['NA.ni]	−34 (6)	−28 (9)
	['NA.ni.la]	−29 (7)	−28 (7)
alveolar – σ geschlossen	['NAN.mi]	−35 (7)	−36 (17)
	['NAN.mi.la]	−30 (8)	−41 (16)

Tabelle A.2: Mittelwerte in ms und Standardabweichungen in Klammern für kinematische Alignierungsabstände im Katalanischen, separat für weiten und engen Fokus, nur *labiale* Daten.

		labial − σ offen		labial − σ geschlossen	
		['MA.mi]	['MA.mi.la]	['MAM.zi]	['MAM.zi.la]
Ton-zu-V	weiter Fokus	-7 (19)	7 (8)	-7 (14)	4 (12)
	enger Fokus	9 (13)	5 (11)	14 (24)	6 (14)
Ton-zu-C	weiter Fokus	-4 (18)	8 (6)	-1 (15)	1 (10)
	enger Fokus	9 (15)	11 (9)	15 (26)	7 (15)
C-zu-V	weiter Fokus	3 (2)	1 (5)	7 (6)	3 (3)
	enger Fokus	0 (7)	6 (3)	1 (4)	1 (3)

Tabelle A.3: Mittelwerte in ms und Standardabweichungen in Klammern für kinematische Alignierungsabstände im Katalanischen, separat für weiten und engen Fokus, nur *alveolare* Daten.

		alveolar − σ offen		alveolar − σ geschlossen	
		['NA.ni]	['NA.ni.la]	['NAN.mi]	['NAN.mi.la]
Ton-zu-V	weiter Fokus	-5 (7)	2 (3)	-5 (6)	3 (9)
	enger Fokus	1 (8)	13 (8)	2 (7)	7 (6)
Ton-zu-C	weiter Fokus	11 (8)	16 (6)	8 (6)	13 (8)
	enger Fokus	4 (5)	5 (7)	6 (5)	-3 (6)
C-zu-V	weiter Fokus	15 (7)	14 (3)	13 (5)	11 (3)
	enger Fokus	3 (9)	-8 (4)	4 (4)	-10 (9)

Tabelle A.4: Mittelwerte in ms und Standardabweichungen in Klammern für akustische Alignierungsabstände im Wiener Deutschen, für kontrastiven Fokus, alle Daten.

Wiener Deutsch			Akustische Alignierung (Segmente) L-C1 onset (kontrast)
labial	σ offen	['MA:.mi]	81 (16)
	σ geschlossen	['MAMi]	60 (8)
alveolar	σ offen	['NA:.ni]	51 (19)
	σ geschlossen	['NANi]	68 (11)

Tabelle A.5: Mittelwerte in ms und Standardabweichungen in Klammern für kinematische Alignierungsabstände im Wiener Deutschen, für kontrastiven Fokus, alle Daten.

Wiener Deutsch			Kinematik (Gesten)		
			Ton-V	Ton-C	C-V
labial	σ offen	['MA:.mi]	144 (16)	141 (15)	2 (7)
	σ geschlossen	['MAMi]	122 (8)	115 (10)	8 (7)
alveolar	σ offen	['NA:.ni]	83 (11)	95 (10)	−12 (9)
	σ geschlossen	['NANi]	70 (17)	76 (17)	−7 (6)

Literaturverzeichnis

Ackermann, Hermann, Ingo Hertrich & Thomas Hehr. 1995. Oral Diadochokinesis in Neurological Dysarthrias. *Folia Phoniatrica et Logopaedica* 47. 15–23.

Ackermann, Hermann & Wolfram Ziegler. 1991. Articulatory deficits in parkinsonian dysarthria: An acoustic analysis. *Journal of Neurology, Neurosurgery & Psychiatry* 54(12). 1093–1098.

Arvaniti, Amalia & D. Robert Ladd. 2009. Greek wh-questions and the phonology of intonation. *Phonology* 26(1). 43–74.

Arvaniti, Amalia, D. Robert Ladd & Ineke Mennen. 1998. Stability of tonal alignment: the case of Greek prenuclear accents. *Journal of Phonetics* 26(1). 3–25.

Atterer, Michaela & D. Robert Ladd. 2004. On the phonetics and phonology of "segmental anchoring" of F0: evidence from German. *Journal of Phonetics* 32(2). 177–197.

Avesani, Cinzia, Mario Vayra & Claudio Zmarich. 2007. On the Artculatory basis of Prominence in Italian. In *Proceedings of the International Congress on Phonetic Sciences XVI*, 981–984. Saarbrücken.

Baese-Berk, Melissa & Matthew Goldrick. 2009. Mechanisms of interaction in speech production. *Language and Cognitive Processes* 24(4). 527–554. PMID: 19946622.

Barry, Martin C. 1991. Temporal Modelling of gestures in articulatory assimilation. In *Proceedings of the International Congress on Phonetic Sciences XII*, 14–17. Aix-en-Provence.

Baumann, Stefan, Martine Grice & Susanne Steindamm. 2006. Prosodic Marking of Focus Domains - Categorical or Gradient? In *Proceedings of the 3rd International Conference on Speech Prosody*, 301–304. Dresden, Germany.

Beckman, Mary E. 1996. The Parsing of Prosody. *Language and Cognitive Processes* 11(1-2). 17–68.

Beckman, Mary E. & Jan Edwards. 1990. Lengthenings and shortenings and the nature of prosodic constituency. In John Kingston & Mary E. Beckman (Hrsg.), *Between the Grammar and Physics of Speech*, Bd. 1 (Papers in Laboratory Phonology), 152–178. Cambridge University Press.

Beckman, Mary E., Jan Edwards & Janet Fletcher. 1992. Prosodic structure and tempo in a sonority model of articulatory dynamics. In Gerard J. Docherty & D. Robert Ladd (Hrsg.), *Gesture, Segment, Prosody*, Bd. 2 (Papers in Laboratory Phonology), Kap. 3, 68–89. Cambridge: Cambridge University Press.

Beckman, Mary E. & Jeniffer J. Venditti. 2010. *Tone and Intonation*. William J. Hardcastle, John Laver & Fiona E. Gibbon (Hrsg.). 2. Aufl. (Blackwell Handbooks in Linguistics). Oxford, UK: Wiley-Blackwell. Kap. 16, 603–650.

Benabid, Alim Louis, Pierre Pollak, Dongming Gao, Dominique Hoffman, Patricia Limousin, Emmanuel Gay, Isabelle Payen & Abdhelhamid Benazzouz. 1996. Chronic electrical stimulation of the ventralis intermedius nucleus of the thalamus as a treatment of movement disorders. *Journal of Neurosurgery* 84(2). 203–214.

Bergmann, Pia. 2008. Assimilation within complex words in German. In *Workshop Consonant Cluster and Structural Complexity*. Munich, Germany.

Bergmann, Pia. 2012. Articulatory reduction and assimilation in n#g sequences in complex words in German. In Philip Hoole, Lasse Bombien, Marianne Pouplier, Christine Mooshammer & Barbara Kühnert (Hrsg.), *Consonant clusters and structural complexity*, 311–344. Berlin, New York: Mouton De Gruyter.

Bertalanffy, Ludwig von. 1968. *General system theory*. New York: George Braziller.

Blaufuß, Markus. 2001. *Ein Neuansatz ganzheitlicher Bewegungsforschung im Rahmen der Theorie komplexer Systeme und nichtlinearer Dynamik*. Fakultät für Wirtschafts- und Sozialwissenschaften Diss.

Boersma, Paul & David Weenink. 2010. *Praat: Doing phonetics by computer*. Software. Version 5.1.30. www.praat.org, accessed 2010-05-29.

Bombien, Lasse, Christine Mooshammer, Philip Hoole & Barbara Kühnert. 2010. Prosodic and segmental effects on EPG contact patterns of word-initial German clusters. *Journal of Phonetics* 38(3). 388–403.

Braun, Bettina. 2007. Effects of dialect and context in the realisation of German prenuclear accents. In *Proceedings of the International Congress on Phonetic Sciences XVI*, 961–964. Saarbrücken.

Braun, Bettina & D. Robert Ladd. 2003. Prosodic correlates of contrastive and non-contrastive themes in German. In *Speech Communication and Technology*, 789–792.

Breen, Mara, Evelina Fedorenko, Michael Wagner & Edward Gibson. 2010. Acoustic correlates of information structure. *Language and Cognitive Processes* 25(7-9). 1044–1098.

Brent, Michael R., Timothy A. Cartwright & Adamantios I. Gafos. 1996. Distributional Regularity and Phonotactics Are Useful for Early Lexical Acquisition. *Cognition* 61. 93–125.

Browman, Catherine P. & Louis Goldstein. 1986. Towards an articulatory phonology. *Phonology* 3(01). 219–252.

Browman, Catherine P. & Louis Goldstein. 1988. Some Notes on Syllable Structure in Articulatory Phonology. *Phonetica* 45. 140–155.

Browman, Catherine P. & Louis Goldstein. 1989. Articulatory Gestures as Phonological Units. *Phonology* 6. 201–251.

Browman, Catherine P. & Louis Goldstein. 1991. Tiers in articulatory phonology, with some implications for casual speech. In John Kingston & Mary E. Beckman (Hrsg.), *Between the Grammar and the Physics of Speech*, Bd. 1 (Papers in Laboratory Phonology), Kap. 19, 341–376. Cambridge: Cambridge University Press.

Browman, Catherine P. & Louis Goldstein. 1992a. Articulatory Phonology: An Overview. *Phonetica* 49. 155–180.

Browman, Catherine P. & Louis Goldstein. 1992b. "Targetless" schwa: an articulatory analysis. In Gerard J. Docherty & D. Robert Ladd (Hrsg.), *Gesture, Segment, Prosody*, Bd. 2 (Papers in Laboratory Phonology), Kap. 2, 26–67. Cambridge University Press.

Browman, Catherine P. & Louis Goldstein. 2000. Competing constraints on intergestural coordination and self-organization of phonological structures. *Bulletin de la Communication Parlée* 5. 25–34.

Browman, Catherine P. & Louis Goldstein. 2002. *Articulatory Phonology*. http://sail.usc.edu/~lgoldste/ArtPhon/Papers/Week%201/AP_ch1.pdf. preprint avaiable on webpage.

Brunner, Jana, Christian Geng, Stavroula Sotiropoulou & Adamantios I. Gafos. 2014. Timing of German onset and word boundary clusters. *Laboratory Phonology* 5(4). 403–454.

Büring, Daniel. 2003. On D-Trees, Beans, and B-Accents. *Linguistics and Philosophy* 26(5). 511–545.

Byrd, Dani. 1994. *Articulatory Timing in English Consonant Sequences*. Bd. 86 (University of California Working Papers in Phonetics). 196.

Byrd, Dani. 1995. C-Centers Revisited. *Phonetica* 52. 285–306.

Byrd, Dani. 1996a. A Phase Window Framework for Articulatory Timing. *Phonology* 13(2). 139–169.

Byrd, Dani. 1996b. Influences on articulatory timing in consonant sequences. *Journal of Phonetics* 24(2). 209–244.

Byrd, Dani. 2000. Articulatory Vowel Lengthening and Coordination at Phrasal Junctures. *Phonetica* 57. 3–16.

Byrd, Dani. 2003. Frontiers and challenges in Articulatory Phonology. In *Procee-dings from the International Congress of Phonetic Sciences XV*, 89–92. Barcelona, Spain.

Byrd, Dani, Abigail Kaun, Shrikanth Narayanan & Elliot L. Saltzman. 2000. Phra-sal influences on articulatory detail. In Michael B. Broe & Janet B. Pierrehum-bert (Hrsg.), Bd. 5 (Papers in Laboratory Phonology), Kap. 4, 70–87. Cambridge: Cambridge University Press.

Byrd, Dani, Jelena Krivokapić & Sungbok Lee. 2006. How far, how long: On the temporal scope of prosodic boundary effects. *The Journal of the Acoustical So-ciety of America* 120(3). 1589–1599.

Byrd, Dani & Elliot L. Saltzman. 1998. Intragestural dynamics of multiple prosodic boundaries. *Journal of Phonetics* 26(2). 173–199.

Byrd, Dani & Elliot L. Saltzman. 2003. The elastic phrase: modeling the dynamics of boundary-adjacent lengthening. *Journal of Phonetics* 31(2). 149–180.

Cassidy, Steve & Jonathan Harrington. 2001. Multi-level annotation in the Emu speech database management system. *Speech Communication* 33(1). 61–77.

Cho, Hyesun & Edward Flemming. 2011. The Phonetic Specification of Contour Tones: The Rising Tone in Mandarin. In *Proceedings of the International Con-gress of Phonetic Sciences XVII*, 112–115. Hong Kong, China.

Cho, Taehong. 2001. Effects of Morpheme Boundaries on Intergestural Timing: Evidence from Korean. *Phonetica* 58. 129–162.

Cho, Taehong. 2002. *The Effects of Prosody on Articulation in English* (Outstanding dissertations in linguistics). New York: Routledge.

Cho, Taehong. 2005. Prosodic strengthening and featural enhancement: Evidence from acoustic and articulatory realizations of /ɑ,i/ in English. *The Journal of the Acoustical Society of America* 117(6). 3867–3878.

Cho, Taehong. 2006. Manifestation of prosodic structure in articulatory variation: Evidence from lip kinematics in English. *Laboratory phonology* 8. 519–548.

Cho, Taehong & Patricia A. Keating. 2009. Effects of initial position versus pro-minence in English. *Journal of Phonetics* 37(4). 466–485.

Cho, Taehong & James M. McQueen. 2005. Prosodic influences on consonant production in Dutch: Effects of prosodic boundaries, phrasal accent and lexical stress. *Journal of Phonetics* 33(2). 121–157.

Clements, George N. 1985. The geometry of phonological features. *Phonology Ye-arbook* 2(1). 225–252.

Crystal, Thomas H. & Arthur S. House. 1990. Articulation rate and the duration of syllables and stress groups in connected speech. *The Journal of the Acoustical Society of America* 88(1). 101–112.

Culicover, Peter W. & Michael Rochemont. 1983. Stress and Focus in English. *Language* 59(1). 123–165.

Currie, Kathleen, Elizabeth H. Hume, T. Florian Jaeger & Andrew Wedel. 2016. The Message Shapes Phonology. Im Druck.

de Jong, Kenneth. 1995. The supraglottal articulation of prominence in English: Linguistic stress as localized hyperarticulation. *The Journal of the Acoustical Society of America* 97(1). 491–504.

de Jong, Kenneth. 2004. Stress, lexical focus, and segmental focus in English: patterns of variation in vowel duration. *Journal of Phonetics* 32(4). 493–516.

de Jong, Kenneth, Mary E. Beckman & Jan Edwards. 1993. The Interplay Between Prosodic Structure and Coarticulation. *Language and Speech* 36(2-3). 197–212.

Dell, François & Mohamed Elmedlaoui. 1985. Syllabic consonants and syllabification in Imdlawn Tashlhiyt Berber. *Journal of African Languages and Linguistics* 7(2). 105–130.

Deuschl, Günther & Rodger Elble. 2009. Essential tremor — Neurodegenerative or nondegenerative disease towards a working definition of ET. *Movement Disorders* 24(14). 2033–2041.

Di Napoli, Jessica. 2012. Phrase final edge marking in Italian. Evidence of strengthening? In *Annual Meeting of the French Phonology Network*. Paris, France. Oral presentation.

Diercks, Kristin. 2011. *Akustische und Artikulatorische Prominenzmarkierung im Tashlhiyt Berber*. Universität zu Köln Bachelorarbeit.

D'Imperio, Mariapaola. 2002. Language-Specific and Universal Constraints on Tonal Alignment: The Nature of Targets and "Anchors". In *Proceedings of the 1st Internatioal Conference on Speech Prosody*, 101–106. Aix-en-Provence, France.

D'Imperio, Mariapaola, Caterina Petrone & Noël Nguyen. 2007. Effects of tonal alignment on lexical identification in Italian. In Carlos Gussenhoven & Tomas Riad (Hrsg.), *Experimental Studies in Word and Sentence Prosody*, Bd. 2 (Tones and Tunes), 79–106. Berlin, Boston: De Gruyter Mouton.

Dohen, Marion & Hélène Lœvenbruck. 2005. Audiovisual Production and Perception of Contrastive Focus in French: a multispeaker study. In *Interspeech / Eurospeech 2005*, p–2413.

Dohen, Marion, Hélène Lœvenbruck & Hill Harold. 2006. Visual correlates of prosodic contrastive focus in French: description and inter-speaker variability.

In *Proceedings of the 3rd International Conference on Speech Prosody*, 221–224. Dresden, Germany.

Eady, Stephen J., William E. Cooper, Gayle V. Klouda, Pamela R. Mueller & Dan W. Lotts. 1986. Acoustical Characteristics of Sentential Focus: Narrow vs. Broad and Single vs. Dual Focus Environments. *Language and Speech* 29(3). 233–251.

Edwards, Jan, Mary E. Beckman & Janet Fletcher. 1991. The articulatory kinematics of final lengthening. *The Journal of the Acoustical Society of America* 89(1). 369–382.

Elble, Rodger J. 2013. What is Essential Tremor? *Current Neurology and Neuroscience Reports* 13(6). 353.

Ellis, Lucy & William J. Hardcastle. 2002. Categorical and gradient properties of assimilation in alveolar to velar sequences: evidence from EPG and EMA data. *Journal of Phonetics* 30(3). 373–396.

Erickson, Donna. 2002. Articulation of Extreme Formant Patterns for Emphasized Vowels. *Phonetica* 59. 134–149.

Farnetani, Edda & Daniel Recasens. 1999. Coarticulation models in recent speech production theories. In William J. Hardcastle & Nigel Hewlett (Hrsg.), *Coarticulation: Theory, Data and Techniques* (Cambridge Studies in Speech Science and Communication), Kap. 2, 31–65. Cambridge: Cambridge University Press.

Farnetani, Edda & Daniel Recasens. 2010. *Coarticulation and Connected Speech Processes*. William J. Hardcastle, John Laver & Fiona E. Gibbon (Hrsg.). 2. Aufl. (Blackwell Handbooks in Linguistics). Oxford, UK: Wiley-Blackwell. Kap. 9.

Féry, Caroline. 1993. *German intonational Patterns*. Tübingen: Niemeyer.

Féry, Caroline & Frank Kügler. 2008. Pitch accent scaling on given, new and focused constituents in German. *Journal of Phonetics* 36(4). 680–703.

Flora, Eliana Della, Caryn L. Perera, Alun L. Cameron & Guy J. Maddern. 2010. Deep brain stimulation for essential tremor: A systematic review. *Movement Disorders* 25(11). 1550–1559.

Fougeron, Cécile. 2001. Articulatory propertics of initial segments in several prosodic constituents in French. *Journal of Phonetics* 29(2). 109–135.

Fougeron, Cécile & Patricia A. Keating. 1997. Articulatory strengthening at edges of prosodic domains. *The Journal of the Acoustical Society of America* 101(6). 3728–3740.

Fowler, Carol A. 1977. *Timing Control in Speech Production*. Bd. 137 (Indiana University Linguistics Club). Bloomington, Indiana: Indiana University.

Fowler, Carol A., Philip Rubin, Robert E. Remez & Michael T. Turvey. 1980. Implications for speech production of a general theory of action. In B. Butterworth (Hrsg.), *Language Production*, 373–420. New York: Academic Press.

Fowler, Carol A. & Elliot L. Saltzman. 1993. Coordination and Coarticulation in Speech Production. *Language and Speech* 36(2-3). 171–195.

Fuchs, Susanne, Pascal Perrier & Mariam Hartinger. 2011. A critical evaluation of gestural stiffness estimations in speech production based on a linear second-order model. *Journal of Speech, Language, and Hearing Research* 54(4). 1067–1076.

Gafos, Adamantios I. & Štefan Beňuš. 2006. Dynamics of Phonological Cognition. *Cognitive science* 30(5). 905–943.

Gafos, Adamantios I., Simon Charlow, Jason A. Shaw & Philip Hoole. 2014. Stochastic time analysis of syllable-referential intervals and simplex onsets. *Journal of Phonetics* 44(Supplement C). 152–166.

Gao, Man. 2006. Gestural Representation and alignment patterns of mandarin tones. In *Proceedings of the 10th Conference on Laboratory Phonology (LabPhon)*. Paris, France. Poster-presentation.

Gao, Man. 2009. Gestural coordination among vowel, consonant and tone Gestures in Mandarin Chinese. *Chinese Journal of Phonetics* 2. 43–51.

Gelfer, Carole E., Katherine S. Harris & Thomas Baer. 1987. Controlled variables in sentence intonation. In Thomas Baer, Clarence T. Sasaki & Katherine S. Harris (Hrsg.), *Laryngeal Function in Phonation and Respiration*, 422–435. San Diego, California: College-Hill Press.

Geng, Christian & Christine Mooshammer. 2010. *How targetless is Schwa in pretonic /C@C/ sequences?* Berlin, Germany. Poster presented at the International Summer School (CPMSP) Cognitive and Physical Models of Speech Production, Speech Perception and Production-Perception Interaction).

Georgeton, Laurianne & Cécile Fougeron. 2014. Domain-initial strengthening on French vowels and phonological contrasts: Evidence from lip articulation and spectral variation. *Journal of Phonetics* 44(Supplement C). 83–95.

Gibbon, Fiona & Katerina Nicolaidis. 1999. Palatography. In William J. Hardcastle & Nigel Hewlett (Hrsg.), *Coarticulation: Theory, Data and Techniques* (Cambridge Studies in Speech Science and Communication), Kap. 10, 229–245. Cambridge: Cambridge University Press.

Gilles, Peter. 2008. *Regionale Prosodie im Deutschen*. Variabilität in der Intonation von Abschluss und Weiterweisung. Berlin, Boston: De Gruyter.

Goldstein, Louis. 2010. *Timing in speech production*. http://sail.usc.edu/~lgoldste/ArtPhon/Presentations/coordination.pdf. preprint avaiable on webpage.

Goldstein, Louis. 2011. Back to the past tense in English. In Rodrigo Gutiérrez-Bravo, Line Mikkelsen & Eric Potsdam (Hrsg.), *Representing Language: Essays in Honor of Judith Aissen*, 69–88. Santa Cruz, California: Linguistics Research Center, Department of Linguistics, University of California.

Goldstein, Louis, Dani Byrd & Elliot L. Saltzman. 2006. The Role of the Vocal Tract Gestural Action Units in Understanding the Evolution of Phonology. In Michael A. Arbib (Hrsg.), *Action to Language via the Mirror Neuron System*. Cambridge: Cambridge University Press.

Goldstein, Louis, Ioana Chitoran & Elisabeth Selkirk. 2007. Syllable Structure as Coupled Oscillator Modes: Evidence from Georgian vs. Tashlhiyt Berber. In *Proceedings of the International Congress on Phonetic Sciences XVI*, 241–242. Saarbrücken.

Goldstein, Louis & Carol A. Fowler. 2003. Articulatory Phonology: A phonology for public language use. In Niels O. Schiller & Antje S. Meyer (Hrsg.), *Phonetics and Phonology in Language Comprehension and Production*. Differences and Similarities, Bd. 6 (Phonology and phonetics), 159–208. Mouton de Gruyter.

Goldstein, Louis, Hosung Nam, Elliot L. Saltzman & Ioana Chitoran. 2009. Coupled oscillator planning model of speech timing and syllable structure. In G. Fant, H. Fujisaki & J. Shen (Hrsg.), *Frontiers in phonetics and speech science*, 239–250. The Commercial Press Beijing.

Goldstein, Louis & Marianne Pouplier. 2014. The Temporal Organization of Speech. In Matthew Goldrick, Victor S. Ferreira & Michele Miozzo (Hrsg.), *The Oxford Handbook of Language Production*. Oxford University Press.

Goldstein, Louis, Marianne Pouplier, Larissa Chen, Elliot L. Saltzman & Dani Byrd. 2007. Dynamic action units slip in speech production errors. *Cognition* 103(3). 386–412.

Grabe, Esther. 1998. *Comparative intonational phonology: English and German*. Max Planck Institute for Psycholinguistics, Nijmegen Diss.

Grice, Martine. 1995. Leading tones and downstep in English. *Phonology* 12(2). 183–233.

Grice, Martine. 2006. Intonation. In Keith Brown (Hrsg.), *Encyclopedia of Language & Linguistics*, 2. Aufl., Bd. 5, 778–788. Oxford: Elsevier.

Grice, Martine & Stefan Baumann. 2002. Deutsche Intonation und GToBI. *Linguistische Berichte* 191. 267–298.

Grice, Martine, Stefan Baumann & Ralf Benzmüller. 2005. German Intonation in Autosegmental-metrical Phonology. In Sun-Ah Jun (Hrsg.), *Prosodic Typology: The Phonology of Intonation and Phrasing*, 55–83. Oxford University Press.

Grice, Martine, Simon Ritter, Henrik Niemann & Timo B. Roettger. 2017. Integrating the discreteness and continuity of intonational categories. *Journal of Phonetics* 64(Supplement C). 90–107.

Grice, Martine, Timo B. Roettger, Rachid Ridouane & Cécile Fougeron. 2011. The association of tones in Tashlhiyt Berber. In *Proceedings of the 17th International Congress of Phonetic Sciences*, 775–778. Hong Kong, China.

Gussenhoven, Carlos. 2004. *The Phonology of Tone and Intonation*. Cambridge: Cambridge University Press.

Haken, Hermann, J. A. Scott Kelso & Heinz Bunz. 1985. A theoretical model of phase transitions in human hand movements. *Biological cybernetics* 51(5). 347–356.

Hall, T. Alan. 2011. *Phonologie. Eine Einführung*. 2. Aufl. Berlin/New York: de Gruyter.

Hardcastle, William J. & Nigel Hewlett (Hrsg.). 1999. *Coarticulation*. Theory, Data and Techniques (Cambridge Studies in Speech Science and Communication). Cambridge University Press.

Harrington, Jonathan, Janet Fletcher & Mary E. Beckman. 2000. Manner and place conflicts in the articulation of accent in Australian English. In Michael B. Broe & Janet B. Pierrehumbert (Hrsg.), Bd. 5 (Papers in Laboratory Phonology), Kap. 4, 40–55. Cambridge: Cambridge University Press.

Harrington, Jonathan, Janet Fletcher & Corinne Roberts. 1995. Coarticulation and the accented/unaccented distinction: evidence from jaw movement data. *Journal of Phonetics* 23(3). 305–322.

Hawkins, Sarah. 1992. An introduction to task dynamics. In Gerard J. Docherty & D. Robert Ladd (Hrsg.), *Gesture, Segment, Prosody*, Bd. 2 (Papers in Laboratory Phonology), Kap. 1, 9–25. Cambridge: Cambridge University Press.

Hebb, Donald O. 1949. *The Organization of Behavior*. New York: Wiley.

Hermes, Anne, Johannes Becker, Doris Mücke, Stefan Baumann & Martine Grice. 2008. Focus Marking in German. In *Proceedings of the 4th International Conference on Speech Prosody*, 457–460. Campinas, Brazil.

Hermes, Anne & Doris Mücke. 2016. Artikulatorische Evidenz für Silbenstruktur in der Lautsprache. In Beatrice Primus & Ulrike Domahs (Hrsg.), *Handbuch Laut, Gebärde, Buchstabe*, Kap. 2, 25–45. Berlin, Boston: De Gruyter Mouton.

Hermes, Anne, Doris Mücke & Bastian Auris. 2017. The variability of syllable patterns in Tashlhiyt Berber and Polish. *Journal of Phonetics* 64(Supplement C). 127–144. Mechanisms of regulation in speech.

Hermes, Anne, Doris Mücke & Martine Grice. 2013. Gestural coordination of Italian word-initial clusters: the case of 'impure s'. *Phonology* 30(01). 1–25.

Hermes, Anne, Doris Mücke, Martine Grice & Henrik Niemann. 2008. Articulatory Indicators of Syllable Affiliation in Word Initial Consonant Clusters in

Italian. In *Proceedings of the 8th International Seminar on Speech Production*, 433–436. Strasbourg.

Hermes, Anne, Rachid Ridouane, Doris Mücke & Martine Grice. 2011a. Gestural coordination in Tashlhiyt syllables. In *Proceedings of the International Congress of Phonetic Sciences XVII*, 859–862. Hong Kong, China.

Hermes, Anne, Rachid Ridouane, Doris Mücke & Martine Grice. 2011b. Kinematics of syllable structure in Tashlhiyt Berber: The case of vocalic and consonantal nuclei. In Y. Laprie & I. Steiner (Hrsg.), *Proceedings of the 9th International Seminar on Speech Production*, 401–408.

Hewlett, Nigel & Janet M. Beck. 2006. *An Introduction to the Science of Phonetics.* Mahwah, New Jersey: Taylor & Francis.

Holst, Tara & Francis Nolan. 1995. The influence of syntactic structure on [s] to [ʃ] assimilation. In Bruce Connell & Amalia Arvaniti (Hrsg.), *Phonology and Phonetic Evidence: Papers in Laboratory Phonology IV* (Papers in Laboratory Phonology), 315–333. Cambridge University Press.

Honorof, Douglas N. & Catherine P. Browman. 1995. The center or edge: How are consonant clusters organized with respect to the vowel? In *Proceedings of the International Congress of Phonetic Sciences XIII*, 552–555. Stockholm, Sweden.

Hoole, Philip. 1999. Einsatz der elektromagnetischen Artikulographie bei der Analyse lingualer Sprechbewegungen. In V. Hahn, C. Schneider & H. Hahn (Hrsg.), *Schauplatz Mund: das orofaziale System als sensomotorische Einheit.* Berichte vom 11. Europäischen Kongreß für Myofunktionelle Therapie München 1997 (Schriftenreihe des Arbeitskreises für Myofunktionelle Therapie e.V. - Gesellschaft für Orofaziale Dyskinesien), 101–114. Arbeitskreis für Myofunktionelle Therapie.

Hoole, Philip. 2006. *Experimental studies of laryngeal articulation.* Ludwig-Maximilians-Universität, München Habilitation.

Hsieh, Fang-Ying. 2011. A Gestural Account of Mandarin Tone 3 Variation. In *Proceedings of the International Congress of Phonetic Sciences XVII*, 890–983. Hong Kong, China.

Iskarous, Khalil & Darya Kavitskaya. 2010. The interaction between contrast, prosody, and coarticulation in structuring phonetic variability. *Journal of Phonetics* 38(4). 625–639.

Ito, Takayuki, Hiroaki Gomi & Masaaki Honda. 2000. Task dependent jaw-lip coordination examined by jaw perturbation during bilabial-consonant utterances. In *Proceedings of the 5th Seminar on Speech Production (SPS5)*, 1–4.

Jaeger, Marion & Philip Hoole. 2007. Articulatory features influencing regressive place assimilation in German. In *Proceedings of the International Congress on Phonetic Sciences XVI*, 581–584. Saarbrücken.

Keating, Patricia A. 1990. Phonetic representations in a generative granmmar. *Journal of Phonetics* 18. 321–334.

Keating, Patricia A., Taehong Cho, Cécile Fougeron & Chai-shune Hsu. 2004. Domain-initial articulatory strengthening in four languages. In John Local, Richard Ogden & Rosalind Temple (Hrsg.), *Phonetic Interpretation*, Bd. 6 (Papers in Laboratory Phonology), 145–163. Cambridge University Press.

Kelso, J. A. Scott. 1981. On the oscillatory basis of movement. *Psychonomic Bulletin & Review* 18(2). 63–63.

Kelso, J. A. Scott. 1995. *Dynamic Patterns: The Self-organization of Brain and Behavior* (A Bradford book). MIT Press.

Kelso, J. A. Scott & Kenneth G. Holt. 1980. Exploring a vibratory systems analysis of human movement production. *Journal of Neurophysiology* 43(5). 1183–1196.

Kelso, J. A. Scott & Betty Tuller. 1987. Intrinsic time in speech production: Theory, methodology, and preliminary observations. In Eric Keller & Myrna Gopnik (Hrsg.), *Motor and Sensory Processes of Language* (Comparative Cognition and Neuroscience), Kap. 8. L. Erlbaum Associates.

Kelso, J. A. Scott, Betty Tuller, Eric Vatikiotis-Bateson & Carol A. Fowler. 1984. Functionally specific articulatory cooperation following jaw perturbations during speech: Evidence for coordinative structures. *Journal of Experimental Psychology: Human Perception and Performance* 10(6). 812–832.

Kelso, J. A. Scott, Eric Vatikiotis-Bateson, Elliot L. Saltzman & Bruce Kay. 1985. A qualitative dynamic analysis of reiterant speech production: Phase portraits, kinematics, and dynamic modeling. *The Journal of the Acoustical Society of America* 77(1). 266–280.

Kent, Ray D. & John C. Rosenbek. 1982. Prosodic disturbance and neurologic lesion. *Brain and Language* 15(2). 259–291.

Kent, Ray D., Gary Weismer, Jane F. Kent, Houri K. Vorperian & Joseph R. Duffy. 1999. Acoustic studies of dysarthric speech: Methods, progress, and potential. *Journal of Communication Disorders* 32(3). 141–186.

Kim, Miran. 2011. *The phonetics of stress manifestation: Segmental variation, syllable constituency and rhythm*. New York, NY: Stony Brook University Diss.

Kim, Miran & Hosung Nam. 2010. Cross-dialectal study on temporal modulation patterns in stress manifestation. In *12th Conference on Laboratory Phonology (LabPhon)*. Albuquerque, New Mexico.

Kleber, Felicitas & Tamara Rathcke. 2008. More on the „segmental anchoring" of prenuclear rises: Evidence from East Middle German. In *Proceedings of the 4th International Conference on Speech Prosody*, 583–586. Campinas, Brazil.

Kohler, Klaus J. 1992. Gestural reorganization in connected speech: a functional viewpoint on 'articulatory phonology'. *Phonetica* 49(3-4). 205–211.

Kohler, Klaus J. 1995. *Einführung in die Phonetik des Deutschen*. 2. Aufl. Bd. 20 (Grundlagen der Germanistik). Berlin: E. Schmidt.

Krack, Paul, Jonathan Dostrovsky, Igor Ilinsky, Kristy Kultas-Ilinsky, Fred Lenz, Andres Lozano & Jerry Vitek. 2002. Surgery of the motor thalamus: Problems with the present nomenclatures. *Movement Disorders* 17(S3). S2–S8.

Krakow, Rena A. 1989. *The Articulatory Organization of Syllables: A Kinematic Analysis of Labial and Velic Gestures*. Yale University Diss.

Krakow, Rena A., Fredericka Bell-Berti & Emily Q. Wang. 1995. Supralaryngeal declination. Evidence from the velum. In Fredericka Bell-Berti & Raphael J. Lawrence (Hrsg.), *Producing speech.* for Katherin Safford Harris (Modern Acoustics and Signal Processing), 333–353. Melville, New York: AIP-Press. Festschrift.

Krifka, Manfred. 2008. Basic notions of information structure. *Acta Linguistica Hungarica* 55(3-4). 243–276.

Kröger, Bernd J. 1993. A gestural production model and its application to reduction in German. *Phonetica* 50(4). 213–233.

Kröger, Bernd J. 1998. *Ein phonetisches Modell der Sprachproduktion*. Universität zu Köln Diss.

Kronenbuerger, Martin, Jürgen Konczak, Wolfram Ziegler, Paul Buderath, Benedikt Frank, Volker A. Coenen, Karl Kiening, Peter Reinacher, Johannes Noth & Dagmar Timmann. 2009. Balance and Motor Speech Impairment in Essential Tremor. *The Cerebellum* 8(3). 389–398.

Krüger, Martina. 2009. *Produktion und Perzeption von Fokus im Deutschen*. Universität zu Köln Magisterarbeit.

Kügler, Frank. 2008. The role of duration as a phonetic correlate of focus. In *Proceedings of the 4th International Conference on Speech Prosody*, 591–594. Campinas, Brazil.

Kugler, Peter N. & Michael T. Turvey. 1987. *Information, Natural Law, and the Self-assembly of Rhythmic Movement* (Resources for ecological psychology). L. Erlbaum Associates.

Kühnert, Barbara, Philip Hoole & Christine Mooshammer. 2006. Gestural overlap and C-center in selected French consonant clusters. In *7th International Seminar on Speech Production (ISSP)*, 327–334. Ubatuba, Brazil.

Kuzla, Claudia & Mirjma Ernestus. 2007. Prosodic conditioning of phonetic detail of German plosives. In *Proceedings of the International Congress on Phonetic Sciences XVI*, 461–464. Saarbrücken.

Ladd, D. Robert. 1980. *The structure of intonational meaning: Evidence from English*. Bloomington, Ind.: Indiana University Press.

Ladd, D. Robert. 1984. Declination: A review and some hypotheses. *Phonology Yearbook* 1. 53–74.

Ladd, D. Robert. 2008. *Intonational Phonology*. 2. Aufl. (Cambridge Studies in Linguistics). Cambridge: Cambridge University Press.

Ladd, D. Robert, Dan Faulkner, Hanneke Faulkner & Astrid Schepman. 1999. Constant "segmental anchoring" of F0 movements under changes in speech rate. *The Journal of the Acoustical Society of America* 106(3). 1543–1554.

Ladd, D. Robert, Ineke Mennen & Astrid Schepman. 2000. Phonological conditioning of peak alignment in rising pitch accents in Dutch. *The Journal of the Acoustical Society of America* 107(5). 2685–2696.

Ladefoged, Peter & Ian Maddieson. 1996. *The sounds of the world's languages* (Phonological Theory). Oxford: Wiley Blackwell.

Lambrecht, Knud. 1994. *Information Structure and Sentence Form*. Topic, Focus, and the Mental Representations of Discourse Referents. Bd. 71 (Cambridge Studies in Linguistics). Cambridge University Press.

Lass, Roger. 1984. *Phonology: An Introduction to Basic Concepts* (Cambridge Textbooks in Linguistics). Cambridge University Press.

Lenerz, Jürgen. 2002. Silbenstruktur und Silbenschnitt. In Peter Auer, Peter Gilles & Helmut Spiekermann (Hrsg.), *Silbenschnitt und Tonakzente*, Bd. 463 (Linguistische Arbeiten), 67–86. Berlin, Boston: De Gruyter Mouton.

Liberman, Alvin M. & Ignatius G. Mattingly. 1985. The motor theory of speech perception revised. *Cognition* 21(1). 1–36.

Lindblom, Björn. 1990. Explaining Phonetic Variation: A Sketch of the H&H Theory. In William J. Hardcastle & Alain Marchal (Hrsg.), *Speech Production and Speech Modelling*, 403–439. Dordrecht: Springer Netherlands.

Logemann, Jeri A. & Hilda B. Fisher. 1981. Vocal Tract Control in Parkinson's Disease. *Journal of Speech and Hearing Disorders* 46(4). 348–352.

Louis, Elan D. 2009. Essential tremors: A family of neurodegenerative disorders? *Archives of Neurology* 66(10). 1202–1208.

Lowenstamm, Jean. 1979. *Topics in Syllabic Phonology*. Amherst, Mass.: University of Massachusetts Diss.

Marin, Stefania. 2013. The temporal organization of complex onsets and codas in Romanian: A gestural approach. *Journal of Phonetics* 41(3). 211–227.

Marin, Stefania & Marianne Pouplier. 2008. Organization of complex onsets and codas in American English: Evidence for a competitive coupling model. In *Proceedings of the 8th International Seminar on Speech Production*, 437–440. Strasbourg.

Marin, Stefania & Marianne Pouplier. 2010. Temporal Organization of Complex Onsets and Codas in American English: Testing the Predictions of a Gestural Coupling Model. *Motor Control* 14(3). 380–407.

Marin, Stefania & Marianne Pouplier. 2014. Articulatory synergies in the temporal organization of liquid clusters in Romanian. *Journal of Phonetics* 42(Supplement C). 24–36.

Mattingly, Ignatius G. 1981. Phonetic representation and speech synthesis by rule. In Terry Myers, John Laver & John Anderson (Hrsg.), *The Cognitive Representation of Speech*, Bd. 7 (Advances in Psychology), 415–420. Amsterdam: Elsevier Science.

Menzerath, Paul & Armando de Lacerda. 1933. *Koartikulation, Steuerung und Lautabgrenzung: eine experimentelle Untersuchung* (Phonetische Studien). F. Dümmler.

Möbius, Bernd. 1993. *Ein quantitatives Modell der deutschen Intonation.* Analyse und Synthese von Grundfrequenzverläufen. Berlin, Boston: De Gruyter.

Mücke, Doris, Johannes Becker, Michael T. Barbe, Ingo Meister, Lena Liebhart, Timo B. Roettger, Till Dembek, Lars Timmermann & Martine Grice. 2014. The Effect of Deep Brain Stimulation on the Speech Motor System. *Journal of Speech, Language, and Hearing Research* 57(4). 1206–1218.

Mücke, Doris & Martine Grice. 2014. The effect of focus marking on supralaryngeal articulation – Is it mediated by accentuation? *Journal of Phonetics* 44. 47–61.

Mücke, Doris & Martine Grice. 2016. Segment und Geste in der Lautsprache. In Beatrice Primus & Ulrike Domahs (Hrsg.), *Handbuch Laut, Gebärde, Buchstabe*, Kap. 1, 3–24. Berlin, Boston: De Gruyter Mouton.

Mücke, Doris, Martine Grice, Johannes Becker & Anne Hermes. 2009. Sources of variation in tonal alignment: Evidence from acoustic and kinematic data. *Journal of Phonetics* 37(3). 321–338.

Mücke, Doris, Martine Grice & Taehong Cho. 2014. *Journal of Phonetics* 44(Supplement C). 1–7. Dynamics of Articulation and Prosodic Structure.

Mücke, Doris, Martine Grice & Anne Hermes. 2008. The vowel triggers the tone: Evidence from German. In *Proceedings of the 8th Phonetic Conference of China (PCC)*. Beijing, China.

Mücke, Doris, Martine Grice, Anne Hermes & Johannes Becker. 2008. Prenuclear Rises in Northern and Southern German. In *Proceedings of the 4th International Conference on Speech Prosody*, 245–248. Campinas, Brazil.

Mücke, Doris, Martine Grice & Raphaela Kirst. 2008. Prosodic and lexical effects on German place assimilation. In *Proceedings of the 8th International Seminar on Speech Production*, 8–12.

Mücke, Doris, Anne Hermes & Taehong Cho. 2017. Mechanisms of regulation in speech: Linguistic structure and physical control system. *Journal of Phonetics* 64(Supplement C). 1–7. Mechanisms of regulation in speech.

Mücke, Doris, Hosung Nam, Anne Hermes & Louis Goldstein. 2012. Coupling of tone and constriction gestures in pitch accents. In Philip Hoole, Lasse Bombien, Marianne Pouplier, Christine Mooshammer & Barbara Kühnert (Hrsg.), *Consonant clusters and structural complexity*, 205–230. Berlin, New York: Mouton De Gruyter.

Mücke, Doris, Hosung Nam, Pilar Prieto & Louis Goldstein. 2009. Coupling of tone and constriction gestures in Catalan and German. In *Phonetics and phonology in Iberia*. Las Palmas de Gran Canaria, Spain. Poster-presentation.

Mücke, Doris, Jagoda Sieczkowska, Henrik Niemann, Martine Grice & Grzegorz Dogil. 2010. Sonority profiles, gestural coordination and phonological licensing: obstruent-sonorant clusters in Polish. In *12th Conference on Laboratory Phonology (LabPhon)*. Albuquerque, New Mexico.

Mücke, Doris, Frank C. Stoffel & Bernd J. Kröger. 1999. The syllable as a perceptive criterion to distinguish between vowels and 'glides'. In *Proceedings of the International Congress on Phonetic Sciences XIV*, 2473–2476. San Francisco.

Munhall, Kevin G. & Anders Löfqvist. 1988. Gestural aggregation in speech. *The Journal of the Acoustical Society of America* 84(S1). S82–S82.

Munhall, Kevin G., David J. Ostry & Avraham Parush. 1985. Characteristics of velocity profiles of speech movements. *Journal of Experimental Psychology: Human Perception and Performance* 11(4). 457–474.

Nam, Hosung. 2007a. Articulatory modeling of consonant release gesture. In *Proceedings of the International Congress on Phonetic Sciences XVI*, 625–628. Saarbrücken.

Nam, Hosung. 2007b. Syllable-level intergestural timing model: Split-gesture dynamics focusing on positional asymmetry and moraic structure. In Jennifer Cole & José Ignacio Hualde (Hrsg.), *Laboratory Phonology 9*, Bd. 4-3 (Phonology and Phonetics), 483–506. Berlin: Mouton de Gruyter.

Nam, Hosung, Louis Goldstein & Elliot L. Saltzman. 2009. Self-organization of syllable structure: A coupled oscillator model. In François Pellegrino, Egidio

Marsico, Ioana Chitoran & Christophe Coupé (Hrsg.), *Approaches to phonological complexity*, 297–328. Berlin, Boston: De Gruyter Mouton.

Nam, Hosung, Louis Goldstein, Elliot L. Saltzman & Dani Byrd. 2004. TADA: An enhanced, portable Task Dynamics model in MATLAB. *The Journal of the Acoustical Society of America* 115(5). 2430–2430.

Nam, Hosung & Elliot L. Saltzman. 2003. A competitive, coupled oscillator model of syllable structure. In *Proceedings of the International Congress on Phonetic Sciences XV*, Bd. 1, 2253–2256. Barcelona, Spain.

Nam, Hosung, Elliot L. Saltzman, Jelena Krivokapic & Louis Goldstein. 2009. Modeling the durational difference of stressed vs. unstressed syllables. In G. Fant, H. Fujisaki & J. Shen (Hrsg.), *Frontiers in phonetics and speech science*. The Commercial Press Beijing.

Nelson, Noah Richard & Andrew Wedel. 2017. The phonetic specificity of competition: Contrastive hyperarticulation of voice onset time in conversational English. *Journal of Phonetics* 64(Supplement C). 51–70. Mechanisms of regulation in speech.

Niemann, Henrik. 2017. *The Coordination of Pitch Accents with Articulatory Gestures: A Dynamical Approach*. Universität zu Köln Diss.

Niemann, Henrik & Doris Mücke. 2015. Effects of phrasal position and metrical structure on alignment patterns of nuclear pitch accents in German: Acoustics and Articulation. In The Scottish Consortium for ICPhS 2015 (Hrsg.), *Proceedings of the International Congress of Phonetic Sciences XVIII*. Glasgow, UK: University of Glasgow.

Niemann, Henrik, Doris Mücke, Hosung Nam, Louis Goldstein & Martine Grice. 2011. In *Proceedings of the International Congress of Phonetic Sciences XVII*, 1486–1489. Hong Kong, China.

Ohala, John J. 1990. There is no interface between phonetics and phonology. A personal view. *Journal of Phonetics* 18. 153–171.

Öhmann, Sven E. G. 1966. Coarticulation in VCV utterances: Spectrographic measurements. *Journal of the Acoustical Society of America* 39(1). 151–168.

Pierrehumbert, Janet B. 1979. The perception of fundamental frequency declination. *The Journal of the Acoustical Society of America* 66(2). 363–369.

Pierrehumbert, Janet B. 1980. *The phonology and phonetics of English intonation*. Massachusetts Institute of Technology Diss.

Pierrehumbert, Janet B. 1990. Phonological and Phonetic Representation. *Journal of Phonetics* 18. 375–394.

Pike, Kenneth L. 1943. *Phonetics: A critical analysis of phonetic theory and a technic for the practical description of sounds*. Ann Arbor: University of Michigan.

Pouplier, Marianne. 2007. Tongue Kinematics during Utterances Elicited with the SLIP Technique. *Language and Speech* 50(3). 311–341.

Pouplier, Marianne. 2011. The atoms of phonological representations. In Marc van Oostendorp, Keren Rice, Beth Hume & Colin Ewen (Hrsg.), *Blackwell Companion to Phonology*, Bd. 1, 107–129. Malden, Mass.: Wiley-Blackwell.

Pouplier, Marianne. 2012. The gestural approach to syllable structure: Universal, language- and cluster-specific aspects. In Susanne Fuchs, Melanie Weirich, Daniel Pape & Pascal Perrier (Hrsg.), *Speech Planning and Dynamics* (Speech Production and Perception), 63–96. Peter Lang.

Pouplier, Marianne & Štefan Beňuš. 2011. Stochastic time analysis of syllable-referential intervals and simplex onsets. *Journal of Laboratory Phonology* 2(2). 243–273.

Pouplier, Marianne & Louis Goldstein. 2005. Asymmetries in the perception of speech production errors. *Journal of Phonetics* 33(1). 47–75.

Prieto, Pilar, Doris Mücke, Johannes Becker & Martine Grice. 2007. Coordination patterns between pitch movements and oral gestures in Catalan. In *Proceedings of the International Congress on Phonetic Sciences XVI*, 989–992. Saarbrücken.

Prieto, Pilar & Francisco Torreira. 2007. The segmental anchoring hypothesis revisited: Syllable structure and speech rate effects on peak timing in Spanish. *Journal of Phonetics* 35(4). 473–500.

Pützer, Manfred, William John Barry & Jean Richard Morınglane. 2007. Effect of Deep Brain Stimulation on Different Speech Subsystems in Patients with Multiple Sclerosis. *Journal of Voice* 21(6). 741–753.

R Core Team. 2017. *R: A Language and Environment for Statistical Computing*. R Foundation for Statistical Computing. Vienna, Austria. https://www.R-project.org/.

Raethjen, Jan & Günther Deuschl. 2012. The oscillating central network of Essential tremor. *Clinical Neurophysiology* 123(1). 61–64.

Rajput, Ali H., Charles H. Adler, Holly A. Shill & Alex Rajput. 2012. Essential tremor is not a neurodegenerative disease. *Neurodegenerative Disease Management* 2(3). 259–268.

Raphael, L.J., G.J. Borden & K.S. Harris. 2011. *Speech Science Primer: Physiology, Acoustics, and Perception of Speech*. 6. Aufl. Wolters Kluwer Health/Lippincott Williams & Wilkins.

Recasens, Daniel & Aina Espinosa. 2009. An articulatory investigation of lingual coarticulatory resistance and aggressiveness for consonants and vowels in Catalan. *The Journal of the Acoustical Society of America* 125(4). 2288–2298.

Ridouane, Rachid. 2008. Syllables without vowels: phonetic and phonological evidence from Tashlhiyt Berber. *Phonology* 25(2). 321–359.

Ridouane, Rachid, Susanne Fuchs & Philip Hoole. 2006. Laryngeal adjustments in the production of voiceless obstruent clusters in Berber. In Jonathan Harrington & Marija Tabain (Hrsg.), *Speech Production: Models, Phonetic Processes, and Techniques* (Macquarie monographs in cognitive science), 249–267. Sydney: Psychology Press.

Rischel, Jørgen. 1990. What is phonetic representation? *Journal of Phonetics* 18. 395–410.

Roettger, Timo B., Bodo Winter, Sven Grawunder, James Kirby & Martine Grice. 2014. Assessing incomplete neutralization of final devoicing in German. *Journal of Phonetics* 43(Supplement C). 11–25.

Roon, Kevin D., Adamantios I. Gafos, Philip Hoole & Chakir Zeroual. 2007. Influence of articulator and manner on stiffness. In *Proceedings of the International Congress on Phonetic Sciences XVI*, 409–412. Saarbrücken.

Saltzman, Elliot L. 1986. Task Dynamic Coordination of the Speech Articulators: A Preliminary Model. *Experimental Brain Research Series* 15. 129–144.

Saltzman, Elliot L. & Dani Byrd. 1999. Dynamical simulations of a phase window model of relative timing. In *Proceedings of the 14th International Congress of the Phonetic Sciences XIV*, 2275–2278. San Franscisco.

Saltzman, Elliot L. & Dani Byrd. 2000. Task-dynamics of gestural timing: Phase windows and multifrequency rhythms. *Human Movement Science* 19(4). 499–526. Debates in Dynamics.

Saltzman, Elliot L. & J. A. Scott Kelso. 1987. Skilled actions: A task dynamic approach. *Psychological Review* 94. 84–106.

Saltzman, Elliot L., Anders Löfqvist, Bruce Kay, Jeff Kinsella-Shaw & Philip Rubin. 1998. Dynamics of intergestural timing: a perturbation study of lip-larynx coordination. *Experimental Brain Research* 123(4). 412–424.

Saltzman, Elliot L. & Kevin G. Munhall. 1989. A dynamical approach to gestural patterning in speech production. *Ecological Psychology* 1(4). 333–382.

Saussure, Ferdinand de. 1916. *Cours de linguistique générale*. Charles Bally & Albert Séchehaye (Hrsg.). Lausanne, Paris: Payot.

Sawashima, Masayuki & Hajime Hirose. 1980. Laryngeal gestures in speech production. *Annual Bulletin of the Research Institute of Logopedics and Phoniatrics* 14. 29–51.

Scarborough, Rebecca. 2013. Neighborhood-conditioned patterns in phonetic detail: Relating coarticulation and hyperarticulation. *Journal of Phonetics* 41(6). 491–508.

Schiller, Niels O., Antje S. Meyer & Willem J. M. Levelt. 1997. The Syllabic Structure of Spoken Words: Evidence from the Syllabification of Intervocalic Consonants. *Language and Speech* 40(2). 103–140.

Schnitzler, Alfons, Christian Münks, Markus Butz, Lars Timmermann & Joachim Gross. 2009. Synchronized brain network associated with essential tremor as revealed by magnetoencephalography. *Movement Disorders* 24(11). 1629–1635.

Schweitzer, Katrin. 2005. *Die Intonation von Entscheidungsfragen bei Morbus Parkinson unter Berücksichtigung des Sprechstils*. Universität Stuttgart Masterarbeit.

Shattuck-Hufnagel, Stefanie & Alice E. Turk. 1996. A Prosody Tutorial For Investigators of Auditory Sentence Processing. *Journal of Psycholinguistic Research* 25(2). 193–247.

Shaw, Jason A., Adamantios I. Gafos, Philip Hoole & Chakir Zeroual. 2009. Syllabification in Moroccan Arabic: Evidence from patterns of temporal stability in articulation. *Phonology* 26(1). 187–215.

Shaw, Jason A., Adamantios I. Gafos, Philip Hoole & Chakir Zeroual. 2011. Dynamic invariance in the phonetic expression of syllable structure: a case study of Moroccan Arabic consonant clusters. *Phonology* 28(03). 455–490.

Sievers, Eduard. 1876. *Grundzüge der Lautphysiologie. Zur Einführung in das Studium der Lautlehre der indogermanischen Sprachen*. Leipzig: Breitkopf & Härtel.

Spivey, Michael. 2007. *The continuity of mind*. Oxford University Press.

Staiger, Anja, Theresa Schölderle, Bettina Brendel, Kai Bötzel & Wolfram Ziegler. 2017. Oral Motor Abilities Are Task Dependent: A Factor Analytic Approach to Performance Rate. *Journal of Motor Behavior* 49(5). 482–493.

Tabain, Marija. 2001. Variability in Fricative Production and Spectra. *Language and Speech* 44(1). 57–93.

Tabain, Marija. 2003. Effects of prosodic boundary on /aC/ sequences: articulatory results. *The Journal of the Acoustical Society of America* 113(5). 2834–2849.

Tabain, Marija, Pascal Perrier & Christophe Savariaux. 2003. A kinematic study of prosodic boundary effects on /i/ articulation in French. In *Proceedings of the International Congress on Phonetic Sciences XV*, 2617–2620. Barcelona, Spain.

t'Hart, Johan & Antonie Cohen. 1967. On the anatomy of intonation. *Lingua* 19(1). 177–192.

t'Hart, Johan, R. Collier & Antonie Cohen. 1990. *A perceptual study of intonation*. An experimental-phonetic approach to speech melody (Cambridge Studies in Speech Science and Communication). Cambridge: Cambridge University Press.

Trubetzkoy, Nikolaus. 1939. *Grundzüge der Phonologie.* Prag: Travaux du cercle linguistique de Prague.

Turk, Alice E. & James R. Sawusch. 1997. The domain of accentual lengthening in American English. *Journal of Phonetics* 25(1). 25–41.

Turk, Alice E. & Laurence White. 1999. Structural influences on accentual lengthening in English. *Journal of Phonetics* 27(2). 171–206.

Turvey, Michael T. 1990. Coordination. *American Psychologist* 45(8). 938–853.

Uhmann, Susanne. 1991. *Fokusphonologie.* Eine Analyse deutscher Intonationskonturen im Rahmen der nicht-linearen Phonologie. Bd. 252 (Linguistische Arbeiten). Tübingen: Niemeyer.

Vaissière, Jacqueline. 1983. Language-Independent Prosodic Features. In Anne Cutler & D. Robert Ladd (Hrsg.), *Prosody: Models and Measurements,* 53–66. Berlin, Heidelberg: Springer Berlin Heidelberg.

van Heuven, Vincent J. & Judith Haan. 2000. Phonetic Correlates of Statement versus Question Intonation in Dutch. In Antonis Botinis (Hrsg.), *Intonation: Analysis, Modelling and Technology,* 119–143. Dordrecht: Springer Netherlands.

Vayra, Mario & Carol A. Fowler. 1992. Declination of Supralaryngeal Gestures in Spoken Italian. *Phonetica* 49. 48–60.

Vennemann, Theo. 1988. *Preference laws for syllable structure: And the explanation of sound change with special reference to German, Germanic, Italian, and Latin.* Berlin: Mouton de Gruyter.

Victor, M., A.H. Ropper & R.D. Adams. 2001. *Adams and Victor's Principles of Neurology.* 7. Aufl. McGraw-Hill, Medical Pub. Division.

Wagner, Michael. 2012. Focus and Givenness. A Unified Approach. In Ivona Kučerová & Ad Neeleman (Hrsg.), *Contrasts and Positions in Information Structure,* 102–148. Cambridge: Cambridge University Press.

Weismer, G. 1984. Articulatory characteristics of parkinsonian dysarthria: Segmental and phrase-level timing, spirantization, and glottal-supraglottal coordination. In M. McNeil, J. Rosenbeck & A. Aronson (Hrsg.), *The dysarthrias: Physiology, acoustics, perception, management,* 101–130. San Diego: College Hill Press.

Welby, Pauline. 2003. Effects of Pitch Accent Position, Type, and Status on Focus Projection. *Language and Speech* 46(1). 53–81.

Wightman, Colin W., Stefanie Shattuck-Hufnagel, Mari Ostendorf & Patti J. Price. 1992. Segmental durations in the vicinity of prosodic phrase boundaries. *The Journal of the Acoustical Society of America* 91(3). 1707–1717.

Wing, Alan M. 2000. Motor control: Mechanisms of motor equivalence in handwriting. *Current Biology* 10(6). R245–R248.

Xu, Yi. 1997. Contextual tonal variations in Mandarin. *Journal of Phonetics* 25(1). 61–83.

Xu, Yi. 2011. Post-Focus Compression: Cross-Linguistic Distribution and Historical Origin. In *Proceedings of the International Congress of Phonetic Sciences XVII*, 152–155. Hong Kong, China.

Yeoul, Mohamed, Kiyoshi Honda & Shinji Maeda. 2008. Laryngeal adjustments in the production of consonant clusters and geminates in Moroccan Arabic. In *Proceedings of the 8th International Seminar on Speech Production*, 249–252.

Yip, Moira. 1989. Contour tones. *Phonology* 6(1). 149–174.

Yoon, Yeomin, Sahyang Kim & Taehong Cho. 2011. Stability of CV intergestural timing and coordination as a function of prosodic boundary and syllable structure in Korean. In *Proceedings of the International Congress of Phonetic Sciences XVII*, 2224–2227. Hong Kong, China.

Yoshioka, Hirohide, Anders Löfqvist & Hajime Hirose. 1981. Laryngeal adjustments in the production of consonant clusters and geminates in American English. *The Journal of the Acoustical Society of America* 70(6). 1615–1623.

Ziegler, Wolfram. 2002. Task-Related Factors in Oral Motor Control: Speech and Oral Diadochokinesis in Dysarthria and Apraxia of Speech. 80. 556–75.

Ziegler, Wolfram & Detlev von Cramon. 1983. Vowel Distortion in Traumatic Dysarthria: A Formant Study. *Phonetica* 40(1). 63–78.

Autorenregister

Sprachregister

Sachregister